KB157234

노화를 늦추는 보고서

노화를 늦추는 보고서

질병과 나이에 대한 통념을 바꾼 거장의 45년 연구

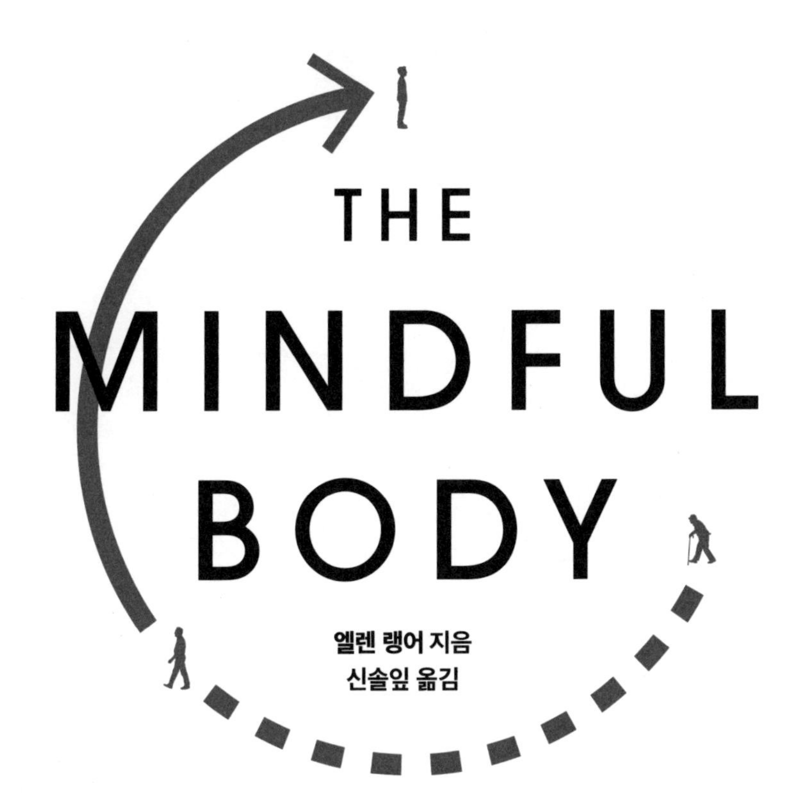

엘렌 랭어 지음
신솔잎 옮김

프런티어

이 책을 에밋과 테오에게 바칩니다.

추천의 글

가정을 하나 해보자. 지금부터 당신의 나이가 65세라고 말이다. 무슨 일이 벌어질까. 이제 당신은 사회적으로 노인이다. 10초 전의 당신과 지금의 당신에는 차이가 없지만, 어쨌든 당신은 노인으로 '인정'된다. 숫자 나이가 65세라는 이유 하나만으로.

나이만이 아니다. 검진을 받을 때 어떤 사람들은 근소한 수치 차이로 환자가 되기도 한다. 하지만 그 수치는 검진 날의 컨디션에 따라 얼마든지 달라질 수 있다.

나는 노화와 질병에 대한 새로운 관점이 필요하다고 생각해왔다. 하버드 심리학과 최초의 여성 종신 교수이자, '시계 거꾸로 돌리기 실험'으로 유명한 엘렌 랭어 박사의 책이 마음에 들어왔던 것은 이 때문이다. 숫자로 노인과 환자가 결정되는 사회에 모든 건 마음먹기에 달렸음을 말한다. 이제 이 책이 숫자 나이가 아닌 진짜 나이를 알려줄 것이다.

정희원, 서울아산병원 노년내과 교수

수십 년간 엘렌 랭어의 연구는 삶에 영향을 미치는 마음의 놀라운 힘에 대해 보여주었다. 그리고 이번 신간에서 랭어는 우리에게 가장 중요한 자산인 건강을 이해하고 키우는 데 마음이 놀랄 만한 역할을 한다는 점을 말한다. 이 책을 읽는 사람들은 충격을 받을 것이다. 강력히 추천하는 바다.

캐럴 드웩, 《마인드셋》 저자

《노화를 늦추는 보고서》는 과학과 지식 그리고 인류의 번영에 미칠 심오한 영향력까지 담긴 놀라운 작품이다. 엘렌 랭어의 연구는 생각과 인식을 바꿀 때 신체

적 건강을 젊게 되돌릴 수 있을 뿐 아니라 지적 에너지를 회복하고 삶의 가능성을 확장할 수 있음을 보여준다. 이 책은 우리의 무한한 잠재력을 여는 가장 중요한 비결을 제공한다.

다니엘 핑크, 《다니엘 핑크 후회의 재발견》 저자

엘렌 랭어의 선구적인 연구 덕분에 심리학에서 마음챙김이 중요해졌을 뿐 아니라 몸과 마음의 연결에 대한 우리의 생각이 완전히 달라졌다. 이 매력적인 책에서 랭어는 신념과 태도를 바꾸는 것으로 건강과 행복 두 가지 모두 얻을 수 있다는 도발적인 아이디어를 소개한다.

애덤 그랜트, 《히든 포텐셜》 저자

가장 선도적인 사상가 중 한 명인 엘렌 랭어가 저술한 흥미롭고도 매력적인 책이다. 이 현실적이고도 중요한 책을 통해 랭어는 더 건강한 신체와 큰 행복으로 우리를 이끌어줄 현명한 조언을 전한다.

수전 데이비드, 《감정이라는 무기》 저자

《노화를 늦추는 보고서》는 최적의 건강에 대한 새로운 관점과 혁신적인 처방전을 제시한다. 저자의 연구와 과학적인 사실 그리고 저자 개인의 경험이 조화를 이루고 있는 이 책을 반드시 읽어야 한다.

질 볼트 테일러, 《나를 알고 싶을 때 뇌과학을 공부합니다》 저자

엘렌 랭어는 우리의 웰빙에 관해 가장 흥미롭고도 중요한 질문에 답하고 있다. 바로 '마음과 몸 중 무엇이 더 중요한가?'라는 질문이다. 독창적인 연구와 놀라운 통찰력으로 가득한 이 책은 몸과 마음이 단순히 연결된 것만이 아니라 실제로 하나라는 점을 보여주며 건강과 행복으로 향하는 커다란 가능성을 열어준다.

댄 애리얼리, 《상식 밖의 경제학》 저자

《노화를 늦추는 보고서》는 게임 체인저다. 저자는 우리를 몹시 자극하는 극히 현실적인 사례와 개인적인 이야기, 매력적이고도 독창적인 연구를 바탕으로 몸의 잠재력을 최대한 일깨우는 방법을 알려준다. 진정으로 행복하고 건강한 삶을 살고자 하는 사람이라면 누구나 반드시 읽어야 하는 책이다.

데이비드 에드워즈, 존스홉킨스 의과대학교 교수

책을 두고 '세상을 뒤집어놓았다'라는 표현을 쓴다면 최악의 과장법 같겠지만 《노화를 늦추는 보고서》는 실제로 그 이상을 해냈다. 이 책을 읽는 동안 내 세계관이 뒤집히는 즐거운 경험을 했다. 이 책에서 한 가지 가설이 등장할 때마다 뛰어나고도 가장 과학적인 실험 과학이 증거로 제시된다. 랭어 박사가 수십 년간 해온 연구 결과다. 이 책을 통해 사람들이 의식을 집중할 수 있기를 진심으로 바란다.

톰 피터스, 《톰 피터스 탁월한 기업의 조건》 저자

서문

병든 몸, 나이 든 몸은 어떻게 회복할 수 있을까

어머니는 쉰여섯 살에 유방암 진단을 받았다. 유방암이 어머니의 몸 전체에 퍼져서 치료가 복잡하고 무자비할 것이라는 경고를 들었다. 시작부터 예후가 좋지 않았다. 암이 한바탕 휩쓸고 지나간 흔적—겨드랑이의 종양에서 시작되어 췌장까지 전이된 암—에 어머니는 몹시 힘들어했고 나 역시 두려움에 떨었다.

의사들의 말에 따르면 어머니에게는 고작 몇 달밖에 남지 않았다. 그러나 나는 고집스럽게 어머니에게 희망을 전하려 노력했고 이 끔찍한 악몽도 지나갈 것이라는 듯 행동했다. 그 모습을 본 동료 한 사람은 내가 낙관의 끝을 보여준다고도 했다. 아마도 현실을 부정하고 있다는 소리를 듣기 좋게 한 것일 터였다(하지만 나는 현실을 부정했던 건 아니었다. 더 자세한 이야기는 뒤에서 하겠다).

그러던 중 정말 놀라운 일이 벌어졌다. 어머니의 몸에서 암이 사라진 것이다. 처음에는 마냥 기뻐했다. 하지만 이내 어머니가 그동안 암 치료를 받느라 어떤 대가를 치렀는지 깨달았다. 어머니가 이 치료를 견뎌내지 못할 거라 예상했기에 의사들은 암이 나은 후 어머니의 삶에 대해서는 신경 쓰지 않았다. 입원해 있는 동안 몸을 쓰지 않았던 어머니는 걷지도 못할 만큼 약해진 몸으로 집으로 돌아와 휠체어 생활을 했고, 병원에 있을 때보다 더 건강이 안 좋아진 것 같다고 느꼈다.

그리고 나는 사람들이 어머니를 대하는 방식에 충격을 받았다. 암을 극복한 것은 어머니가 강건하다는 사실을 보여주는 방증이었다. 그럼에도 사람들은 하나같이 어머니를 나약한 사람 취급을 했다. 이들의 눈에 어머니는 그저 삶의 끈을 놓지 않고 매달려 있는 아픈 환자였다. 다들 암이 재발할 것이며 오래지 않아 어머니가 다시 병원에 입원하리라 생각했다. 이들의 생각이 옳았다. 9개월이 채 지나지 않아 암이 재발했고 어머니는 혼수상태에 빠졌다. 어머니는 쉰일곱의 나이로 사망했다.

그동안 치료법을 포함해 암을 둘러싼 여러 개념이 달라졌다. 이제 암은 수십 년 전에 그랬듯 형언하기 어려울 정도로 끔찍한 사형선고가 아니라 만성질환으로 여겨진다. 종양학 병동에는 영양사들이 직원으로 근무하기도 하고, 환자들의 정서적 요구를 담당하는 사회복지사들도 찾아볼 수 있다. 하지만 여전히 변하지 않는 것들이 있다. 아직도 암은 환자의 심리 상태가 의료적 개입만큼 중요하지 않은 질환으로 여겨진다. 질병의 진단이란 유용하긴 하지만 개인의 삶의 경험에서 극히 일부에만 초점을 맞춘다. 맥락(context)은 분명 우리의 신체 반응에 영향을 미침에도 의료계도, 우리 자신도 이 맥락을 간과할 때가 많다.

나는 이런 현상이 어머니의 정신에 얼마나 큰 영향력을 미쳤는지 두 눈으로 확인했다. 의료계는 어머니의 통제력을 앗아가고, 암이 사라진 후에도 어머니를 병들고 나약한 환자처럼 느끼게 만들었다. 진단은 꼬리표가 되어 의사와 간호사들, 병원 밖 사람들이 어머니를 대하는 태도를 결정했다. 어머니는 내가 알았던 생기 넘치고 아름다운 여성이 더는 아니었다. 그저 의료계가 다음으로 시도해볼 치료법을 초조하게 기다리는, 무력한 암 환자였다.

어머니가 암을 치료받는 과정을 지켜보며 나는 건강을 대하는 우리의 접근법이 우리를 더욱 병들게 할 수 있다는 생각이 들었다. 그리고 이렇게 어머니가 겪은 질병의 근본 원인에 대한 고민은 내 과학적 커리어의 변곡점이 되었고, 향후 수십 년간 이어진 마음챙김 연구의 방향을 잡는 기틀이 되었다.

1970년대 내 초기 연구 이후로 '마음챙김(mindfulness)'이란 용어가 아주 흔해졌다.[1] 이제는 신문이나 잡지, 심지어 누군가의 인터뷰를 듣다가도 마음챙김이란 단어가 등장하지 않는 경우를 찾아보기가 어려울 정도다. 마음챙김은 단순히 마음의 상태를 가리키는 의미로 소개되어 명상과 관련해 등장할 때가 많다. 하지만 마음챙김은—나와 내 학생들이 밝혔듯이—그저 대상을 능동적으로 인식하는 과정을 의미하는 것일 뿐 명상이 필요하진 않다. 마음챙김의 상태에서 우리는 전에는 알아채지 못했던 것들을 알아차리고, 우리가 잘 알고 있다고 여겼던 것들을 실은 그만큼 잘 알고 있지 않다는 것을 깨우친다. 이때 모든 것이 흥미롭게 다가오고, 또 모든 것이 새로운 의미에서 유용할 수 있다는 사실을 깨닫는다.

그리고 내가 말하는 마음챙김은 신체의 상태를 의미하기도 한다. 나는 정신 상태가 건강의 가장 중요한 결정 요인이라고 생각한다. 마음과 몸의 조화에 대해서만 말하는 게 아니다. 마음과 몸은 하나의 시스템이며, 인간이 경험하는 모든 변화는 본질적으로 마음의 변화(인지적 변화)인 동시에 신체의 변화(호르몬, 신경, 행동의 변화 모두 또는 이 중 하나)다. 심신일체(心身一切)라는 개념을 열린 마음으로 받아들이면 건강을 통제할 새로운 가능성이 실현될 수 있다. 마음과 하나 된 몸에 잠재된 힘을 우리는 이용할 수 있다.

하버드 대학교의 내 연구소에서는 심신일체가 건강에 미치는 영향에 주력한다. 이곳은 화학물질 등을 분석하는 웨트 랩(wet lab)이 아니다. 내 학생들과 박사후 연구원들, 우리의 연구에 관심이 있는 교수진이 모여 색다른 아이디어들을 탐험하는 (요즘은 주로 가상으로 모이는) 공간이다. 이들과 나는 심신일체라는 개념을 연구하면서 나중에 '시계 거꾸로 돌리기 연구(counterclockwise study)'라고 알려진 실험을 약 40년 전에 처음 진행했다.[2]

이 실험에 참여한 노년의 남성들은 일주일 동안 마치 젊어진 것처럼 생활했다. 우리는 20년 전의 세상으로 돌아간 것처럼 꾸며진 조용한 장소에 이들을 머물게 했다. 커피 테이블 위 잡지부터 전축과 LP, 부엌 찬장 속 접시, 구형 TV와 (비디오테이프로) 시청할 수 있는 프로그램에 이르기까지 전부 이들이 과거로 돌아가 젊어졌다는 생각이 들게끔 하는 물건들로 가득한 집이었다.

또한 우리는 이들에게 젊었을 때처럼 행동해달라고 요청했다. 예를 들면 가장 나이가 많은 사람과 활동에 제한이 있는 사람들조차 이 집에 도착해서는 현관 계단에서부터 자신의 방까지 짐을 직접 옮기게 했다. 물론 가방 하나가 아니라 셔츠 한 장씩 옮겨도 상관없었다. 이렇게 타임머신을 타고 과거의 삶으로 회귀한—자신이 젊어졌다고 상상한—결과는 대단했다. 참가자들의 신체에 변화가 일어났다. 이들의 시력과 청력, 힘, 심지어 객관적인 외형마저도 훨씬 젊고 건강해졌다.

이는 기존의 심신이원론이나 많은 사람이 생각하는 가능성의 영역과는 상충하는 결과라, 이를 믿지 못하는 사람이 있다고 해도 놀랍지 않을 정도였다. 하지만 이 실험과 결과는 심신일체의 개념이 사실임을 명쾌하게 보여주었다. 이에 큰 의욕을 얻은 나는 이후 줄곧 심신일체를 연구했고 꽤 극단적으로 보이는 여러 가설들, 예를 들면 생각만으로도 감기에 걸릴 수 있을지, 정신이 인슐린 수치와 우리에게 필요한 수면 시간을 통제하는지, 생각이 여러 만성질환에 심리적 치료법을 제공할 수 있을지 등을 실험했다.

그 모든 연구의 목표는 심리가 우리의 건강에 얼마나 중요한지를 밝히고, 신체에 대한 통제력을 되찾는 것이었다. 마음이 신체 건강에 주요한 결정 요인이고, 사고방식을 바꾼다는 간단한 개입만으로도 웰빙을 극적으로 확대할 수 있다는 사실을 보여주고자 했다. 내 연구에서 가장 중요하다고 할 수 있는 증상의 가변성에 주목한 연구를 보면, MS(다발성경화증)와 파킨슨은 물론 만성 통증 같은 만성 질환도 심리적 개입으로 나아질 수 있다.

이제부터 나는 마음이 건강에 중요하다는 개념을 설명할 것이다. 하지만 몸을 변화시키기 위해 마음을 변화시키려면 우선 몇 가지 오해들을 바로잡아야 한다. 그래서 1~5장에서는 내가 근본적인 문제로 꼽는 규칙과 위험, 예측, 의사결정, 사회적 비교를 설명한다. 이 개념들을 새로운 관점으로 바라볼 수 있다면 마음챙김에 더욱 집중할 수 있고 인생을 주체적으로 살 수 있다. 그리고 우리가 이런 생각의 변화를 달성할 때 타인 그리고 자신과의 관계가 좋아지고 스트레스가 줄어들며 이로써 우리의 건강이 향상된다(내 연구를 통해 밝혀진 사실이다).

6~8장은 건강과 웰빙에 관해 지금껏 우리가 보지 못했던 가능성을 탐구한다. 심신일체를 주제로 우리가 진행한 연구를 통해 이제까지와는 다른 방식으로 삶을 살아가는—마음과 하나 된 몸과 함께—방법과, 낡은 사고방식으로 잃어버린 젊음과 건강을 회복하는 방법을 살펴볼 것이다.

《노화를 늦추는 보고서》를 주제로 연구하면서 때로는 예상치 못한—심지어 이상하기도 한—전개를 맞이할 때도 있었다. 나는 이런 흐름을 무시하지 않고 이해하려고 노력했다. 그 흐름을 따라가다 보니 마음챙김의 전염성 같은 개념을 탐구하기도 했다. 9장에서 확인하겠지만, 이 주제의 초창기 연구에서 나는 마음챙김을 행하는 사람과 함께 있는 것만으로도 우리의 마음챙김 수준이 올라간다는 사실을 발견했다. 게다가 이것이 음주 문제가 있는 사람들, 심지어 스펙트럼 장애가 있는 사람들에게도 영향을 미친다는 사실을 알 수 있었다. 나는 미래에 마음챙김의 유토피아가 마련될 가능성이 있으며 그런 미래를 상상하는 것이 현재를 달리 바라보는 데 도움을 준다고 믿는다.

이 책을 통해 우리가 하는 모든 생각이 건강에 영향을 미칠 수 있다는 사실을 이해하길 바란다. 정말로 건강은 그저 생각 하나의 차이일지 모른다.

THE
MINDFUL
BODY

1장

우리를 늙고 병들게 하는 규칙들

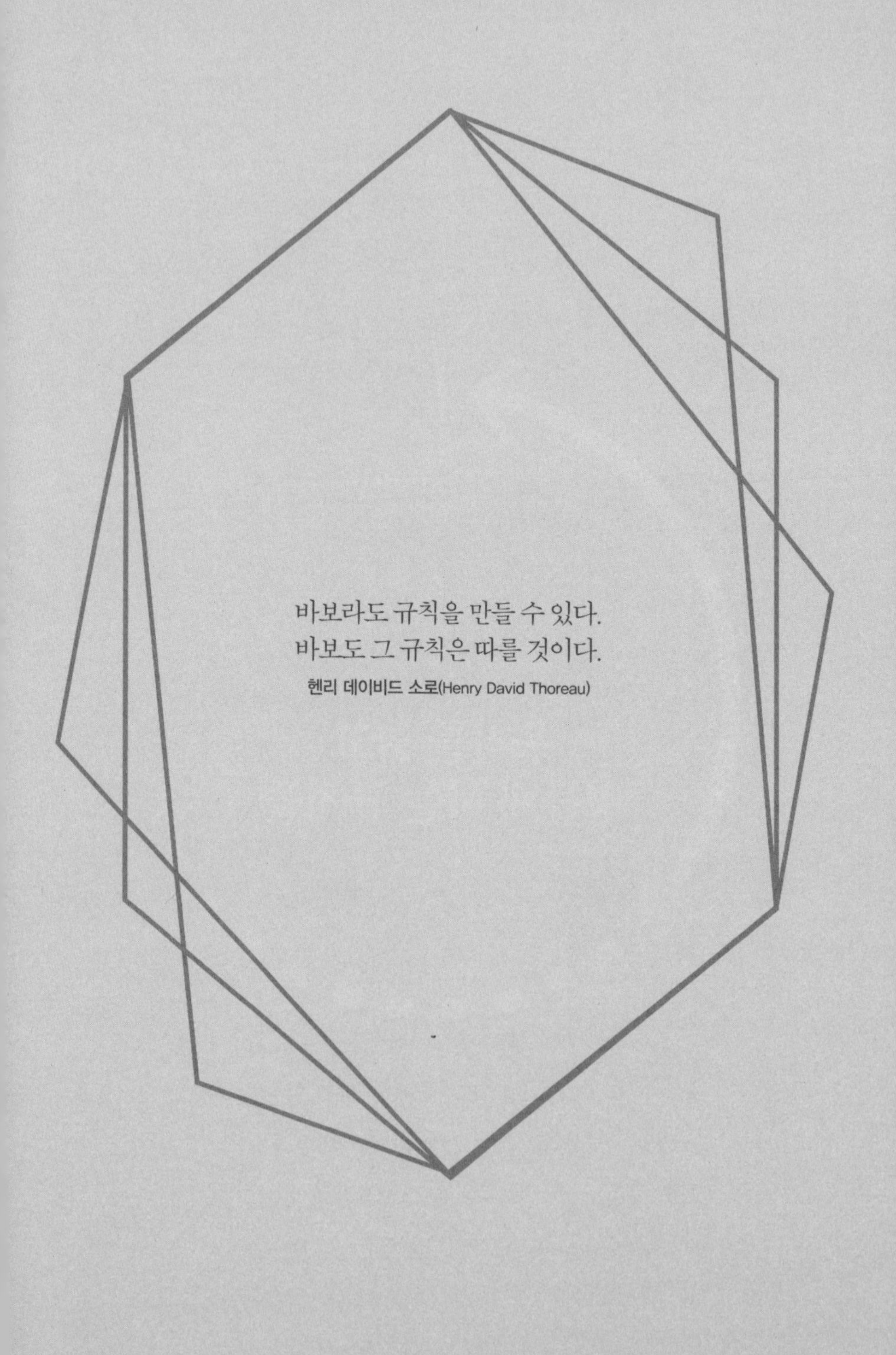

바보라도 규칙을 만들 수 있다.
바보도 그 규칙은 따를 것이다.

헨리 데이비드 소로(Henry David Thoreau)

규칙은 중요하다. 그러나 규칙은 우리의 행동을 이끌어야지, 지배해서는 안 된다. 아무 의식 없이(mindless) 규칙을 따르는 태도가 우리의 노화와 건강에 어떤 문제를 일으키는지 좀 더 깊이 이해하기 전에, 규칙이 어떻게 탄생하고 유지되는지 자세히 살펴보자.

단순하고도 부담 없는 예시를 들어보면, 나는 그림을 수십 년째 그려오고 있다. 물론 그림을 정식으로 배운 적은 없다. 처음 시작했을 때는 그림을 그리는 규칙에 대해 전혀 알지 못했다. 아니, 그림에 규칙이 있다는 사실조차 몰랐다. 알았다면 내 그림 테크닉이 상당히 달라졌으리라.

화방에 가서 붓을 살펴보면 어떤 효과를 낼 때는 반드시 이 붓을 써야 한다고, 마치 다른 방법으로는 그 효과를 낼 수 없다는 듯—옳고 그른 방법이 정해져 있다는 듯—적힌 안내문을 마주하는데, 이상하고 신기하다는 생각이 든다. 대체 누가 그런 규칙을 만든 걸까? 그 규칙을 만든 사람이 보면 놀라겠지만, 나는 한 번씩 그림에 새로운 느낌을 주기 위해 붓의 털을 자를 때도 있다. 그리고 이것이 나의 독창성이자 새로운 무언가를, 무엇과도 다른 미술 작품을 창작하고픈 욕구이며 적어도 내 눈에 흥미로워 보이는 그림을 탄생시키는 요소라고 믿는다. 만일 붓에 달린 안내문과 같은 규칙을 엄격하게 따랐다면 이런 독창성은 가능하지 않았을 터다.

그리고 바로 이런 태도가 내 미술 양식의 기반이 되었다. 초기에 그린 작품 중 하나는 저 멀리 자리한 언덕에 식료품들을 들고 있는 한 소년이 등장한다. 그림 앞쪽에는 한 여성이 벤치에 앉아 있다. 그림을 완성한 후 친구 몇 명에게 보여주었는데, 한 친구가 먼 곳에서 있는 소년을 너무 크게 그린 게 원근법에 어긋난다며 내 '실수'에 대해 얘기했다. 그 말을 듣고 나는 소년이 좀 더 사실적으로 보이도록 작게 수정해 성실하게 실수를 '고치려' 했다. 하지만 이내 마음을 바꿨다. 내 그림을 들여다보고 싶게 만드는 가치가 바로 그 결점에서 나온다는 걸 깨달았기 때문이다.

예술에서처럼, 삶에서도 규칙을 따르는 사람들이 더 높이 평가되곤 하지만 나는 종종 규칙을 어기는 것도 필요하다고 생각한다. 우리는 아무 의식 없이 규칙을 따를 때가 너무 많다. 예를 들면 '적절한' 붓을 사고 '적절한' 옷을 입으며 '적절한' 질문을 한다. 하지만 의식을 기울여(mindfully) 규칙을 바라보면 그 규칙이란 것이 실은 임의적이며 말이 되지 않는다는 걸 깨닫는다. 그 붓을 사용할 필요도 없고, 원근법을 따를 필요도 없다. 당신의 그림이다. 당신의 삶이다.

그림 그리는 붓 정도야 괜찮다고 생각할 수 있겠지만 건강도 그럴까? 어떤 이들은 의사들 또는 연구자들이 만든 규칙에 의문을 품는 것 자체가 잘못되었다고 보기도 한다. 우리가 뭔데 그들의 권위를 의심하느냐고 말이다. 하지만 건강에 관한 규칙 다수가 현재의 우리와는 다른 사람들을 대상으로, 특정 의학의 발전이 이뤄지기 전인 과거에 만들어졌다는 것을 기억해야 한다. 우리가 각각 다르고 계속 달라지고 있다는 사실을 고려하지 않은 것이다.

예컨대 오래전 약물은 주로 젊은 남성들을 대상으로 테스트가 이뤄졌다. 따라서 해당 약물이 젊은 남성들에게 어떤 영향을 미치는지는 탄탄한 데이터가 갖춰졌지만, 그들과는 생리적인 활동이 다른 고령 여성의 경우 약물이 체내에 훨씬 오래 머물러 문제를 일으킬 때가 많았다. 오늘날 약을 처방하는 의사들은 복용량을 결정할 때 나이와 체중, 성별의 차이를 고려한다.

또한 대부분 병원에서 방문객들은 저녁 7시 이후 병문안이 금지된다. 도대체 어떤 데이터를 근거로 이런 규칙이 생긴 걸까? 나는 어머니를 담당하는 간호사에게 어머니가 원하는 만큼 머물 생각이라고 말했다. 내게는 병원의 규정보다 어머니가 더욱 중요했으니까. 그러면 병원은 세 가지 방법 중 선택할 수 있다. 규정을 바꾸거나, 나를 못 본 척하거나, 내게 나가라고 할 때마다 내가 일으킨 소동을 견디거나. 어머니가 계셨던 병원에서는 나를 못 본 척하기로 했다.

7시 이후 병문안 금지라는 규정을 만들 당시 병원은 그렇게 하는 편이 환자들에게, 어쩌면 직원들에게 가장 좋을 것이라고 여겼을지 모른다. 하지만 이제는 환자의 건강과 회복에 사회적 지지가 매우 중요하다는 탄탄한 연구 결과가 나왔으니 이런 규정에는 당연히 의문을 품어야 하지 않을까?

그렇다면 사람들은 왜 이렇게 임의적인 규칙을, 심지어 자신에게 맞지 않는 규칙을 지키려고 하는 걸까? 한 가지 이유는 인간은 자기 자신에게 부과한 꼬리표가 대부분 행동을 좌우하기 때문이다.

사회심리학자 러셀 파지오(Russell Fazio)와 동료들은 사람들에게 자신이 내향적인지('사교 모임이 스트레스로 여겨질 때는 언제인가?') 외향적인지('가장 재밌었던 파티는 어떤 파티였는가?') 생각하게 만드는 여러 질문을 제시했다.[1] 그런 다음 사람들에게 외향성-내향성 지수(introversion-extroversion personality scale)라고 알려진 짧은 테스트를 치르게 했다. 외향성을 유도하는 질문을 받은 참가자들은 자기 자신을 좀 더 외향적이라고 판단한 반면 내향성을 유도하는 질문을 받은 참가자들은 자신이 좀 더 내향적이라고 평가했다.

또 다른 연구에서는 고령의 성인들에게 노화에 관한 부정적인 고정관념을 심어주자 기억력 테스트에서 낮은 점수를 받았다.[2] 여성들에게 본인의 성별을 은근히 상기시켰을 때는 다른 여성들의 수학 능력에 관해 강한 고정관념을 보이기도 했다.[3]

하지만 꼬리표의 힘은 반대로 작용하기도 한다. 대학원생 크리스텔 응누멘(Christelle Ngnoumen)과 함께 진행한 연구를 살펴보자. 우리는 마음챙김이—본질적으로는 알아차림의 과정이—규칙과 꼬리표의 영향력을 줄일 수 있는지 알고 싶었다.[4] 그래서 앤서니 그린월드(Anthony Greenwald)와 마자린 바나지(Mahzarin Banaji)의 연구를 바탕으로 한 내재적 연관성 검사(Implicit Association Test, IAT)를 활용했다.

IAT는 사람들이 어떤 개념들을 무의식적으로 연관 짓는지 평가하는 테스트다.[5] 이 테스트에서는 사람들에게 이미지와 개념을 분류하도록 요청한 후 시간을 측정한다. 가령 '흰색'과 '좋다'를 연관 짓고 '검은색'과 '나쁘다'를 연관 짓는 사람은 반대로 흰색이 나쁘고 검은색이 좋다는 공식에 따라 이미지를 분류할 때 시간이 더 많이 걸린다. 이 시간의 차이로 암묵적인 편향을 파악할 수 있다.

우리가 진행한 연구에서는 참가자들이 직접 정한 카테고리에 따라 사진을 분류하도록 했다. 다만 IAT를 진행하기 전에 몇몇 참가자들에게는 외집단 구성원들(실험 참가자들과 공통적인 특징을 지니지 않은 사람들)의 사진을 마음챙김으로 인식할 기회를 제공했다. 아무 의식 없이 이미지를 분류한다면 인종, 성별, 민족과 같이 가장 명백하고도 적용하기가 쉬운 카테고리를 기본으로 삼을 확률이 높다. 아프리카계 미국인은 이쪽으로, 백인은 저쪽으로 분류하거나 남성은 이쪽으로, 여성은 저쪽으로 분류하는 식이다. 하지만 '높은 수준의 마음챙김'이라는 조건을 수행해야 하는 참가자들은 사진 속 인물의 사교적인 정도나 웃고 있는지 같은 새로운 심리적 카테고리로 사진을 분류해야 했다. 또한 이들에게는 직접 새 카테고리 두 개를 추가로 만들어보라고도 요청했다.

이 간단한 개입이 대단한 변화를 불러왔다. 마음챙김의 조건 아래 꼬리표를 활용한 사람들—분류의 통상적인 규칙을 어긴 사람들—은 IAT에서 암묵적인 인종 편견이 절반으로 줄어들었다. 또 다른 실험에서는 마음챙김의 조건을 수행한 백인 참가자들의 공감력이 올라가는 모습을 보였다. 이들은 본인과 다른 사람들의 이야기를 훨씬 더 오래 들어주었다.

이런 개입이 효과를 발휘하는 이유는 마음챙김을 통해 우리가 저마다 어떻게 다른지 그 놀라운 차이점을 인식하게 되고, 이 인식이 통상적인 고정관념을 변화시키는 데 영향을 미치기 때문이다. 그 결과 우리는 타인을 한눈에 분류되는 어떤 집단의 구성원이 아니라 개개인으로 보기 시작한다. 즉 우리가 만들어낸 꼬리표와 그 꼬리표에 숨은 제약을 무시할 수 있게 된다.

외집단 구성원을 마음챙김을 통해 인식함으로써 편견을 줄이는 것 외에도, 내집단에도 차이가 존재한다는 사실을 인식하는 것으로도 외집단을 향한 편견을 낮출 수 있다. 다시 말하면 자신과 비슷한 사람들의 차이점을 인식할 때 개개인이 얼마나 다른지를 이해하게 되고, 이로써 '우리'와 외집단의 차이가 그리 크게 느껴지지 않는다. 달라 보이는 대상들 사이에서 유사점을 인식하는 것, 비슷하다고 여기는 대상들 사이에서 차이점을 인식하는 것, 이것이 마음챙김의 본질이다.

규칙에 의문을 품어라

규칙은 고정불변한 개념이 아니다. 규칙보다 더욱 엄격한 법조차 얼마든지 변할 수 있다. 사실 법은 맹목적으로 따르기보다는 의문을 품어야 하는 대상이다. 합법성은 도덕성과 같은 개념이 아니다. 과거에는 법으로 여성을 재산으로 규정했고 금주를 강제했으며 동성애와 인종을 초월한 결혼은 불법이었다. 1830년에는 수염이 있다는 이유로 한 남성이 폭행을 당한 일이 있었다. 심지어 이 남성은 폭행에 방어했다는 이유로 수감되었다. 45년 후 그가 사망할 당시 수염은 패션이 되어 있었다.

오늘날에도 미국 내 일부 지역의 법은 상당히 이상할 뿐 아니라 임의적인 규칙을 맹목적으로 고수하는 부조리함을 드러내기도 한다. 한 예로 애리조나주에서는 당나귀를 욕조에서 재우는 것이 불법이다. 콜로라도주에서는 현관 베란다에 소파를 두는 것이 불법이며, 메릴랜드주에서는 공원에서 민소매 상의를 입는 것이 불법이다. 그중에서도 내가 가장 좋아하는 사례는 매사추세츠주로, 그곳에서는 자격증 없이 점을 봐주는 것이 불법이다.

이런 현상은 다른 나라에서도 마찬가지다. 싱가포르에서는 껌을 판매하는 것이 불법이다. 아테네 아크로폴리스에서는 힐을 신는 것이, 베네치아에서는 비둘기에게 먹이를 주는 것이, 독일에서는 아우토반을 탄 차에 기름이 떨어지는 게 불법이다. 가장 어처구니없는 경우는 폴란드다. 폴란드에서는 놀이터와 학교에서 곰돌이 푸를 마스코트로 삼는 것이 불법이다. 그 이유는 푸가 바지를 입지 않았기 때문이다.

규칙과 마음챙김의 관계를 형성하는 가장 좋은 방법은 규칙이—정해진 것이든 아니면 그저 문화적으로 합의된 것이든—결국 우리와 다를 바 없는 사람이 만들었다는 사실을 떠올리는 것이다. 와튼 경영대학원의 애덤 그랜트(Adam Grant) 교수가 예전에 하버드 대학교에서 내 수업을 듣는 학생이었을 때, 우리는 규칙의 사회적 구성이란 무엇인지, 규칙의 사회적 요소가 왜 자주 무시당하는지 좀 더 깊이 이해하기 위해 연구를 진행했다(애덤은 아무 의식 없이 규칙과 관습을 따르기보다는 자신의 길을 만들어가는 사람이라는 점에서 이 연구를 함께 하는 파트너로 적격이었다. 한 예로, 하버드 면접 당시 그는 자신이 이룬 업적에 대해 이야기하는 대신 마술을 보여주었다).[6]

애덤과 나는 규칙은 사람이 만든다는 사실에 대한 인식을 높이는 실험 몇 가지를 고안했다. 이런 인식이 높아지면 실험 참가자들은 규칙을 어길지라도 자신의 이익에 가장 부합하는 행동을 할 것이라고 예상했다. 한 실험에서 우리는 참가자들을 환자라고 가정하고 몇 가지 세부적인 요소를 다르게 설정해 상황을 설명했다. 한 집단에는 이렇게 말했다. "당신은 병원에 입원한 환자입니다. 환자용 변기에 앉아 있는 상황이고요. 병실 밖에는 간호사 한 명이 바쁘게 일하고 있습니다. 이 간호사에게 도움을 요청하기까지 얼마나 걸리겠습니까?" 두 번째 시나리오는 이랬다. "당신은 병원에 입원한 환자입니다. 환자용 변기에 앉아 있는 상황이고요. 병실 밖에는 베티 존슨이라는 간호사가 바쁘게 일하고 있습니다. 이 간호사에게 도움을 요청하기까지 얼마나 걸리겠습니까?"

이 두 시나리오에서 다른 점이라면 두 번째 상황에 간호사의 이름이 등장한다는 것뿐이었다. 그러나 간호사의 이름을 들었을 때 참가자들은 더 빠르게 도움을 요청했다.

그 외에도 애덤과 나는 여러 다른 시나리오를 참가자들에게 제시했다. 이들 시나리오에서도 참가자들은 등장인물의 역할이 아닌 인간적 요소가 드러나는 상황일 때 좀 더 적극적으로 행동을 취하는 모습을 보였다. 난감한 상황을 마주했을 때 그리고 규칙이 하늘에서 내려진 게 아니라 사람이 만든 것이라는 사실을 깨달을 때, 사람들은 자신에게 유익한 방향으로 상황을 바꾸려 좀 더 적극적으로 행동한다. 즉 불필요한 규칙과 예의범절, 에티켓을 무시한다. 간호사가 등장하는 시나리오의 경우, 참가자들은 이 상황을 그저 한 사람이 다른 사람에게 도움을 요청하는 행위로 인지할 때는 '의료진을 방해하지 마세요'라는 규칙에 개의치 않았다.

규칙을 맹목적으로 지키려는 태도는 불이익을 가져오기도 하지만, 건강 문제에서는 심각한 위험을 초래할 수도 있다. 암을 생각해 보자. 암환자의 세포 조직을 채취해 연구소로 보낼 때, 세포에 '이것은 암세포입니다'라는 이름표를 붙여 보내는 게 아니다. 연구소에서 슬라이드 위에 세포를 올려 검사를 하고 암인지 아닌지를 판단한다. 세포가 병리학적으로 이상이 없을 때도 있다. 모호한 경우 해당 세포를 암이라고 보는 세포학자가 있고, 다른 의견을 내는 세포학자도 있다. 사실 이런 분석 과정이 전적으로 인간의 판단에 달려 있음에도 이 모호성은 결코 언급되지 않기에 우리는 조직검사의 진단이 정확하다고 믿는 것이다.

실제로 어떤 환자에게는 암에 걸렸다는 진단이 내려지고, 그와 거의 똑같은 상태의 누군가는 암에 걸리지 않았다는 진단이 내려지기도 한다. 하지만 암 진단은 환자에게 폭풍 같은 감정 반응을 불러일으키며 이것이 건강에 부정적인 영향을 미칠 수 있다. 확실히 알 수 없긴 하지만 암 환자가 질환의 명확한 결과를 기다리기보다는 '암은 죽을병이야'라고 섣부르게 인지적 결론을 내린 탓에 사망하는 경우가 있지 않을까 하는 의심이 들 때가 많다.

이런 문제를 떠나서라도 진단은 병원, 주, 국가에 따라 얼마든지 달라질 수 있다. 따라서 똑같은 상황이라도 다른 사람보다 더욱 위중한 진단을 받는 경우가 있다.

'위험' 꼬리표의 진짜 위험한 영향

뉴욕의 그랜드 센트럴 터미널(Grand Central Terminal) 지하에 자리한 푸드 코트에서 열차를 기다리다 보면 거듭 반복되는 이상한 현상 하나를 발견할 수 있다. 그곳에는 오가는 열차와 고객의 규모가 엄청나서 샐러드를 포함해 여러 메뉴를 미리 준비해두는 음식점이 많다. 그래서 음식을 주문하면 이미 만들어진 것을 바로 건네받을 수 있다.

유심히 살펴보면 샐러드마다 소비기한이 표기되어 있는데, 예를 들어 30분이라고 해보자. 소비기한을 1분 남긴 샐러드는 정가로 판매되는 상품이자 바로 섭취가 가능한 요리다. 하지만 1분 후에는 쓰레기통으로 던져지는 처지가 된다. 음식점은 누구에게도 음식을 무료로 주어선 안 되며, 음식점의 잘못이 없음을 밝히는 수만 가지 조건에 동의하는 홈리스도 그 대상에서 예외가 될 수 없기 때문이다. 초침이 시계를 딱 한 바퀴 도는 동안 영양가 높은 음식은 아주 위험한 음식이 되고 만다.

운동선수는 1,000분의 몇 초 차이로 메달을 놓친다. 어떤 병의 진단 기준에 간신히 부합하는 문턱값에 걸친 환자도 있다. 법대생은 한 문제를 틀려 변호사 시험에서 떨어지기도 한다. 이들이 올림픽 메달리스트, 문턱값에 아주 약간 못 미치는 건강한 환자, 간신히 시험을 통과한 변호사와 대단히 다르다고 할 수 있을까?

속도나 규모, 독성 등 머릿속에 떠오르는 그 어떤 디스크립터(descriptor)든 이 세상에 존재하는 모든 것은 연속체(continuum)다. 그럼에도 우리는 무언가를 구별하는 기준을 만들어 이를 아무 의식 없이 수용한다. 실제로는 근소한 차이임에도 이런 구별 때문에 삶은 극적으로 달라진다. 차이라는 것은 모두 임의적이다. 그러나 뚜렷한 선을 그려 범주를 나눈 탓에 이 임의성이 가려지는데, 이것이 대단히 해롭게 작용할 수 있다.

나는 이런 결과로 입게 되는 피해를 '경계선상 영향(borderline effect)'이라고 부른다. 그 사례는 셀 수 없이 많다. 어떤 사람은 IQ가 69이고 어떤 사람은 70이지만 아이큐 70인 사람만이 정상의 범위에 속한다. 통계학자가 아니라도 69와 70 사이에 의미 있는 차이가 존재하지 않는다는 건 알 수 있다. 그럼에도 IQ가 69인 사람은 '인지 기능이 낮다'라는 꼬리표가 붙고 그보다 딱 1점 앞선 사람과 다른 삶을 살게 된다.

물론 경계선상 영향은 이름 그대로 경계에도 영향을 미친다. 제2차 세계대전 이전에는 북한의 최남단과 남한의 최북단이, 동독의 최서단과 서독의 최동단이 그리 구별되지 않았다. 이후 서로를 가로막는 뚜렷한 선이 그려졌고, 이를 기준으로 상당한 문화적 차이가 생겨났다. 독일의 경우 실제 국경이 사라진 지 30년이나 지났지만 차이는 여전하다.

경계선상 영향은 우리의 삶 곳곳에 영향을 미친다. 하지만 우리에게 가장 중요한 문제는 이것이 건강에 영향을 미치는 방식이다. 대학원생 피터 엉글(Peter Aungle), 박사후 연구원 캐린 거닛-셔벌(Karyn Gunnet-Shoval)과 나는 당뇨 진단에서의 경계선상 영향을 실험했다. 이 연구에서 우리는 혈당 수치가 당뇨병 전단계 문턱값의 바로 아래거나 바로 위인(즉 '정상보다 높은 사람들'과 '당뇨병 전단계 초입의 사람들') 환자들을 비교했다.[7] 검사 과정에서 당연히 발생하는 편차를 고려한다면 이런 의료적 지수에서 1점 차이는 통계적으로 무의미하다. 그럼에도 더 중증으로 분류된 사람들은 결과적으로 더 중증으로 진행된다는 것이 우리가 세운 초기 가설이었다.

여러 내분비학자와 대화를 나눠본 결과 다들 혈당 농도를 측정하는 당화혈색소 검사(A1c)에서 5.6퍼센트와 5.7퍼센트의 차이는 별 의미가 없다는 데 동의했다. 하지만 기준선은 반드시 있어야 하기에 표준 의료 프로토콜은 A1c 수치가 5.7퍼센트 미만은 '정상'으로, 즉 당뇨에 걸릴 즉각적인 위험에 노출된 상태는 아닌 것으로 판단한다. 그리고 5.7퍼센트 이상은 당뇨 위험에 놓여 있다고 보고 '당뇨병 전단계'로 분류한다(6.5퍼센트 이상부터 '당뇨'로 판단한다).

문제는 이런 꼬리표가 불확실할 뿐 아니라 그 과정에 인적 요인이 개입한다는 사실이 가려지고 마치 최종 진단인 듯 전달된다는 점이다. 그리고 사람들은 이 꼬리표를 아무 의식 없이 받아들인다. 이런 태도가 결코 이로울 리 없다.

예컨대 A1c 검사에서 5.6퍼센트를 기록한 환자와 5.7퍼센트를 기록한 환자를 비교하자—다시 한번 말하지만 많은 내분비학자가 의학적으로 무의미하다고 설명했던 차이다—두 집단의 향후 의학적 궤적이 크게 달라지는 모습을 발견했다. 당뇨에 걸리기 직전이라는 이야기를 들으면 사람들은 충격을 받고 의학적 운명을 바꾸기

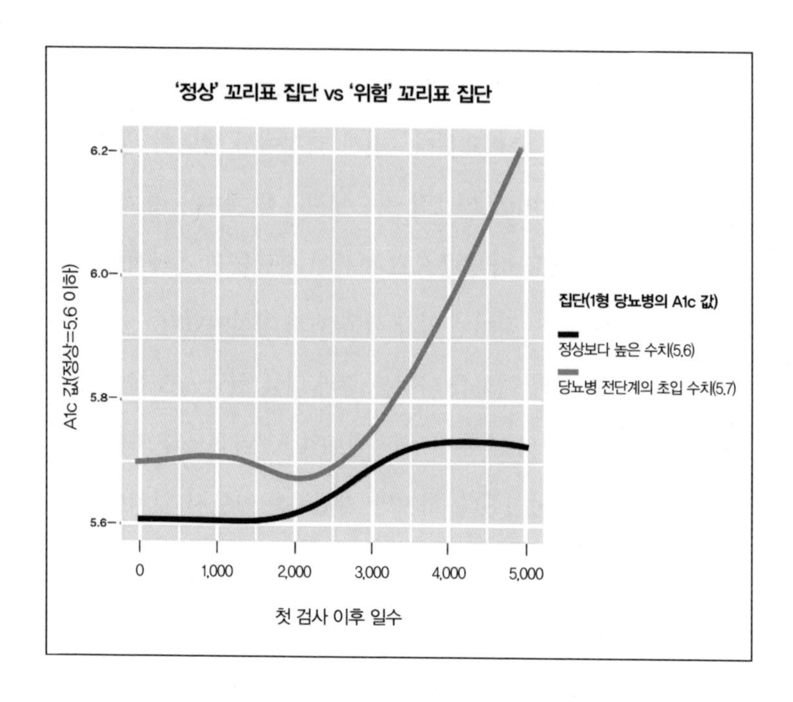

위해 노력할 것이라고 흔히들 생각한다. 그러나 위 차트는 그 예상과 다른 비극적인 이야기를 보여준다. 당뇨 전단계 꼬리표가 붙은 이들은 점차 A1c 수치가 치솟는 현상을 보였다.

적어도 당뇨병에선 건강에 대한 불안이 행동을 개선시킨다는 말이 통하지 않는 듯하다. 사람들에게 '위험' 꼬리표를 붙이는 행위는 향후 당뇨에 걸릴 확률을 크게 높이는 것으로 드러났다. 어쩌면 이들은 당뇨병에 걸릴 운명을 받아들이고, 처음에는 식단을 바꾸려고 하다가 이후 식습관에 신경을 덜 쓰는 것인지도 모른다. 이미 당뇨에 걸렸다고 생각하기 때문에 운동을 덜 하는 것일 수도 있다. 아니면 몸이 당뇨 초기라는 생각을 따라가는 것일지도 모른다.

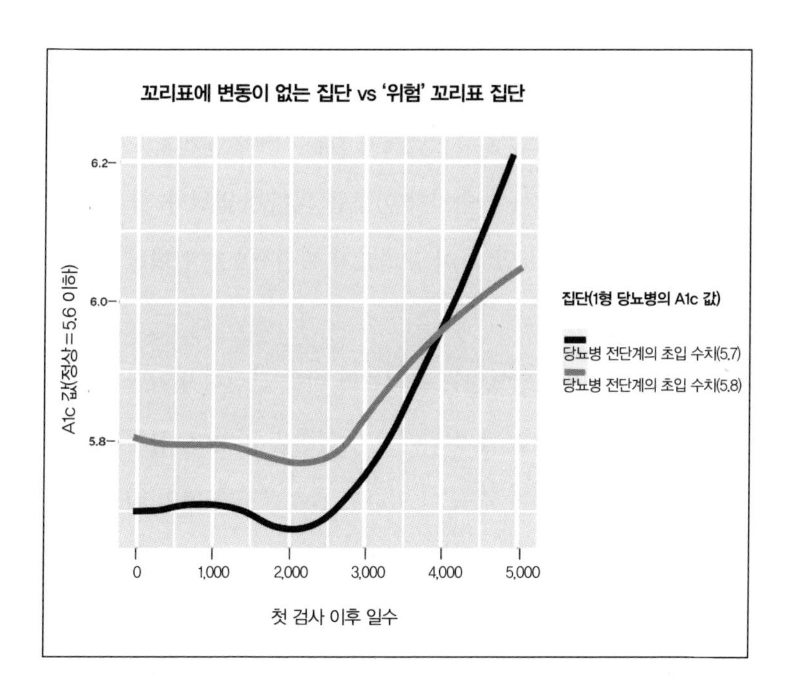

물론 이런 결론에 이의를 제기하는 사람들도 있을 것이다. 당뇨가 생길 가능성은 A1c 검사상 그 차이가 아무리 작다고 해도 수치가 높을수록 가능성 또한 커진다고 주장할 수 있다. 타당한 말이다. 이 사실을 확인하기 위해 우리는 수치가 5.5퍼센트인 사람들과 5.6퍼센트인 사람들도 살펴봤다. 꼬리표에 따라 결과가 달라지는 것이 아니라면 5.5퍼센트와 5.6퍼센트의 결과에 유의미한 차이가 있으리라 예측했다. 하지만 우리의 예측과는 다른 상황이 펼쳐졌다. 정상 범위의 높은 수치에 있는 사람들은 정상 수준에 머물며 건강하다는 꼬리표가 이어졌다. 시간이 지날수록 이들은 당뇨에 걸릴 가능성이 훨씬 줄어들었다.

안타깝게도 이런 패턴은 37페이지 차트에서도 볼 수 있듯이 수치가 5.7~5.8퍼센트로 당뇨 전단계에 있는 사람들에게도 나타났다. 이 환자들은 A1c 검사상 수치가 아무런 의미가 없었다. 중요한 것은 위험이라는 꼬리표였고, 이 꼬리표가 필연적으로 위험한 장기적 결과로 이어졌다.

당뇨 전단계 또는 당뇨라는 꼬리표와 이를 간신히 벗어난 꼬리표의 차이는 보험료와 보험 범위에까지 영향을 미친다. 경계선상 영향으로 누군가는 '기존 병력'이 있다고 판정받지만 거의 비슷한 상태의 누군가는 아무런 문제가 되지 않는다.

아무 의식 없이 의학 정보를 소비하고 데이터 잡음이 우리의 운명을 결정하도록 두는 건 큰 문제다. 대체로 신체의 생체의학적 모델에 근거한(마음의 힘을 인정하지 않는) 질병 관련 용어들은 증상이라는 환상을 그리고 증상은 고정적이며 치료가 어려울 것이라는 환상을 만들어낸다. 그 결과 사람들은 진단을 의심하는 대신 자신이 알고 있는 정형화된 반응과 행동을 곧장 내보인다. 이런 이유로 만성질환이라는 꼬리표는 사람들에게서 통제력을 빼앗고 최상의 건강과 웰빙을 누릴 기회를 앗아간다.

정형화된 꼬리표는 개개인에 따라 어떤 경험이 달라질 수 있다는 사실을 간과하게 만든다. 개인의 경험이란 결코 꼬리표가 암시하듯 고정되거나 절대적인 개념이 아니다(당뇨 전단계 환자들은 라이프스타일에 작은 변화만 더해도 당뇨를 충분히 피할 수 있다는 사실을 깨달아야 한다). 하지만 진단이라는 결과는 여러 장애에서 자기충족적 예언으로 작용한다. 진단이 질환을 만들어내는 것이다.

이는 검사 결과를 바탕으로 의학적 진단을 내려서는 안 된다는 뜻이 아니다. 꼬리표는 어쩔 수 없다. 다만 꼬리표에 인적 요인이 작용할 수 있다는 사실을 분명히 해야 환자들이 의학적 결과가 임의적이고 불확실하다는 걸 이해할 수 있다.

좀 더 일반적인 사례를 들어 설명하면, 시력이나 청력 검사 후 경계선 바로 아래의 수치가 나올 때가 있다. 이 경우 경계선 바로 위의 수치가 나온 사람과 별반 다르지 않음에도 안경이나 보청기가 처방된다. 이렇게 누군가는 교정 장치를 쓰지만 누군가는 장치의 도움을 받지 않는다. 만약 사람들에게 이런 결과들을 절대적인 것처럼 전달하지 않고 확률적이라고 설명한다면 어떤 일이 일어날까?

5장에서 보게 되겠지만, 여러 가지 한시적인 이유가 작용한 탓에 영구적인 도움을 받아야 할 범주에 속하는 검사 결과가 나올 때도 있다. 이 경우 다음 날 다시 검사해보면 다른 수치가 나와 아주 다른 결과로 이어지기도 한다.

규칙과 꼬리표, 기준이라는 것은 사람이 만든 개념이다. 이 사실을 깨달으면 어떤 일에서든 다른 전개도 가능하지 않을까 의심할 여유가 생긴다. 새로운 형태의 해방을 얻고, 가능성이 확장되는 것이다. 앞서도 살펴봤지만 이는 우리의 행동뿐 아니라 건강에도 해당하는 이야기다. 우리가 아무 의식 없이 수용하는 대상을 다시금

의식하고, 우리를 가로막는 모든 이야기와 진단에 마음챙김으로 의구심을 제시하는 것이 핵심이다. 그렇게 할 때 우리는 더욱 젊고 건강해질 수 있고 스스로 치유하는 법을 배울 수 있다.

서문에서 언급했듯 내 연구 대부분은 어머니의 유방암 투병에서 시작되었다. 어머니는 유방암 진단을 받았을 때부터 병이 자연스럽게 차도를 보이다 결국 사망에 이르기까지 자신에게 지워진 규칙에 단 한 치의 의심도 품지 않았다. 규칙에 의구심을 가져야 한다는 이 조언을 어머니께 드릴 수 있었다면 얼마나 좋았을까.

THE MINDFUL BODY

2장

몸을 통제하는 생각 멈추기

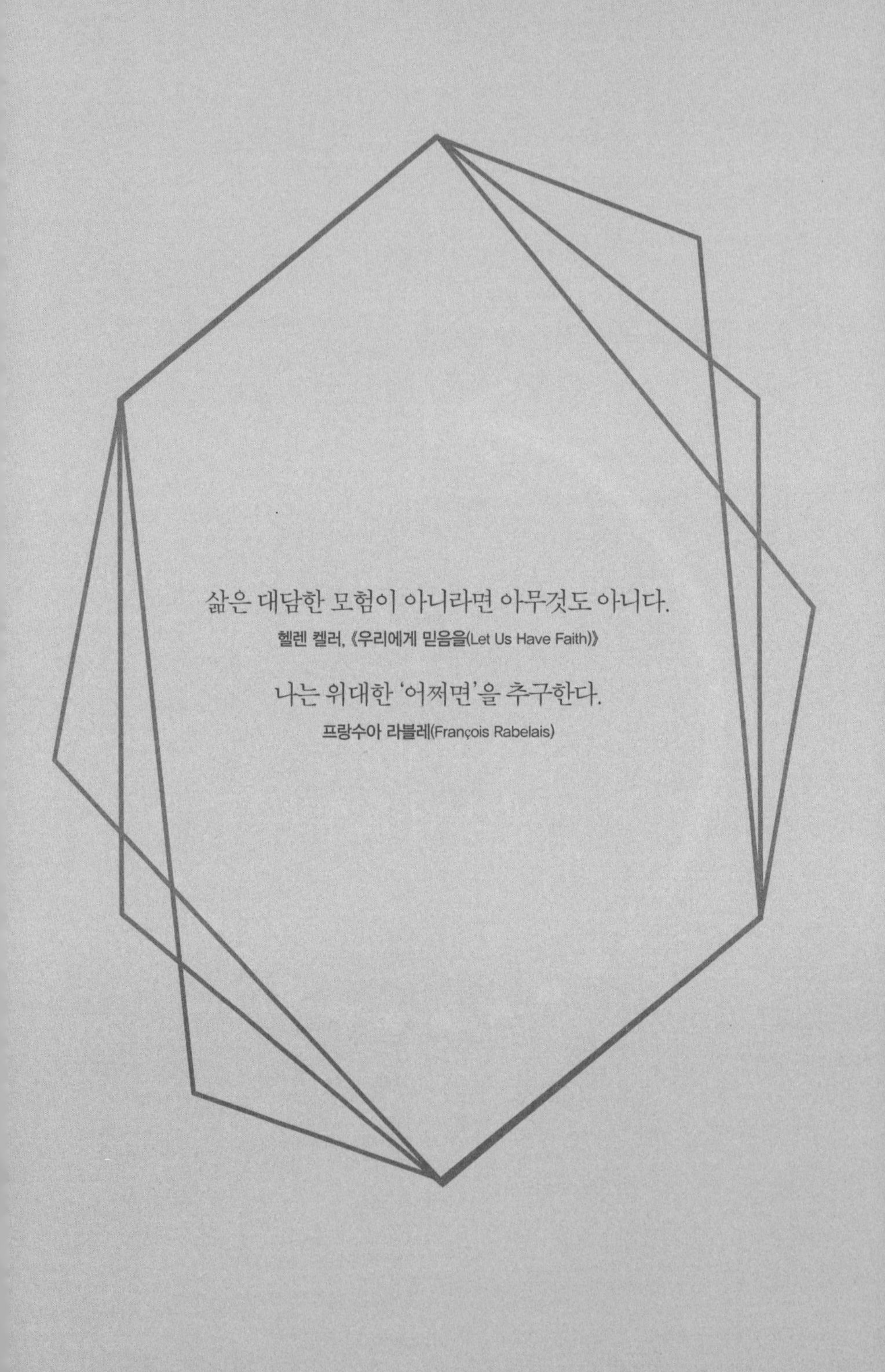

삶은 대담한 모험이 아니라면 아무것도 아니다.

헬렌 켈러, 《우리에게 믿음을(Let Us Have Faith)》

나는 위대한 '어쩌면'을 추구한다.

프랑수아 라블레(François Rabelais)

나는 모험을 좋아하는 것 같다는 이야기를 자주 듣는다. 보통은 칭찬의 의미지만 내가 그런 이야기를 들을 만한 자격이 있는지는 모르겠다. 평소에 '대가를 치를 수도 있지만 뭐, 어때. 한번 해보자'라는 생각을 해본 적이 거의 없기 때문이다. 나는 항상 인정과 확인을 구하는 사람이다.

한 예로, 하버드 대학교에서 부교수였을 당시 어떤 라디오 프로그램 오디션을 보라는 이야기를 들었다. 해당 프로그램은 캘리포니아에서는 이미 유명한 여성 심리학자가 진행자로 참여하고 있었고, 방송사는 이스트 코스트 지역 프로그램의 진행자를 구하고 있었다. 방송사는 학과장인 데이브 그린(Dave Green)에게 추천을 부탁했고, 그가 나를 소개한 것이었다.

오디션에서는 가상으로 시청자와 전화 연결을 하는 상황이 펼쳐졌다. 첫 번째로 전화를 건 사람은 내게 결합 조직까지 마사지하는 롤핑(rolfing)이라는 보디워크 테라피에 대해 질문했다. 해당 주제와 관련해 아는 바가 적었지만 굉장히 자신 있게 대화를 나누다 보니 당혹스럽게도 롤핑 질문이 하나 더 이어졌다. 이번에도 나는 전문가인 척했다.

일주일 후 나는 진행자 자리를 맡아달라는 연락을 받았다. 잠시 고민하던 나는 제안을 거절했다. 아직 대학에서 종신 교수로 임명되지도 않았고 당시엔 무엇보다 랭어 교수라는 이름을 얻고 싶었다. 라디오 출연으로 내가 하는 일이 평가절하될까 봐 걱정되었다. 똑똑한 사람으로 보이고 싶다는 마음과 달리 재밌는 사람으로 보일까 봐 두려웠던 것이다.

이후 나는 종신 교수직을 얻었고 학생들을 가르치는 일도 즐겁고 좋았다. 그래서 라디오 진행을 맡지 않기로 한 내 판단을 한 번도 후회한 적이 없었다. 다만 그때 위험이란 무엇인가를 좀 더 마음챙김의 태도로 생각해봤다면 라디오 일도 하고 얼마 지나지 않아 종신 교수도 되었을 거라는 생각이 종종 들긴 했다. 실제로 사람들이 생각하는 내 모습(대담하고 모험을 좋아하는 과학자)과 내가 생각하는 나(어느 정도는 위험을 회피하려는 사람) 사이에 큰 간극을 느낀 나는 위험에 대한 기본적인 가정 몇 가지에 의문을 품게 되었다.

위험의 역설을 바로 이해할 만한 이야기를 해보면 이렇다. 나는 (굉장히 드물지만) 경마장에 가면 보통 내가 가장 좋아하는 말이 3등으로 들어온다는 데 베팅한다. 대단히 위험을 감수하는 선택이라고는 볼 수 없다. 그런데 언젠가 내가 가깝다고 생각하는 사람에게 내 금융 정보를 일부 공유한 적이 있었는데, 그 때문에 나는 막대한 금액을 편취당했었다. 도대체 이게 무슨 상황일까? 경마장에서는 위험을 거의 감수하지 않으면서 내 개인 정보는 떠벌리고 다닌 것이다. 나는 말을 사랑하지만 경마에 대해서는 아는 것이 없기에 보수적으로 베팅할 수밖에 없었다. 반면 사람에 대해서는 제법 잘 알고 있다고 생각했고 그래서 대단히 위험할 수 있는 행동을 했다. 결과적으로는 신뢰해선 안 되는 인간을 신뢰하고 말았지만.

어떤 사안에서 남들보다 더 지식이 있고 없고의 문제만이 아니다. 우리는 반응에 대한 선택권이 있다는 것조차 모를 때 위험을 감수한다. 내가 열한 살 무렵 치과에 갔을 때 의사는 어머니에게 내가 무척이나 용감하다고 이야기했다. 그 이야기를 듣고 나는 다른 아이들은 어떻게 행동하는 걸까 궁금했다. 치과에 가는 행동이 위험을 감수하는 행동이라고 생각하지 않았기 때문이다. 나는 다른 아이들보다 더 용감한 게 아니었다. 그저 달리 행동할 수 있는 선택지가 있는 줄 몰랐을 뿐이었다.

위험하다는 착각

위험 감수를 주제로 한 문헌은 매우 방대하다. 문헌에 걸쳐 공통으로 등장하는 믿음은 우리가 하지 말아야 할 일, 너무 위험하거나 잠재적 이득보다 가치가 없는 일이 있다는 것이다. 이런 믿음은 깊이 뿌리박힌 나머지 아무도 의심할 생각조차 하지 않는다.

하지만 나는 위험 감수라는 개념이 곡해되었다고 생각한다. 우리는 자신에게 합리적인 방식으로 행동하고 합리적으로 느껴지지 않으면 달리 행동한다. 어떤 일에서 성공이라는 내 기대치가 당신보다 높다면 당신 눈에 나는 위험을 무릅쓰는 사람처럼 보일 것이다. 하지만 내 행동이 타당하다고 본다면 당신 또한 내가 했던 대로 행동할 것이다. 다시 말해서 위험 감수란 관찰자의 입장에 따른 현상이다. '위험을 무릅쓰는 사람'은 다른 사람의 눈엔 이해되지 않아도 자신에게 합리적인 행동을 하는 것이다.

아마도 그때 그 라디오 프로듀서들은 진행 자리를 거절한 내 결정이 말도 안 된다고 생각했을 것이다. 도대체 그 부교수는 유명해질 기회를 왜 거절한 걸까? 하지만 부와 명성은 내 학문적 커리어를 손상시킬 수도 있는 무언가를 감수할 만한 가치가 없었다.

위험이라는 개념이 얼마나 상대적인지 보여주는 사례를 한 가지 더 살펴보자. 나는 열여섯 살 때 몰래 결혼했다. 이제 와 생각하면 사람들의 눈에 내가 여러 면에서 대단히 큰 위험을 감수하는 것처럼 보였겠구나 싶다. 하지만 위험을 감수한다는 것은 한 개인이 자신의 선택과 그에 따른 잠재적 대가를 이해한다는 것을 의미한다. 당시 나는 대가에 대해서는 전혀 고려하지 않았다. 심지어 다른 선택지마저도 고려하지 않았다. 진(Gene)과 나는—하필 종교적인 춤을 추는 자리에서 만난 두 무신론자는—결혼을 하고 싶었고, 그래서 결혼한 것뿐이었다.

비관적으로 들릴지 몰라도 결혼이란 어느 정도 비이성적인 낙관주의가 필요한 일이다. 만일 우리가 이성적으로 통계치를 고려했다면—미국의 결혼한 부부 절반은 이혼한다—아마도 법적 구속력을 지닌 약속을 하진 않았을 것이다. 하지만 사랑에 빠진 이들은 통계를 고려하지 않는다. 자신은 다를 거라고 믿어 의심치 않는다. 이 사랑은 영원할 것이기에 이혼이라는 위험은 없다고 믿는다.

결혼을 처음 생각한 것은 진이었다. 그의 친구의 여자 친구가 임신한 상황이었고 두 사람은 미성년자의 결혼에도 주례를 서주는 사람을 워싱턴D.C.에서 찾아냈다. 당시 진은 열일곱 살이었고 나는 열여섯이었다. 우리는 똑같은 사람의 주례로 결혼한다면 굉장히 로맨틱할 거라고 생각했다. 결혼을 하기로 한 날, 나는 새벽 3시에 일어나 부모님께 쪽지를 남겼다. '지금 나가요. 나중에 봐요.' 우리는 친구의 결혼을 성사시킨 주례자를 찾으러 용커스에서 워싱턴 D.C.까지 차를 몰았다. 슬프게도 주례자는 찾지 못했고 사람들이 우리가 사라졌다는 사실을 눈치채기도 전에 집으로 돌아왔다.

하지만 우리는 이미 결혼하기로 마음먹은 터라 집에서 가까운 지역에서 '합법적으로' 결혼하기 위해 진이 우리 둘의 출생증명서를 조작했다. 필요한 혈액 검사도 받았다. 나는 피 뽑은 자리에 붙인 밴드를 부모님에게 들키지 않으려고 긴팔옷을 입었다. 어린 마음에 부모님은 피검사를 받은 흔적만으로도 내가 얼마 전에 결혼했다는 사실을 알아낼 수 있으리라 생각했다.

성혼 선언을 마친 후 시청에서는 내게 가정용품 샘플이 든 상자 하나를 주었다. 타이드(Tide), 조이(Joy), 코멧(Comet) 제품과 그 외

몇몇 상품들이 담겨 있었다. 이 물건들을 받지 않거나 버리는 것은 생각조차 할 수 없었던 나는 집에 전화를 걸어 세제 샘플이 잔뜩 생겼다고 어머니에게 알렸다. 먼저 이렇게 하면 어머니는 이 샘플들이 어디서 났는지 묻지 않을 터였다(어머니에게 질문을 받을지도 모른다는 위험은 감수하고 싶지 않았다). 그날 오후, 어머니에게 자연스럽게 내 몫의 우편함 열쇠를 부탁했다. (이제 내 진짜 이름이 된) 미세스 모스트(Mrs. Most) 앞으로 올 우편물을 어머니나 아버지가 보기 전에 먼저 챙겨야 했기 때문이다.

진과 나는 우리의 비밀을 들키지 않으리라 제법 확신했다. 몇 년 후 내가 열아홉 살이 되었을 때 우리는 공식적으로 결혼했다. 나는 군말 없이 어머니의 계획에 따라 결혼식을 진행했다. 다만 진과 나는 결혼식 전 양가 어머니들에게 우리가 이미 결혼했다는 사실을 밝히기로 했다. 비밀을 털어놓고 얼마 후, 나는 두 어머니 앞에서 첫 번째 결혼을 입에 올리는 실수를 저질렀다. 진의 어머니는 우리가 결혼했다는 사실을 알고 있었다. 우리 어머니도 마찬가지였다. 심지어 어머니들은 상대 어머니가 그 사실을 알고 있다는 것을 알고 있었다. 다들 알고 있다는 것을 모두 알고 있었지만, 내가 첫 번째 결혼식을 입에 올리자 하나같이 내가 비밀로 해야 할 이야기를 꺼냈다는 눈빛으로 나를 바라봤다.

무엇을 피하고 싶어서 두 분이 모르는 척한 것인지는 여전히 알 수가 없다. 다만 내가 아는 건, 두 분은 결혼하기로 한 우리의 결정이 위험한 선택이라 여겼고 그런 생각 때문에 서로 어색해지고 멀어졌다는 것이다.

판단이 아닌 공감이 필요하다

어니스트 헤밍웨이는 스페인 내전 때 있었던 한 혼란스러운 전투 이야기를 들려주는 것을 좋아했다. 당시 지휘관은 링컨 대대의 의용군들에게 적의 사격을 피해 몸을 숨기라는 지시를 내렸다. 그런데 윌리엄 파이크(William Pike)라는 병사는 몸을 피하지 않았고, 덕분에 적의 정확한 위치를 파악할 수 있었다. 그의 활약으로 링컨 대대는 전투에서 승리할 수 있었고 그 용기를 높이 평가받은 파이크에게 훈장이 내려졌다. 다른 이들이 몸을 숨길 때 왜 똑같이 숨지 않았냐는 질문에 그는 이렇게 답했다. "제가 귀가 잘 안 들려서 명령을 듣지 못했습니다." 그는 위험을 무릅쓴 것이 아니었다. 다른 사람들은 그렇게 생각했을지라도 말이다.

상황적 요인이 사람들에게 영향을 미친다는 사실은 고려하지 않은 채 우리는 너무도 단순하게 개인의 고유한 특성 때문이라고 생각한다. 1970년대 이후부터 사회심리학자들은 사람들이 자신을 그리고 타인을 판단하는 다양한 방식을 연구했다. 누군가 쓰레기통에 부딪힌다면 나는 그가 조심성이 없다고 생각할 것이다. 하지만 당사자는 자신이 항상 쓰레기통에 부딪히는 것이 아니기에 그런 행동이 벌어진 좀 더 깊은 이유를 찾을 것이다. 어떤 생각에 빠져 있어서 그랬다고, 또는 핸드폰으로 문자를 보내던 중이었다고 말이다. 사람은 자신의 행동을 그럴듯하게 해석하려는 경향이 있다. 만일 어떤 일을 망쳤다면 그건 자신의 잘못이 아니라 상황 탓이다.

하지만 나는 여기서 한발 더 나아가 행동가와 관찰자의 차이에 관해 내가 이해하고 있는 사실을 파헤쳤다. 즉 사람들은 자신에게 타당하게 여겨지는 행동을 하며, 타당하다고 판단하지 않으면 그런 행동을 하지 않는다는 것이다. 이 말은 타인을 이해하기 위해서는 그 사람의 관점을 파악하려는 노력이 중요하다는 뜻이다. 이는 타인을 판단하는 것이 아니다. 근본적인 공감이다.

내가 매년 의사결정 수업에서 언급하는 시나리오 하나를 살펴보자. 말 방목장 안에서 말 20마리가 우리를 향해 달려오는 상황을 상상해보자. 다들 다칠까 봐 도망친다. 하지만 나는 움직이지 않는다. 그 자리에 가만히 서 있다.

학생들에게 이런 내 행동을 설명해보라고 하면 보통은 내가 사리 분별을 제대로 하지 못해서라는 답이 나온다. 그러면 나는 이들에게 다른 답을 제시한다. 다들 말이 자신을 해칠 것으로 생각하지만 나는 말들이 반가운 마음에 내게 달려온다고 생각하기 때문에 기쁜 마음으로 그 자리를 지키는 것이라고 말이다(어쩌면 말 농장에서 일했던 경험이 있는 나는 흥분해 달려드는 말은 움직이지 않고 가만히 있는 사람을 피한다는 사실을 알고 있을 수도 있다).

내가 위험에 처했다고 생각했다면 나도 달아났을 것이다. 핵심은 어떤 상황을 같은 방식으로 이해한다면 다들 비슷한 행동을 한다는 점이다. 중요한 건 어떤 상황이든, 심지어 20마리 말이 달려오는 제법 단순한 상황마저도 사람마다 해석하는 방식이 다양하다는 점이다. 내가 당신과 달리 반응한다고 해서 내가 현실을 제대로 받아들이지 못한 건 아니다. 좀 전의 상황을 달리해 학생들은 모두 제자리에 서 있고 나만 말에게서 달아나는 장면을 상상해보라고 하면, 학생들은 내가 겁쟁이여서 그렇다고 답할 것이다.

대학생일 때 나는 행동 실험 분석 수업의 마지막 논문으로 프로그램드 텍스트(programmed text)를 주제로 글을 썼다. 프로그램드 텍스트란 교육 자료가 작은 단위로 나뉘어 있고 이를 배워나가는 과정에 자가 테스트를 치를 수 있는 질문이 마련된 시스템이다. 대단히 특이한 논문이었고 교수는 '대담함'이란 표현을 쓰며 높이 평가했다. 또 한 번 내가 받을 자격이 없는 칭찬이었던 셈이다. 나는 그 주제로 논문을 쓰는 것이 위험하다는 생각은 해보지 못했다. 재밌으리라 생각했기에 한 것이었다. 이 논문을 쓰는 데 대담함이 필요한 일이라고 생각했다면 나는 아마도 다른 사람들과 비슷한 주제의 글을 썼을 터였다.

그즈음 내 통계학 교수였던 게이 스노드그래스(Gay Snodgrass)는 보조 연구원으로 나를 고용했다. 자신이 생각하지 못한 아이디어를 내가 떠올리자 그녀는 놀라워하며 내가 '창의적'이라고 말했다. 나는 나 자신이 창의적인 사람이라고 한 번도 생각해본 적이 없었다. 내게 '창의적'이란 단어는 그림을 잘 그리거나 악기를 연주하는 아이들에게나 붙일 수 있는 표현이었다.

이제 나는 그 아이들과 같은 대열에 합류할 자격을 얻은 것이었다. 대담함이 넘쳤고 창의적이었으니 자격은 두 배가 되는 셈이다. 물론 첫 번째 교수가 내 과제 결과물을 보고 '고집스럽다'라거나, 통계학 교수가 내 아이디어를 '얼토당토않은 생각'이라고 말했다면 나는 새롭게 발견한 자의식과 그에 동반되는 자유를 누리지 못했을 것이다. 남들과 다르게 군다고 비난을 받았다면 몸을 사리는 태도가 굳어졌을 터다.

개인이 위험을 인식하는 방향에 사회적 정체성이 중요한 역할을 한다는 것을 보여주는 연구를 살펴보자. 한 연구에서 마이클 모리스(Michael Morris)와 에리카 카란사(Erica Carranza), 크레이그 폭스(Craig Fox)가 사람들의 정치적 정체성을 일깨우자—이들이 누구에게 투표했는지 몇 번 질문하는 것만으로도 충분했다—공화당 지지자들은(민주당 지지자들은 이런 모습을 보이지 않았다) 아무런 설명이 적히지 않은 투자 옵션에 비해 '보수적'이라고 적힌 투자 옵션을 선택할 확률이 훨씬 높았다.[1] 과학자들은 우리의 위험 선호도는 고정적이라고 추정하지만, 이 연구는 보수적인 정치적 정체성을 일깨우면 보수적인 투자 방식에 더욱 끌릴 수 있다는 사실을 밝혔다.

꼬리표는 그저 꼬리표로서 끝나는 것이 아니다. 우리의 행동 방향을 바꿀 수도 있다. 누군가 꼬리표를 붙일 때 우리에게는 몇 가지 선택지가 주어진다. 아무 의식 없이 수용하거나, 아무 의식 없이 거부하거나, 마음챙김으로 고려하는 것이다. 아무 의식 없이 반응한다면 성장할 수 없다. 늘 똑같은, 진부한 카테고리에 갇혀 지금껏 해온 대로 이어질 뿐이다.

그러나 마음챙김으로 꼬리표를 평가한다는 것은 단순히 꼬리표의 진위를 생각해본다는 게 아니다. 그 꼬리표가 유용한지를 생각하고 자기 자신에 대해 새롭게 무엇을 배울 수 있는지를 고민한다는 의미다. 게이 스노드그래스가 내게 창의적인 사람이라고 말했을 때 나는 내가 생각하는 자아 개념과 달랐던 만큼 그 꼬리표를 거부할 수도 있었다. 하지만 나는 이 꼬리표를 탐구하고 내 창의력을 더욱 발전시키기로 마음먹었다. 이를 계기로 창의력은 내 커리어를 설명하는 특징이 되었다.

우리는 매일 잘못된 예측을 한다

이 모든 이야기는 결국 위험을 추구한다거나 위험을 회피한다는 식으로 사람들을 분류하는 게 거의 불가능하다는 내 주장으로 이어진다. 사람들은 쉽게 타인에게 꼬리표를 붙이곤 하지만 이제 그런 행동을 멈추고 마음챙김으로 상대의 행동을 생각한다면 사람들을 구분 짓는 꼬리표들을 좀처럼 쓰지 못할 것이다. 다시 한번 말하지만,

당신의 눈에는 위험을 감수하는 것처럼 보여도—가령 자전거를 탈 때 헬멧을 쓰지 않는 등—당사자는 적어도 자기 자신에게는 합리적인 행동을 하는 것이다. 헬멧을 쓰지 않는 이유는 다치고 싶어서가 아니다. 바람에 머리카락이 흩날리는 느낌을 정말 좋아하기 때문이며 무엇보다 사고가 나지 않을 것이라는(또는 헬멧이 법으로 정해진 주이지만 잡히지 않을 거라는) 가정을 했기 때문이다.

한편 위험 감수라는 개념이 오해를 받는 경우가 하나 더 있다. 위험은 행동에 앞서 평가될 수 없다. 예측 가능한 일이 있고 예측 불가능한 일이 있다는 의미가 아니다. 거의 모든 일은 예측할 수 없으며, 여기에는 어떤 일이 벌어졌을 때 우리의 반응 또한 포함되어 있다.

아주 간단한 시나리오를 생각해보자. 수년 전 보스턴에서 열린 행사에 참석한 나는 한 남성이 젊은 여성의 팔을 제법 거칠게 잡고 차로 끌고 가는 모습을 봤다. 당시 나는 남성이 젊은 여성의 부친이라고 생각했다. 하지만 성적 학대에 대한 인식이 높아진 지금, 그가 어쩌면 범죄자이고 여성이 위험에 처한 상황이었는지도 모르겠다는 생각이 든다. 정말 어느 쪽이었을까? 나도 알 수 없다.

이런 맥락에서 예측은 추측 또는 짐작과 그리 다르지 않다. 앞으로 보게 되겠지만 결정 또한 결국에는 한낱 예측 또는 추측이다. 당시 무슨 일이 벌어지고 있는지는 이해하지 못했지만 별일 아닐 거라 미루어 짐작했다. 지금이라면 달리 행동했을 것 같고 최소한 말리기라도 해볼까 고민했을 것이다.

우리가 무언가를 예측할 수 있다고 생각하는 이유는 아마도 매일 같이 하는 잘못된 예측을 간과하기 때문일지 모른다. 우리가 시달리는 곤란한 상황은 모두 잘못된 예측에서 비롯된 일이다. 상점 문을 밀거나 당겨 열어야 하지만 그 반대로 하는 일이 얼마나 잦은가? 나이프를 꺼내려고 커트러리가 수납된 서랍을 열었다가 포크를 꺼낸 적은? 양말 한 짝을 찾아 건조기를 뒤졌지만 못 찾았던 경우는? 이 상황은 전부 우리의 행동이 성공하리라고 예측했지만 그에 미치지 못한 경우다.

자신은 코로나19에 절대 걸리지 않으리라 예측했던 사람들이 얼마나 되었던가? 건강을 또는 기억력을 잃는 일은 결코 없으리라 예측하는 사람들은 또 얼마나 많은가? 잠을 아주 적게 자도 괜찮으리라고 예측하는 사람들은? 우리는 거의 매번 잘못된 예측을 한다. 타인의 행동을 예측하지 못하는 상황은 또 어떤가? 올 거라고 예측했던 전화가 오지 않았던 적은? 예측했던 날이 아닌 하루 뒤에 전화가 왔던 적은 얼마나 되는가?

이보다 더욱 중요한 사안은 의료진의 예측일 것이다. 우리 어머니의 의료진은 암이 췌장까지 전이되었기에 어머니가 곧 돌아가실 것이라고 예측했다. 이런 예측의 결과로 의료진은 어머니에게 아무런 운동을 시키지 않았다. 그로 인해 서문에서 언급했듯이 어머니는 휠체어를 타고 퇴원했고, 이것이 어머니에게 몸이 약해졌다는 암시를 주어 어쩌면 사망에도 영향을 미쳤을지 모른다. 암이 사라졌으니 어머니가 의욕이 넘치고 기운이 난다고 느끼는 상황도 충분히 가능했다. 의료 교육을 받고 안 받고와 관계없이 누구도 미래를 예측할 수 없다. 의료계가 이 사실을 인정할 때 의료진은 환자들의 상태나 연령과 관계없이 나을 수 있다는 예측을 품고 환자들을 대할 것이다.

예측 가능성의 환상을 의식하지 못하는 또 다른 이유는 바로 마음놓침(mindlessness) 때문이다. 이 문제는 좀 더 복잡하다. 가령 누군가 당신에게 다가와 추파를 던지는 상황을 상상해보자. 당신은 상대가 곧 데이트 신청을 받을 거라고 예상할지 모른다. 그런데 만약 당신에게 호감이 있어서가 아니라 당신을 조롱하는 것 같다는 생각이 든다면 어떨까? 상대가 당신에게 데이트를 신청하는 전화를 할 것 같으냐는 질문에 당신은 당연하게도 그렇게 예상하지 않는다고 답할 것이다. 이 두 가지 시나리오가 아니라 애초에 상대의 의도가 호감인지 조롱인지 잘 모르는 상황이라고 가정해보자. 그럼 당신은 어떤 예상도 하지 않을 공산이 크다.

상황과 행동은 전부 다양한 방식으로 해석될 수 있다. 그 불확실성을 인정할수록 예측이란 것을 할 가능성이 줄어든다. 즉 존재하는 수많은 가능성을 유념할수록 예측 가능성은 환상에 지나지 않는다는 사실을 더 잘 받아들인다. 반면에 단 하나의 관점으로만 세상을 보면 우리는 우리의 예측이 잘못되었다는 사실을 인정하기 어려워진다. 그렇게 예측 가능성의 환상은 지속된다. 가령 기다리는 전화가 오지 않을 때, 우리는 상대가 전화하려 했지만 다른 일이 생겨 잠시 잊은 것일 거라고 혼잣말한다. 또는 아직 전화가 오지 않았을 뿐, 그렇다고 해서 전화가 절대 오지 않는다는 의미는 아니라고 말이다. 때문에 우리가 믿는 예측의 힘은 조금도 무너지지 않고 온전히 유지된다.

예측 가능성이란 환상에 불과한 개념이라는 사실을 선뜻 인정하는 사람들은 거의 없지만, 우리 문화에는 그것이 환상임을 암시하는 힌트들이 존재한다. 가장 문학적인 사례는 아마도 "신이 우리를 벌하고 싶을 때 우리의 기도에 응답한다"라는 오스카 와일드(Oscar Wilde)의 문장일 것이다. 좀 더 일반적인 사례로는 "소원을 신중하게 빌어야 한다"라는 경고의 말이 있다. 소원이 이뤄지면서 전혀 예상치 못했던 문제도 벌어지는 경우가 많기 때문이다. 우리가 '의도하지 않은 결과'에 대해 말하는 것도 같은 맥락이다.

물론 우리의 예측이 옳을 때도 있어서 예측이 이롭다고 말하는 사람이 있을 수도 있다. 여기서 문제는 어떤 예측이 옳을지는 미리 알 수가 없다는 점이다. 그리고 사회심리학자인 댄 길버트(Dan Gilbert)가 여러 연구를 통해 밝혀냈듯이 옳은 예측이라 해도 그 결과 또한 우리의 예측대로 좋거나 나쁠지는 알 수 없다.[2]

중학교 시절, 아침에 눈을 떴을 때 비가 내리면 학교에 가기가 싫었다. 비가 오는 날이면 머리카락이 온통 곱슬거리고 부스스해졌기 때문이다. 당시 누군가 내게 나이가 들면 같은 이유로 비 오는 날을 좋아하게 될 거라고 말했다면 그 말을 믿지 않았을 것이다. 컬이 들어간 헤어스타일이 이제는 유행이니 비가 실컷 퍼부어도 좋다.

잘못된 예측은 비단 아이들에게만 해당하는 이야기가 아니다. 전혀 예상치 못하게 내 연구를 주제로 영화 제작 이야기가 오가는 놀라운 일이 벌어졌다. 몇 년 전 영화 프로듀서인 그랜트 샤보(Grant Scharbo)가 내 시계 거꾸로 돌리기 연구를 주제로 영화를 제작하고 싶다는 연락을 해왔다(서문에서도 소개했지만 이 연구에서 우리가 시계를 거꾸로 돌리자 노년 참가자들의 외형은 물론 스스로 느끼기에도 더욱 젊어지는 현상이 벌어졌다). 그랜트의 아내인 지나 매튜스(Gina Matthews)도 영화 제작에 합류할 예정이었다. 그녀는 헬렌 헌트(Helen Hunt)가 출연한 영화 〈왓 위민 원트(What Women Want)〉의 프로듀서 중 한 명이었고, 우리 모두 영화에서 내 역할을 맡을 배우로 헬렌이 좋겠다는 데 의견을 모았다.

몇 주 후 뉴욕의 미트패킹 디스트릭트에서 쇼핑하고 있을 때 헬렌을 만났다. 둘 다 뉴욕에 살지 않았음에도 그곳에서 마주한 것이었다. 우리는 탈의실에서 말 그대로 몸을 부딪쳤고, 나는 조심스럽게 내가 누구인지 소개한 후 영화에 대해 말했다. 헬렌은 화면에서 봤던 것보다 훨씬 매력적이고 아름다운 여성이었다.

그러나 당시 헬렌은 내 역할을 맡을 수 없는 상황이었고 그렇게 몇 년이 흘렀다. 그랜트와 지나는 해당 배역에 몇몇 훌륭한 여배우를 제안했지만 여러 이유로 다들 영화에 참여할 수 없었다. 이후 두 사람은 제니퍼 애니스턴(Jennifer Aniston)에게 연락을 취했고 다시금 희망이 보이는 듯했다. 그들은 말리부에 있는 제니퍼의 집에서 그녀와 그녀의 제작 파트너인 크리스틴 한(Kristin Hahn)과 만나는 자리를 마련해주었다.

처음 그녀의 집에 방문했을 때만 해도 나를 포함한 모든 사람이 긴장했다. 결국 나는 유명 교수였고 그녀는 유명 스타였으니까. 나는 제니퍼를 보고 깜짝 놀랐다. 정말 빛이 나는 사람이었다. 이런저런 이야기를 하다 반려견 이야기가 나오자 그녀는 강아지와 함께 찍은 사진이 실린 잡지를 보여주었다. 그런데 사진 속 그녀는 도발적인 자세를 취하고 있었고 제니퍼는 민망해했다. 그녀가 당황하는 모습을 보니 긴장이 풀리는 것 같았다. 그녀는 놀라울 정도로 진실된 모습을 보여주었다. 그 모습이 너무도 좋았다.

나는 여배우에게서 진정성이란 단어를 떠올릴 줄은 전혀 예측하지 못했다. 진정성은 내 모습 중 내가 가장 소중히 여기는 면이었고, 그녀 또한 자신의 진정성을 숨기지 않았다. 아니면 너무도 훌륭한 배우라 내가 연기를 알아보지 못한 것일지도 모른다. 그것은 중요치 않았다. 다들 나를 중심으로 바닥에 빙 둘러앉아 내 이야기를 들었다. 내가 했던 최고의 세미나나 다름없었다.

우리는 편안한 대화와 와인이 오가는 멋진 점심 식사를 나눴다. 다만 식사가 끝난 후 제니퍼가 조금 스트레스를 받은 듯 보였다. 그녀는 밖에 나가 담배를 한 대 피우고 오겠다고 어색하게 말했다. 나는 자리에서 일어나 함께 가겠다고 했다. 그녀의 얼굴이 환해졌다. 나는 "지저분한 일이지만 누군가는 해야 하는 일이기도 하죠"라고 말했다. 그녀는 "네. 저는 하다가 그만둔 사람들이 제일 싫어요"라고 말했다. 우리는 테이블에서 일어나 테라스로 나가 친분을 쌓는 시간을 가졌다.

영화가 제작되길 진심으로 바랐다. 하지만 수년이 지난 지금까지도 성사되지 않았다. 물론 내게는 그리 중요한 일이 아니다. 나는 그때도 지금도 가능성의 세상에 살고 있고, 언제나 흥미로운 일이 불쑥 나타나기 마련이니까.

위험과 안전은 선택할 수 있다?

예측 가능성과 관련해 또 다른 중요한 문제는, 바로 위험이란 자의적인 해석에 따른다는 것이다. 이는 뒤에서 좀 더 자세하게 다룰 것이다. 무언가가 좋고 나쁘다는 생각은 실제가 아닌 우리의 머릿속에서 벌어지는 일이다. 스스로에게 전하는 메시지에 따라 세상 모든 일이 좋거나 나쁘게 보일 수 있다. 반이 비어 있는 컵은 반이 차 있는 컵이기도 한 것처럼. 어머니는 젊은 나이에 세상을 떠났지만 그래서 내 기억 속 어머니는 젊고 아름다운 여성으로 남았다. 수많은 노인이 매일같이 경험하는 수모를 단 한 번도 겪지 않았다. 나 또한 살면서 예측하기 어려운 일들을 경험했다는 점에서 특이할 건 없다. 다만 나중에 그 경험을 반추하다 보니 예측 가능성의 환상을 깨달았다는 점에서는 특이하다고 볼 수 있다.

몇 년 전 크리스마스를 앞두고 집에 불이 나서 강의 노트들과 미리 사놓은 크리스마스 선물들을 포함해 물건의 80퍼센트 이상을 못 쓰게 된 일이 있었다. 객관적으로 봐도 끔찍한 상황이었다. 화재가 있던 날, 저녁 식사 파티를 마치고 밤 11시 30분쯤 집에 도착하니 이웃들이 밖에서 나를 기다리고 있었다. 이들이 추운 날씨에도 기다려준 덕분에 그 피해 상황을 혼자 마주하지 않을 수 있었다. 이들은 내 반려견들이 괜찮다는 사실도 알려주었는데, 내게는 대단히 중요한 일이었다.

다음 날, 나는 보험회사에 전화를 걸었다. 피해가 크다고 설명은 하면서도 속으로 집은 그저 물건을 보관하는 공간이었을 뿐이라고, 내가 어떻게 살아왔는지를 보여주는 물건들일 뿐 내가 지금 어떤 사람인지를 상징하는 물건들은 아니라고 생각했다. 다음 날 폐허가 된 집에 도착한 보험사 직원은 이렇게 말했다. "제가 이 일을 하면서 신고 전화보다 실제 상황이 더 나빴던 적은 처음이네요." 나는 피해는 이미 돌이킬 수 없고, 피해당한 대상에 내 이성까지 포함시킬 필요는 없다고 생각했을 뿐이었다.

내 책들과 수업 자료를 잃었다는 문제에는 이처럼 낙관적으로 대응하지 못했다. 처음에는 학과장에게 연락해 집에 불이 났다고 알리고 수업 폐강을 요청할까도 생각했다. 수업을 진행할 만한 자료가 하나도 없는 와중에 학기 시작이 고작 몇 주밖에 남지 않은 상황이었다. 아마도 별문제 없이 요청이 받아들여졌을 것이다. 하지만 나 대신 동료들이 짐을 지겠다고 생각하니 그보다는 교육에 헌신하겠다는 약속을 지키기로 했다.

최선을 다해 수업을 준비했다. 강의 노트들은 불에 타 소실되었기에 전년도에 가장 우수했던 학생 중 한 명에게 연락해 노트를 빌렸다. 수업 첫날에는 학생들에게 화재 사건에 대해 전하며 양해를 구했다. 여러 면에서 나는 수업이 잘 진행되지 않으리라 예측했다. 하지만 놀랍게도 교단에 선 이래 가장 훌륭하다고 할 수 있는 강의를 선보였다. 나는 그 순간에 몰입하고 집중했으며, 강의 내용은 내게도 그리고 학생들에게도 무척이나 신선하게 다가왔다.

화재 후 몇 주 동안은 반려견들과 함께 케임브리지의 한 호텔에 머물렀다. 크리스마스이브에는 저녁 식사를 하러 외출했다. 호텔에 돌아오자 놀랍게도 방 안이 선물로 가득했다. 객실 청소부들, 내 차를 주차해주는 남자 직원들, 식당 종업원들, 프런트데스크 직원들이 보낸 선물이었다. 이들이 보여준 연민과 친절함에 눈물이 차올랐다. 당시만 해도 이런 생각을 하게 될 줄 예상하지 못했지만 이제는 화재로 소실된 물건 중 아쉽거나 그리운 물건이 하나도 없다. 아직까지도 크리스마스가 되면 당시 사랑스러운 이웃들이 보내준 온정이 떠올라 마음이 따뜻해지곤 한다.

내가 남들과 대단히 다르지는 않지만 내 삶 속 예측 불가능성의 놀라운 사례들은 모두 풀어놓기 어려울 정도로 많다. 그중 어머니와 관련된 이야기도 있다. 어머니는 당시 연회 매니저로서 결혼식, 바르미츠바(bar mitzvah, 유대교 성인식으로 유대인 남자아이들이 만 13세에 치른다-옮긴이) 등 행사를 진행하는 일을 했다. 어머니는 옷에 큰 돈을 들여가며 행사에 초대된 고객들과 다른 차림새를 선보이려 노력했는데, 그럼에도 한번은 신부 측 어머니와 같은 드레스를 입은 일이 발생했다.

세상에 드레스가 얼마나 많은데 이런 일이 벌어질 줄 누가 예상할 수 있었을까? 이 당황스러운 사건 이후 어머니는 치마로 된 턱시도 정장을 주문 제작하기로 했다. 그런 옷은 당시엔 처음이었고, 덕분에 어머니는 같은 일이 반복될까 하는 걱정에서 벗어날 수 있었다. 이처럼 곤혹스러운 순간들은 예측할 수가 없다.

삶에서 경험하는 일들이 어떻게 전개될지는 알 수 없다는 불확실성을 보여주는 사례 중 내가 가장 좋아하는 일화는 우리 집 반려견 스파키에 관한 것이다. 스파키는 좋고 싫음을 확실하게 표현했다. 하지만 스파키가 누군가를 마주했을 때 그 사람을 좋아할지 싫어할지는 예측할 수 없었다. 누구를 볼 때 스파키는 꼬리를 흔들며 관심을 받고 싶다고 할까? 아니면 공격을 하려 할까?

스파키가 내 동반자인 낸시가 운영하는 가게에 갔을 때 일이다. 한 여성이 상점으로 들어왔고 그녀가 마음에 들지 않았던 스파키가 여성의 손을 물었다. 심각한 부상은 아니었지만 낸시는 그 여성의 변호사에게서 올 끔찍한 전화를 기다렸다. 낸시는 고소를 당하리라 고 확신했다. 하지만 그런 일은 벌어지지 않았다. 오히려 그 여성은 전화를 걸어 스파키가 자신의 목숨을 구했다며 낸시에게 고맙다는 말을 전했다. 그녀는 스파키에게 물린 상처로 두툼한 고무장갑을 끼고 정원 일을 하고 있었다. 그러다 전기가 통하는 선을 건드렸고, 장갑이 아니었다면 감전될 뻔했다는 이야기였다.

우리는 끊임없이 예측하지만 사실 우리는 어떤 일이 벌어진 후 뒤늦게 말을 더하는 것밖에 할 수 없다. 어떤 사건이 벌어진 후에야 훈수를 두는 사람들이 많다. 결과에서 되짚어나가다 보면 그 일이 어떻게 된 것인지 볼 수 있게 되고 퍼즐은 쉽게 맞춰진다. 제인과 빌이 이혼할까? 누가 알겠는가? 제인과 빌이 이혼을 발표하고 나서야 사람들은 두 사람이 서로를 향해 보여주던 차가운 모습을 떠올리고는 진즉 알아봤어야 했다고 말한다. 하지만 당시로서는 알 방법이 없다. 두 사람 사이에는 다정함 또한 많았으니까.

위험을 예측하기란 대개 불가능한 일이다. 뉴욕 대학교에 다니던 시절 나는 같은 학부 친구와 겨울 방학에 푸에르토리코로 여행을 떠났다. 바닷가에서 시간을 보내고 있을 때 친구는 버진아일랜드로 항해 중이던 남성 두 명을 만났다. 이들은 우리에게(사실 내 친구에게) 보트를 함께 타자고 제안했다. 우리는 그들을 따라갔다. 하지만 내가 뱃멀미가 그리 심할 줄은 몰랐다. 친구가 술을 마시며 남자들과 야릇한 시간을 보내는 동안 보트 한쪽에서 구역질에 시달리고 있던 나는 바람 덕분에 내가 바다로 쏟아버리려던 것들을 전부 뒤집어쓴 모양새가 되었다(내가 예측하지 못한 위험이었다).

배가 육지에 도착하자 친구는 남성 한 명과 보트에 머물 생각이라며 다음 날 아침에 보자고 말했다. 다른 남성은 우리가 골라둔 호텔까지 나를 태워다주기로 했지만, 얼마 후 버스 정류장까지만 데려다줘도 되느냐고 물었다. 나는 버스 정류장에서 길을 찾아갈 수 있다고 생각해 그에 동의했다. 그런데 하필 버스 정류장이 사람이 가득한 바 앞에 있었다. 나는 모래와 바닷물, 선탠로션과 토사물 범벅이었음에도 바에 앉아 있던 남성들에게 모욕적인 캣콜링을 당하기 시작했다.

그 순간 젊은 커플이 탄 지프 한 대가 다가왔다. 길 한 편에 혼자 있는 나를 보고는 어디까지 가느냐고 물었다. 이제 나는 선택의 기로에 섰다. 멀쩡해 보이는 낯선 커플의 차를 타고 갈 것인가, 아니면 어둠 속에서 멀쩡해 보이지 않는 남성들의 시선을 받으며 서 있을 것인가? 어느 쪽이 더 위험한 선택일까?

나는 호텔까지 데려다주겠다고 말하는 '선댄스'와 '샌디'의 지프에 올랐다. 정글을 통과해 얼마쯤 갔을까, 주변에 아무것도 보이지 않자 그제야 나는 호텔이 목적지가 아니었음을 깨달았다. 선댄스에게 호텔로 가고 있는 것이 맞는지 물었다. 그는 호텔이 어디 있는지 모르지만 아침에는 찾을 수 있을 거라고 답했다.

마침내 도착한 곳은 외진 정글 속 공터였다. 나는 두 사람을 따라 나무 위에 자리한 거대한 오두막으로 들어갔다. 그곳에는 사람들이 가득했다. 대다수는 덩치가 큰 남성들이었지만 여성들도 몇몇 보였다. 이들은 선댄스와 샌디만큼 멀쩡해 보이지 않았다. 우리가 바닥에 둘러앉자 사람들이 마리화나를 나눠 주었다. 나는 분위기는 맞추되 취하지는 않으려고 세 번에 한 번씩만 빨아들였다.

한 남성이 내게 자기들이 누구인지 아느냐고 물었다. 내가 모른다고 하자 그는 여기 사람들이 '지옥의 천사들(Hells Angels, 폭주족 조직 폭력배 집단-옮긴이)'이라고 밝혔다. 목소리에서 두려움이 묻어나지 않도록 애쓰며 나는 다음 날 아침에 나를 호텔로 데려다줄 수 있는지 물었다. 누군가 호텔이 어디에 있느냐고 물었고, 섬뜩하게도 선댄스가 그 질문에 답했다. 그는 나를 차에 태우고 있을 때도 호텔의 위치를 알고 있었던 게 분명했다. 나는 계획을 세웠다. 여기 사람들에게 호감을 사야 이들이 나를 해치지 않을 것이다. 하지만 너무 큰 호감을 사면 나를 보내주지 않을 터였다.

이들이 정말 지옥의 천사들이었는지, 아니면 그 단체를 모방하는 사람들이었는지는 알 길이 없었다. 어느 쪽이든 두렵기는 마찬가지였다. 나는 별 사고 없이 그날 밤을 무사히 넘겼다. 다음 날, 아침 햇살이 비추자 그곳은 1960년대 건전한 공동체처럼 보였다. 나는 선댄스, 샌디와 함께 다시 지프에 올랐고, 이들은 약속대로 나를 호텔에 데려다주었다. 이들은 심지어 호텔 근처를 몇 바퀴 돌며 내가 괜찮은지 확인까지 했다.

이 사건이 내게 왜 이토록 의미 있고 인상적인 기억으로 남았을까? 물론 두렵기도 했다. 하지만 의사결정의 어려움을 한눈에 보여주는 좋은 사례인 것 같다. 낯선 사람들과 차를 함께 타서는 안 되었던 걸까? 바에 있던 남성들은 술에 취해 막무가내처럼 보였지만 멀끔하게는 보였다. 정말 버스가 다녔을지는 모르지만 적어도 다음 버스가 언제 올지 정도는 확인했어야 하지 않을까? 결과적으로는 아무 문제가 없었으니, 그날 밤을 너무 두려움에 떨며 보내지 않아도 된다고 예측했어야 하는 걸까?

사람들이 성공 가능성이 적다고 여기는 행동은 대체로 위험해 보인다. 내가 그 지프에 올랐다는 사실을 알았다면 부모님은 몸서리를 쳤을 것이다. 하지만 나는 그 결정이 이뤄졌던 당시의 맥락 또한 분명하게 기억하고 있다. 캣콜링을 하는 남성들이 가득한 시끄러운 바 앞에서 오물을 뒤집어쓰고 버스를 기다리던 당시의 상황 말이다. 그 상황을 생각해보면 지프에 몸을 실은 나 자신을 비난하지 않는다. 그때는 지프를 타는 것이 더 안전한 선택지처럼 느껴졌다. 내게 남겨진 다른 대안이 무엇이었는지 알았다면 부모님도 내 생각에 동의했을 것이다.

우리가 어떤 행동을 하는 이유를 안다면 다른 행동을 택하지 않았다는 후회는 남지 않을 것이다. 사실 후회란 다른 대안이 더욱 나았으리라는 예측을 바탕으로 한 것이기에 애초에 후회라는 것은 말이 되지 않는 개념이다. 우리가 결정을 내리고 행동을 하고 나면 모든 것이 변한다. 다시 말해 우리가 가지 않은 길이 어떤 모습일지는 결코 알 수 없다.

자신의 결정이 만족스럽지 않을 때 우리는 아무 의식 없이 우리가 선택하지 않은 대안이 더욱 나았을 것이라고 추측하고, 그렇게 우리가 놓쳤을지도 모를 무언가가 떠오를 때마다 괴로움에 빠진다. 선택하지 않은 대안은 더 나았을 수도, 더 나빴을 수도, 똑같았을 수도 있다. 나중에 3장에서 이야기하겠지만 마음챙김으로 상황을 인식하고 결정하면 후회라는 괴로운 사이클에서 벗어날 수 있다.

다시 버진아일랜드 모험 때로 돌아가 보자. 지프에 올라타기로 한 내 결정은 또 하나의 질문으로 이어진다. '왜 지프를 타는 쪽이 더욱 안전한 것처럼 느껴졌을까?' 일종의 통제감을 느꼈기 때문이다. 버스가 언제 도착할지는 알 수 없었다. 하지만 차에 탈 것인지 말 것인지는 내가 통제할 수 있었다. 위험 평가에서 통제력을 발휘할 수 있다는 인식은 대단한 차이를 만들어내는데, 내 과학적 커리어에서 처음으로 이뤄진 중대한 발견이 바로 이 현상이었다.

통제할 수 있다는 환상의 영향

예일 대학교 대학원생이었을 때 나는 다른 학생들(이 중 다수가 이제는 저명한 심리학자가 되었다)과 종종 포커 게임을 했었다. 거의 모든 포커 게임에서 카드는 시계 방향으로 각 플레이어에게 전달된다.

어느 날 밤, 카드를 돌리던 딜러가 한 명을 건너뛰었다. 실수를 알아차린 딜러는 다음 카드를 빼놓은 사람에게 건넸다. 하지만 다들 "패를 잘못 돌렸어! 패를 잘못 돌렸다고!" 소리치며 항의했다.

카드는 그림이 아래를 향한 채 플레이어에게 전달된다. 당시 사람들은 어떤 패인지 아무도 보지 못한 카드가 플레이어에게 전달되었음에도, 카드가 원래 순서를 어기고 다른 플레이어의 손에 들어갔기 때문에 게임을 전부 망쳤다는 듯이 화를 냈다. 내 눈에는 딜러가 실수를 바로잡는 방식이 타당해 보였다. 그러나 대다수가 다들 과학자라는 이성적인 집단에 속해 있었음에도 딜러의 행동을 납득하기 어려워했다.

이런 현상은 라스베이거스에서도 목격했다. 사람들은 '핫' 슬롯머신(갬블러들이 승률이 좋아 보이는 슬롯머신을 지칭하는 용어-옮긴이) 앞에 앉아 머신과 은밀한 대화까지 나누고 있었다. 이들은 레버를 이리저리 당기고 머신에게 다정하게 이야기하면 확률을 통제할 수 있다고 생각하는 듯했다.

이런 모습을 보며 나는 '통제력의 환상'에 대해 생각하게 되었고 이를 입증하기 위해 일련의 실험을 진행하기로 했다.[3] 한 실험에서는 사람들이 복권을 선택하는 방식을 실험했다. 두 종류의 복권을 제작했는데, 하나는 익숙한 알파벳 문자들이 적혀 있고 다른 하나는 익숙하지 않은 부호들로 뒤덮여 있었다. 통제력을 발휘할 수 있는 상황에서는 선택의 여부가 중요하지만 복권에서는 선택이 별 의미가 없다. 하지만 실험에서는 일부 참가자들에게 복권을 선택하도록 했다(주에서 발행하는 복권을 사람들이 선택할 수 있기 전에 시행된 실험이었다). 복권의 무작위성을 고려한다면 어떤 복권을 고르든 아무 상관이 없을 터였다.

각자 복권을 선택한 참가자들은 좀 더 나은 확률을 보장하는 다른 복권과 바꿀 기회가 주어졌다. 그러자 앞서 선택한 복권에 익숙한 알파벳 문자가 있을 경우 복권을 그대로 유지하는 사람들이 네 배 이상 많았다. 복권을 바꿀 경우 확률이 올라감에도 선호도에 이토록 극적인 차이가 발생한 것이다.

운으로 하는 게임의 경우 친숙함이 아무런 힘을 발휘하지 못한다는 사실을 알고 있어도 사람들은 통제력에 대한 환상 때문에 이런 게임에서도 친숙함을 중요하게 여긴다. 물론 스킬이 중요한 게임에서는 경험과 훈련으로 더 좋은 결과를 만들 수 있다. 하지만 운으로 결정되는 일에서는 훈련이 아무런 영향력을 발휘할 수 없다. 슬롯머신 중독자가 된다고 상금을 받을 확률을 높일 순 없다. 그럼에도 내 연구에서는 운으로 하는 게임을 많이 한 사람일수록 이길 수 있다는 자신감 또한 커지는 현상을 발견할 수 있었다.

이 실험 이후 나는 복권을 구매하는 행위조차 없을 정도로 개인이 능동적으로 참여할 여지가 없는 상황에서도 운에 대한 자신감이 생겨날 수 있을지 궁금해졌다. 이를 연구하기 위해 용커스 레이스웨이(Yonkers Raceway)에서 운영하는 복권 시스템을 이용했다. 이

곳에서는 입장료를 내면 자동으로 복권에 응모된다. 나는 첫 번째, 다섯 번째, 아홉 번째 경주가 열리기 20분 전에 사람들에게 접근해 복권 당첨에 대한 자신감을 평가하는 질문지를 전달했다. 이들은 복권 용지를 오래 갖고 있을수록, 복권을 떠올릴 기회가 많을수록 복권에 당첨될 거라는 자신감이 컸다.

나는 이 실험을 사무실에서 복권을 하는 환경에서도 했는데, 참가자들 몇몇은 숫자가 전부 적힌 복권 용지를 받았다. 다른 이들은 며칠에 걸쳐 복권 숫자를 받았기 때문에 이들은 최소 사흘간은 복권에 대해 계속 생각할 수밖에 없었다. 이번에도 역시 참가자들에게 확률이 더욱 높은 복권으로 교환할 기회를 주었다. 복권을 교환하는 쪽이 승률이 높았음에도 복권을 떠올리는 기간이 최고 세 배 더 길었던 집단은 교환을 거부하는 비율이 두 배 더 높았다.

한 실험에서는 시합 상황에서 통제력에 대한 환상이 미치는 효과를 다뤘다. 기술을 필요로 하는—레슬링 경기 같은—시합에서는 상대가 누구인지가 매우 중요하다. 체스에서 상대가 수준급 선수인지 초보자인지에 따라 성패가 갈리듯, 레슬링 역시 상대가 체중이 적게 나가거나 기량이 낮을수록 이길 확률이 커진다. 이 연구에서 사람들은 높은 수의 카드를 뽑는 게임 결과에 내기를 걸었는데, 이렇게 운으로 하는 게임에서는 능력이 전혀 중요하지 않았다. 게임 플레이어들 가운데 어떤 이들은 매력적이고 멀끔하며 자신감 넘치는 상대와 해당 게임을 했고, 어떤 이들은 체구에 비해 큰 재킷을 입고 어딘가 주눅 들고 어색해 보이는 상대와 게임을 했다. 예상대로 어떤 판이든 스킬이 전혀 중요하지 않은 게임에서도 무능해 보이는 얼간이가 질 거라는 데 내기를 거는 사람들이 훨씬 많았다.

통제력의 환상을 다룬 이 연구들은 내 졸업 논문의 주제였다. 당시 심리학자들은 평범하고 건강한 사람들은 이성적인 주체라고 믿었다. 그들은 의사결정 문제에서 사람들이 신중하게 여러 선택지를 비교하며 자신의 이익을 최대화할 것이라고 추정했다. 하지만 내 연구에서 사람들은 통제력의 환상에 사로잡혀 더 좋은 승률을 거부하는 등 비이성적인 방식으로 행동할 때가 많았다.

박사 학위를 받기 전 누구나 그렇듯 나 또한 교수진으로 구성된 위원회 앞에서 심사 면접을 하며 논문을 디펜스하는 과정을 거쳐야 했다. 박사 논문 심사 면접은 평범하게 시작했다. 내가 연구에 대해 짧게 소개를 마치자 위원회가 질문을 했다. 여기까지는 괜찮았다. 그러다 위원회의 한 교수가 몇 가지 의혹을 제시했다. 나는 그의 의혹에 최선을 다해 답한 뒤 내 논문에 허점이 있다는 뜻이냐고 물었다. 그러자 그는 허점은 없다고 말하며 그곳에 있는 사람들을 전부 놀라게 했다. "사실, 이것은 논문이라고 볼 수 없으니까요." 그는 이 연구들 사이의 연관성을 파악하지 못했고 다른 교수들과 언쟁을 벌였다. 물론 나는 충격을 받았지만 무사히 박사 학위를 받았고 내 연구에 대한 자부심도 잃지 않았다.

당시만 해도 내 연구들이 향후 어떤 영향력을 미칠지 전혀 예상하지 못했다. 이 연구들이 수천 번이나 인용되고 인간 이성의 모델을 해체하는 데 도움이 될 줄은 정말 몰랐다. 이 이야기 역시 우리가 예측을 너무 신뢰해서는 안 된다는 사실을 보여주는 또 하나의 사례다.

통제할 수 있다고 믿을 것

통제력의 환상을 주제로 처음 실험을 진행한 이래 45년 동안 이 현상에 대해 대단히 많은 것이 밝혀졌다. 연구자들은 어떤 사람들이 통제력의 환상을 더 많이 또는 더 적게 드러내는지, 또 어떤 상황에서 그러는지를 연구했다.

한 예로 심리학자 너새니얼 패스트(Nathanael Fast)와 동료들은 사람들에게 권력이 있을 때 통제에 대한 환상 또한 커진다는 사실을 발견했다.[4] 따라서 부유하고 고등 교육을 받은 사람들은 통제할 수 없는 대상을 통제할 수 있는 듯 행동한다. 또 다른 연구에서는 이 환상이 대가를 크게 치러야 하는 결과를 초래할 수 있음을 밝혔는데, 바로 금융 트레이더들이 시장을 통제할 수 있다는 믿음에 사로잡혀 나쁜 선택을 내릴 때가 여기에 해당한다.[5]

하지만 이제 나는 통제력의 환상에 관한 생각을 달리하게 되었다. 간단히 말하면, 나는 통제력의 환상이 늘 환상이기만 한 것은 아니라고 생각한다. 연구실 환경에서는 사람들이 이 환상 때문에 확률이 더 나빠 보이는 도박을 선택했을지 몰라도, 실제 삶에서는 위험과 불확실성에 대응하는 데 도움이 되기도 한다. 이런 맥락에서 환상이라는 것은 필요한 심리 전략일 때가 많다. 통제력은 우리에게 동기를 부여하고, 온갖 종류의 불편하고 어려운 상황을 처리하는 데 도움을 준다. 자기 자신에게 통제력이 없다고 생각한다면 무력함에 빠질 수도 있다.

1972년에 심리학자 데이비드 글래스(David Glass)와 제롬 싱어(Jerome Singer)가 진행한 한 실험에서는 참가자들을 불편한 소음에 노출시켰다.[6] 한 집단에는 이 소음을 멈추고 싶을 때 누를 수 있는 버튼을 주었지만 사용을 독려하지는 않았다. 대조 집단은 소음을 통제할 수단이 아무것도 주어지지 않았다. 두 집단 모두 불편함을 완화하기 위해 조치를 취하지는 않았지만, 소음에 통제력을 발휘할 수 있고 원한다면 불편함을 없앨 수 있다고 믿은 집단은 그렇지 않은 집단에 비해 소음에 대한 거부 반응이 적었다.

예를 하나 더 살펴보자. 당신은 엘리베이터 안에서 기다리고 있다. 가야 할 층의 버튼을 눌렀지만 엘리베이터 문이 계속 열려 있는 상태다. 몇 초가 지났다. 점점 초조함이 느껴진다. 이 상황을 해결하기 위해 계속해서 닫힘 버튼을 누른다. 그래도 문이 닫히지 않는다. 당신은 몹시 초조해하지만 마지막으로 다시 한번 닫힘 버튼을 누른다. 문이 마침내 닫힌다.

다른 사람들과 마찬가지로 당신 또한 버튼을 눌러서 상황이 달라졌다고 생각할 것이다. 하지만 그렇지 않을 확률이 높다. 1990년, 미국 장애인법(Americans with Disabilities Act)은 장애가 있는 사람이 여유 있게 탑승할 수 있도록 엘리베이터 문이 최소 3초 이상 열린 상태를 유지하도록 법으로 지정했다. 그에 따라 여러 엘리베이터 제작업체는 닫힘 버튼의 기능을 완전히 비활성화했다.

내 생각은 이렇다. 작동하지 않는다고 해도 버튼이 있으면 탑승자들은 자신에게 통제력이 있다는 기분을 느낀다. 문이 꼼짝도 하지 않는 그 몇 초간을 견딜 수 있도록 해준다. 이런 효능감이 변화를 불러일으킨다. 그뿐만 아니라 자신에게 통제력이 있다는 느낌이 들 때 사람들은 고장 나 보이는 엘리베이터 안에서의 불편함을 통제할 수 있다. 고장 난 버튼이라도 사람들의 기분을 한결 낫게 만들 수 있다는 뜻이다.

더 중요한 점은, 개인의 관점에서는 통제력에 대한 환상이 잘못된 믿음이 아니다. 우리는 자신의 통제력을 믿을 때 진짜 힘이 생겨난다. '환상'은 사실 어떤 상황이 요구하는 바에 부응하는 효과적인 반응 기제일 때가 많다. 내 연구에서 중요한 주장 중 하나를 다시 반복하자면, 사람들은 자신의 관점에서 합리적이라 여기는 방식으로 행동한다. 합리적이지 않다고 판단한다면 다르게 행동할 것이다.

통제에 대한 환상이 없고, 사람들이 자신의 통제력에 대해 상당히 현실적으로 생각하는 세상을 생각해보자. 사람들은 복권 용지를 직접 고를 수 있는지 여부를 신경 쓰지 않고, 엘리베이터의 고장 난 닫힘 버튼도 계속해서 누르지 않는다. 합리적이지 않은가?

하지만 이 합리적인 세상에는 몇 가지 문제가 발생한다. 나는 우리가 통제의 환상을 포기할 때 우리의 마음을 통제하는 진짜 힘 또한 잃는다고 생각한다. 예컨대 고장 난 닫힘 버튼을 누르지 않는다면 스트레스와 조급함이라는 감정을 처리하는 일이 더욱 힘들어질 것이다. 우리의 정서적 통제력이 악화되는 것이다.

내 푸에르토리코 휴가를 생각해보자. 지프에 탔을 당시 나는 내가 상황을 통제하고 있다고 생각했다. 아마도 환상이었겠지만—실제로는 낯선 사람들과 한 차에 탄 셈이었으니까—나는 내게 통제력이 있다는 느낌 덕분에 마음의 평안을 얻었고 이로써 이후 벌어진 일들에 효율적으로 대처했다고 믿는다.

그리고 통제에 대한 환상을 그저 또 하나의 환상쯤으로 치부하는 데는 더 큰 문제가 있다. 무엇이 실제로 통제력을 발휘하는지는 사실 알 수 없는 경우가 많다. 따라서 우리가 통제할 수 없다고 믿는다면, 우리가 영향력을 미칠 수 있는 상황에서조차 자신의 능력을 과소평가하는 일이 벌어진다.

한 예로 영국에서는 엘리베이터의 닫힘 버튼이 작동한다. 하지만 많은 미국인이 그렇듯 이 버튼이 문이 닫히는 속도와 관계가 없다고 여긴다면 영국에서는 닫힘 버튼이 작동한다는 사실을 배울 수 없다. 이런 이유로 우리가 어떤 일을 통제할 수 있다고 믿는 편이 더욱 나은 것이다. 통제력의 환상 때문에 과학 실험에서 확률이 나쁜 복권을 선택하는 일이 벌어진다 해도 말이다.

위험을 감수하는 것처럼 보여도 당사자에게는 그 일이 위험이 아닌 것과 마찬가지로, 통제의 환상은 이를 품는 사람에게는 환상이 아니다. 일반적으로 사람들은 환상이라고 하면 절대 휘말려서는 안 된다고 생각한다. 곧 보게 되겠지만 마음챙김으로 통제력을 인식할 때 건강이 향상되고 스트레스가 줄어드는 이점을 경험할 수 있다. 우리가 두려운 질병을 진단받은 뒤 통제력이 없다고 생각한다면 무력감이 찾아오고, 이런 감정은 우리의 건강에 악영향을 미친다.

낙관주의가 필요한 순간들

마음챙김의 낙관주의라는 접근법은 우리가 진정으로 통제할 수 있는 대상에 집중하도록 해준다. 우주가 지닌 고유의 불확실성과 인간 정신의 한정된 능력을 생각해보면 결과와 위험을 예측할 수 있다고 생각하는 것 자체가 말이 되지 않는 소리다. 의사결정에 '앞서' 통제력을 바라는 일은 자신을 스트레스와 실망의 길로 이끄는 것과 같다. 더욱 나은 접근법은 결정 '후에' 상황을 통제하는 데 집중하는 것이다.

4장에서 보게 되겠지만 미래를 예측하려는 노력이야말로 통제력의 환상이다. 의사결정의 문제는 우리는 중요한 결정만이 아니라 하찮은 선택들에서도 스트레스를 받는 경향이 있다는 것이다. 이런 스트레스가 미치는 영향은 잘못된 선택으로 벌어지는 최악의 시나리오보다 훨씬 나쁠 수 있다.

결정의 결과를 걱정하는 일은 방어적인 비관주의로 이어질 수 있다. 그리고 계속 최악의 상황을 준비하게 된다. 나는 이것이 패배의 전략이라고 생각한다. 어떤 일이든 좋거나 나쁘거나 둘 중 하나다. 그리고 좋고 나쁨을 결정하는 것은 우리의 생각이다. 방어적인 비관주의는 부정적인 생각을 좇게 만든다. 부정적인 생각에 잠식되면 스트레스를 받는데 이는 건강에 좋지 않다. 패배를 예상하면 패배할 때가 많다.

나는 마음챙김의 낙관주의를 삶의 태도로 삼을 것을 제안한다. 모든 것이 다 잘될 것이라고 믿으며 현실을 회피하자는 이야기가 아니다. 오히려 불확실성이 새로운 개념이 아니라는 점을 인정하는 것이다. 불확실성은 위험도 아니다. 세상 모든 일은 늘 불확실하다. 다만 우리가 그 사실을 의식하지 못했던 것뿐이다.

우리는 걱정을 할 수도 마음을 편히 가질 수도 있고, 일은 좋은 결과가 될 수도 나쁜 결과가 될 수도 있다. 걱정을 했고 이후 좋은 결과를 맞이한다면 쓸데없이 자기 자신에게 스트레스만 준 셈이 된다. 걱정을 했고 나쁜 결과를 맞이했다고 해도 그 결과에 대한 마음의 준비가 더 잘 되어 있는 것은 아니다. 마음을 편히 가졌고 나쁜 결과가 벌어졌다면 우리는 더욱 강해진 마음으로 이 상황을 이겨낼 준비가 되어 있을 것이고, 좋은 결과가 벌어졌다면 우리는 전과 같이 행동할 수 있다.

그렇다면 이 마음챙김의 낙관주의라는 삶의 전략을 어떻게 적용할 수 있을까? 나는 마음챙김의 낙관주의를 코로나19 팬데믹 초기 시절에, 수많은 사람이 만성 우울증과 만성 비관주의에 시달리던 시기에 떠올렸다. 내 경우 마음챙김의 낙관주의의 시작은 손을 씻고 의료용 마스크를 쓰는 등 유용한 방침을 따르는 것이었다. 사회적 거리두기 정책을 따르는 것 또한 포함이었다. 이런 방침을 따른 후 나는 모든 것이 나아질 거라는 절대적인 기대를 품고 매 순간을 충만하게 살기 위해 혼신의 노력을 다했다.

우리가 인생이 지닌 필연적인 불확실성을 수용한다면 규칙과 규칙 위반을 좀 더 마음챙김적인 시각으로 바라볼 수 있다. 나는 발목이 완전히 부서져 병원에 입원했을 때 수채화 그림을 그리며 시간을 보냈다. 유독 관심을 보이는 간호사가 있어 그녀에게 내 방식대로 그림을 그리는 방법을 가르쳐주었다. '제대로 된 방법'이나 '그림의 규칙'을 따라야 한다는 걱정은 말고 그냥 그려보라고 말했다. 나는 실수를 저지르는 순간부터 그림을 그리는 과정이 재밌어진다고도 했다. 실수가 아니라 새로운 무언가로 향하는 포털이라고 강조하면서.

예술이란 주관적인 개념이라는 것을 믿는 사람들이 많기 때문에 이런 식의 파격적인 조언도 흔쾌히 수용되는 편이다. 간호사는 내 조언을 잘 받아들이는 것처럼 보였다. 그저 그림을 그린다는 자유를 즐기는 것 같았다. 한편 과학자들은 확실성을 포기하는 데 좀 더 소극적인 모습을 보인다. 과학은 객관성이 어느 정도 보장되어 있지만 연구를 거친 모든 변수가—그 종류와 양이—나름의 편향을 지닌 사람들의 손에 선정된 것이라는 사실을 명심해야 한다. 변수를 달리하면 결과가 달라지고, 결과 또한 절대적인 개념이 아니라 가능성의 문제일 뿐이다. 우리는 객관적인 가능성이나 예측 가능한 위험이 있다는 생각을, 어떤 선택을 미리 좋거나 나쁘다고 구분할 수 있다는 생각을 버려야 한다. 대신 우리는 이 모든 선택을 성장과 학습의 기회로 여겨야 한다.

이렇게 할 때 우리는 스트레스와 후회 같은 감정이 더는 그리 문제가 되지 않는다는 것을 깨닫는다. 그리고 세상은 두려움은 덜하고 흥미는 더욱 커진 곳으로 달라질 것이다.

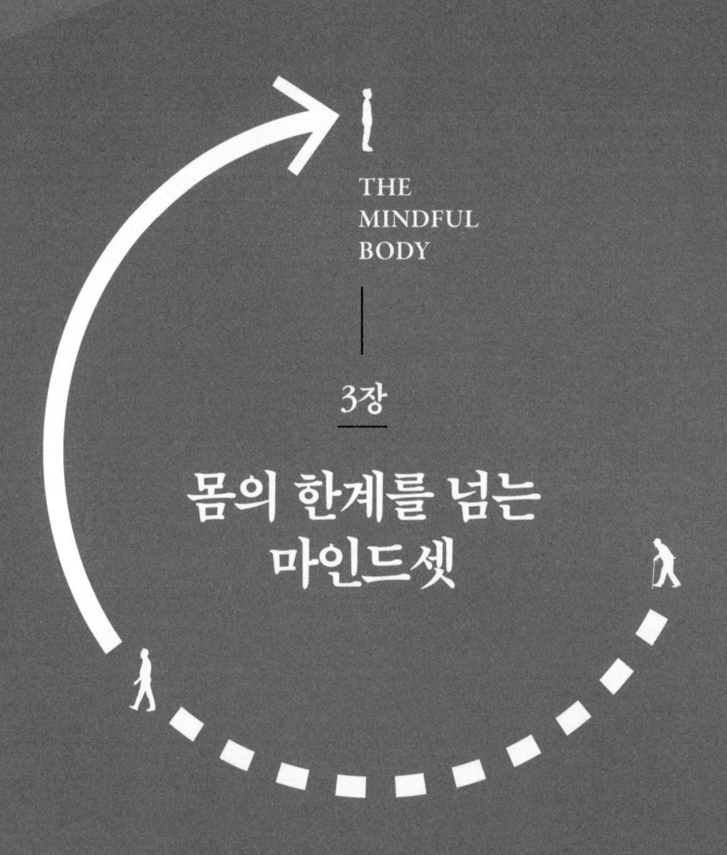

THE MINDFUL BODY

3장

몸의 한계를 넘는 마인드셋

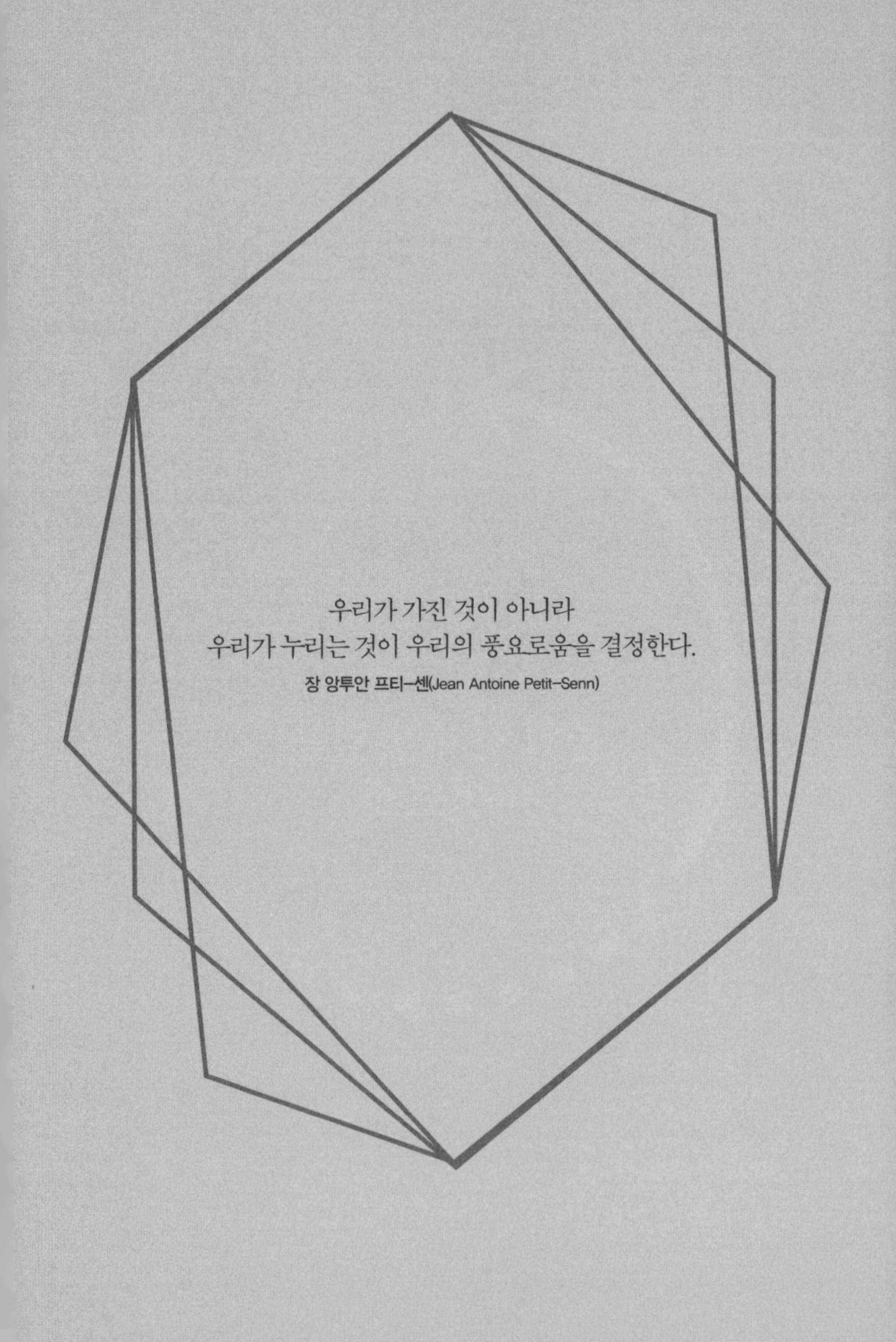

우리가 가진 것이 아니라
우리가 누리는 것이 우리의 풍요로움을 결정한다.

장 앙투안 프티-센(Jean Antoine Petit-Senn)

당신은 컵이 반이나 비었다고 말하는 사람인가, 반이나 찼다고 말하는 사람인가? 우리는 수없이 다양한 맥락에서 이 이분법적인 표현을 접했지만, 이 진부한 질문이 진정으로 가리키는 바는 풍요냐 결핍이냐의 문제다.

내 친구는 모든 일을 부정적으로 바라보는 능력을 타고났다. 언젠가 쇼핑하고 돌아온 내가 할인 중인 스니커즈를 찾았다며 신이 나서 말하자 그녀는 침울한 얼굴을 했다. 친구도 할인의 기회를 누릴 수 있는 좋은 소식을 전해준다고 여겼던 내 생각과 달리, 친구는 신발을 구할 확률을 제로섬 게임으로 보고 있었다. 그녀의 관점에서는 내가 무언가를 취했다면 자신이 그것을 얻을 확률이 낮아지는 것이었다. 결핍의 세상에서 사는 그녀는 내가 마지막 남은 신발을 샀다고 생각했다.

어떤 이들은—나도 여기에 속한다—풍요의 세상을 본다. 누군가 좋은 가격에 무언가를 구했다는 이야기를 들으면 나 또한 그럴 수 있다고 생각한다. 모든 사람에게 다 돌아갈 정도로 충분한 수량이 준비되어 있고, 그 신발 가게에는 할인 중인 스니커즈가 많을 거라고 전제하기 때문이다.

이런 관점들이 우리의 세계를 형성한다. 하지만 풍요 또는 희소의 세상이 고정적이고 확고하다는 생각에 사로잡히면 상황이 악화된다. 다시 말해 희소와 한계라는 관점에서 세상을 보는 사람은 자신이 희소와 한계의 세상에서 벗어날 수 없을 거라고 믿는다. 그래서 할인 중인 신발을 산 사람들을 보면 늘 질투하는 것이다. 곧 살펴보겠지만, 우리의 관점은 고정적일 필요가 전혀 없다. 우리는 새로운 관점을 습득할 수 있고—특히 우리의 건강과 노화의 경험에서는—새로운 관점을 배울 때 우리의 삶이 극적으로 향상될 수 있다.

특정 기준이 우리를 망친다

자원은 한정되어 있다는 전제가 널리 퍼져 있다. 우리는 재능과 기량은 물론 물질적인 자산은 모두 '정상 분포를 따른다'고 믿는다. 즉 몇몇 이들은 아주 많이, 대다수는 평균으로, 몇몇은 아주 적게 소유한다고 말이다. 예를 들어 IQ 테스트를 치르고 점수를 그래프로 나타내면 종과 비슷하게 생긴 그래프를 마주하게 된다. 이것이 지수의 정상 분포다. 몇몇이 높은 IQ 지수를 기록하고, 대다수가 중간에 가까운 평균 IQ 지수에 있으며, 몇몇이 낮은 IQ 지수를 받는 식이다. 지능, 아름다움, 자제력, 친절함 등 어떤 대상이든 마찬가지다. 우리는 이런 특징이 사람들에게 불공평하게 분배되어 있다고 가정한다. 소수의 사람들이 많이 갖고, 대다수는 평균 정도를 가지며, 다시 소수의 사람들이 적게 소유한다고 말이다.

건강은 정상 분포를 따를까? 건강을 고정적인 상태이자 무작위로 분배될 수 있는 개념으로 생각하는 것 자체가 한심하게 느껴지지만, 너무도 많은 사람이 건강을 이렇게 생각한다. 분명 우리의 건강은 향상될 수도, 악화될 수도 있다. 건강은 무작위적인 개념도, 정상 분포를 따르는 개념도 아니다. 인구 중 일정 비율만이 대단히 건강하고 일정 비율은 병에 걸릴 운명이라는 생각을 수용하면 우리가 잃는 바가 너무도 크다. 사실 건강은 거의 모든 사람이 동등하게 누릴 수도 있다.

한편 희소성은 광범위하게 작용한다. 여기에는 우리가 재능, 지능, 아름다움 등등을 모두 가질 수 없다는 신념이 깔려 있다. '정상(normal)' 분포라는 이름도 이 때문이다. 다른 가능성은 있을 수 없다는 듯이 말이다. 어떤 대상이든 희소의 관점으로 볼 필요가 없다면 왜 이런 오해가 계속되는 걸까? 이를 달리 질문한다면 '희소의 관점으로 이득을 보는 사람은 누구인가?'가 될 것이다. 모두에게 돌아갈 정도로 충분해서 모두가 공평하게 번영할 수 있다면 이 중 누가 더 나은지를 어떻게 가려낼 수 있을까? 누군가 정상에 있으려면 바닥에 있을 다른 누군가가 존재해야 한다. 모두가 A를 받는다면 어떻게 내가 반에서 가장 똑똑한 사람처럼 보일 수 있겠는가?

어느 분야든 높은 위치에서 자신의 자리를 누리는 사람들은 그 지위를 정당화하기 위해 옆의 사람보다 자신이 더 뛰어나고 더 많이 가졌다고 합리화할 방법을 찾아낸다. 모두가 동등하게 최고의 위치에 오를 자격이 있다면 누구도 최고의 위치에 오를 수 없다. 다시 말해 높은 지위를 유지하기 위해 이를 가능하게 해주는 기준과 척도를 만들어낸 것이다.

희소성과 정상 분포라는 믿음에 맞서기란 쉬운 일이 아니다. 내가 제공할 수 있는 자원이 '한정적'이라면—극찬이 가득한 추천서 같은 것—그해 성적을 결정하는 요인이 무엇이었는지는 고려하지 않은 채 내 수업에서 A를 받았던 학생에게 그 자원을 줄 것이다. 어쩌다 보니 내 의사결정 토론 수업에서 뛰어난 활약을 보이는 학생들이 여럿 있었고, 이들이 모두 A를 받을 만했던 일이 있었다. 대학에서 이 사실을 알게 되었고 나는 윗사람들에게 불려가 책망을 들었다.

학교 측은 내가 A를 준 학생들이 다른 수업에서 어떤 점수를 받았는지 정리한 자료를 보여주며 내 점수가 정도를 크게 벗어난다고 했다. 하지만 이는 모든 학생이 나름대로 똑똑하다고 보는 나의 관점을 향한 압박이다. 그렇다고 우리가 성적이나 시험 제도를 모두 폐지해야 한다는 말은 아니다. 다만 우리가 점수를 대하는 방식에, 점수가 성공을 평가하는 불가침의 기준이라는 생각에 반대한다는 의미다.

물론 한정적으로 여겨지는 자원들도 있다. 예를 들어 한 대학 학과에 대학원생 모집 인원수가 세 명인데 지원자는 50명인 상황을 생각해보자. 학과는 미리 마련된 자격 기준을 바탕으로 가장 자격이 있는 사람이 누구인지 결정해야만 한다. 여기서 문제는 '누가' 기준을 정하느냐다. 결국 기준도 사람이 정하며, 1장에서 규칙에 관해 이야기하며 언급했듯이 사람마다 관점은 제각각이다.

객관적인 표지를 만드는 데 내재된 이 오류에 더해 또 다른 문제가 있다. 만약 다음 해에 50명을 받을 수 있는 상황이라면 어떻게 되는 걸까? 기준이란 임의적인 것임에도 객관적이라고 믿기 때문에 학생을 선정할 때 최초에 마련된 기준을 계속해서 쓸 것이고, 기준을 의심하는 대신 학생 수를 미달시키는 편을 택할 것이다.

최초 기준이 지닌 임의성을 인정하지 않는다면 의식적인 해결책은 더욱 요원해진다. 정해진 기준을 신뢰할 때 결정하기가 더 쉽고 해당 기준을 만드는 데 적용된 논리가 시대와 환경을 타지 않는다고 생각하기도 쉽다. 즉 과거에 특정한 기준에 따라 대학원생을 선택했으니 이 방식이 여전히 대학원생을 선별하는 최적의 방식이라며 따르는 것이다. 가령 대학 때 학점이 낮은 학생은 단칼에 거부당하겠지만 최악의 학점을 받았다 해도 발표된 논문의 제1 저자라면 논쟁의 여지가 생길 수 있다.

또 다른 예시를 살펴보자. 내가 10대 초반일 때 아버지는 리틀 리그(Little League, 어린이들을 대상으로 한 야구 프로그램-옮긴이)를 코치했다. 매 시즌 아버지는 내가 스윙을 잘 컨트롤할 수 있는지 보기 위해 특정 방향을 가리키며 그쪽으로 공을 날려보라고 했다. 그리고 플라이볼과 땅볼을 쳐 보내며 외야와 내야에서 내가 공을 잘 잡을 수 있는지 확인했다. 내 나이와 야구 실력은 아버지에게 일종의 기준이 되었고 이후 아버지는 이 기준을 바탕으로 새로 들어오는 남자아이들을 시험했다.

나만큼 하는 아이들은 팀에 입단할 수 있었다. 물론 나는 팀에 들어갈 수 없었다. 당시만 해도 리틀 리그는 남자아이들만 들어올 수 있었기 때문이다. 이제 와 생각해보면 남자아이들만 허용하는 관습이 얼마나 임의적인지 놀랄 지경이지만 그때는 그리 이상하지 않았다. 여자아이들은 야구를 할 수 없다. 그게 끝이었다.

또 나는 고등학교 영어 우등반 수업 때 에드거 앨런 포에 대한 글을 쓰기로 했다. 선생님은 내가 주제에 어떻게 접근할 것인지도 모르면서 주제 선정을 문제 삼았다. 선생님에게는 글을 쓸 만한 가치가 있는 주제와 그렇지 않은 주제가 정해져 있었다. 나는 에즈라 파운드로 주제를 바꿨고, 선생님도 이때는 찬성했다. 그 선생님은 표면적으로 난해해 보이는 시를 쓰는 시인을 더욱 높이 평가한다는 것을 그때 깨달았다.

이런 현상은 내 연구에서도 드러났다. 내 실험과 연구 결과가 너무 단순해서 신뢰할 수 없는 결과처럼 보일 때가 많았는데, 나는 단순하게 느껴지도록 하는 게 더 어려운 일이라고 생각하는 쪽이다. 복잡함과 난해함이 단순함보다 사고의 질이 높다는 생각은 도대체

어디서 나온 걸까? 아인슈타인이 간단명료한 수식 '$E=mc^2$'을 탄생시키기까지 얼마나 복잡한 생각들을 거쳤을지 생각해보길 바란다.

재능과 능력, 지능, 상냥함, 관대함 같은 개인의 성격 또한 '정상 분포를 따른다'고 보는 이들이 많다. 자신이 이 정상 분포라는 연속체 속 어디에 위치하는지만 확인하고 나면 그 기준을 누가 정했는지, 그 사람이 만약 다른 기준을 선택했다면 또는 기준을 다른 누군가가 선택했다면 삶이 어떻게 달라졌을지 조금도 의심하지 않고 그저 태평하게 본인의 일에만 매진한다.

그중에서도 음악적 재능은 단연코 소수에게만 주어진 재능으로 여겨진다. 중학교 시절, 선생님은 반 친구들 앞에서 부를 노래를 한 곡씩 고르라고 했고 나는 〈오 마이 파파(Oh My Papa)〉라는 곡을 선택해 열심히 연습했지만 내내 두려움에 떨었다. 평소 음치라는 소리는 안 들었지만 노래를 잘하지는 못했기 때문이다. 학생들이 한 명씩 순서대로 자리에서 일어났다. 내 순서가 다가오고 있었다. 내 바로 앞 학생도 노래를 잘하지 못했다. 선생님은 이 학생을 다독이고는 웅성대는 반 아이들을 꾸짖었다. 나는 내가 난감한 상황에 처했다는 것을 알 수 있었다. 학생들의 노래 실력을 평가하겠다는 선생님의 의도가 나를 통해 곧 실현될 것이기 때문이었다.

선생님이 내 앞의 학생에게 그랬듯 모든 학생을 따뜻하게 다독였다면, 한 명씩 노래를 부르는 이런 방식이 간접적으로 의도하는 바, 그러니까 음악적 능력이 각기 다르다는 사실을 보여주겠다는 선생님의 의도를 아이들에게 정확히 전달할 수 없을 터였다. 안타깝게도 내 생각이 맞았다. 선생님은 내가 재능 있는 학생에 속하지 않는다는 점을 분명히 표현했다. 대단히 창피하지는 않았지만 그렇다고 딱히 즐거웠다고도 할 수 없는 경험이었다.

조성 음악과 동양의 무조성 음악을 비교하거나, 레너드 코헨과 밥 딜런같이 아름다운 가사로 목소리의 질은 그리 중요하지 않다는 점을 보여준 가수들을 떠올려보면 재능의 유무를 가르는 기준에 의문을 품게 된다. 비단 나만 이렇게 생각하는 것이 아니다. 밥 딜런에 관한 노래를 만든 데이비드 보위는 딜런의 목소리가 '모래와 접착제(sand and glue)' 같다는 가사를 썼다.

자원은 한정적일 것이라는 통념은 우리의 언어에도 내재되어 있다. 그중에도 들을 때마다 내 귀에 콕 박히는 표현이 있다. 가령 함께 식사하기로 한 친구가 전화를 걸어 이렇게 말하는 것이다. "나 거의 다 준비됐어. 내(my) 샤워만 하면 돼." 그럴 때마다 "아니, 그러지 말고 다른 사람의 샤워를 해"라고 답하고 싶어진다. 또는 친구가 "자신의(my)" 점심을 먹는다고 말할 경우도 마찬가지다.

내가 알고 지낸 수많은 사람이 그와 같은 언어 습관을 갖고 있다. 만약 이들이 풍요로운 환경에서 자랐다 해도 이런 식으로 자신의 소유를 밝히는 표현을 써야 한다고 생각할까? 여기에 알맞은 리처드 러블레이스(Richard Lovelace)의 글처럼 "벽이 감옥을 만드는 것이 아니다." 희소의 세상에서 산다면 자원 부족을 걱정하며 대부분 시간을 보내게 된다. 그러나 풍요의 세상에는 더욱 흥미로운 것들을 생각할 여유가 허락된다.

즐기는 자는 노력하는 자를 이긴다

우리는 높은 위치까지 오른 사람들은 그곳에 도달하기까지 어마어마하게 노력했을 거라며 그 자리가 소수의 것임을 합리화할 때가 많다. 그처럼 노력이란 어려운 것이라는 생각에 사로잡혀 있고, 이 논리에 따라 노력이란 본질적으로 힘든 일이라고 여긴다. 그 노력 끝에 마침내 성공을 거둬 기쁨을 누릴지라도 말이다. 이런 생각은 시작부터 의욕을 꺾을 뿐이다.

물론 어떤 일이 즐겁지 않다고 해도 그 감정을 이겨내고 어떻게든 해보려 노력하기도 한다. 다만 무언가가 싫다는 감정은 어떤 일에 내재된 성질이 아니라 머릿속에서 벌어지는 일이므로 생각을 전환한다면 더욱 수월하게 해낼 수 있을 것이다. 예를 들어 과식하지 않으려고, 스트레스를 받지 않으려고, 화를 내지 않으려고 아무리 애를 쓴다고 해도, 이런 시도를 자기 개선을 위해 의도적으로 노력을 쏟는 행위로 접근한다면 여전히 과식할 것이고, 스트레스를 받을 것이며, 화를 낼 것이다. 왜 헬스장에 갈 생각은 못 하는 걸까? 다른 것들에는 변화를 주지 않고 그저 노력하기만 한다면 상황만 악화될 뿐이다.

우리가 자신의 선택을 더욱 존중한다면 이토록 실패를 자주 경험하지 않을 것이다. 음식이 맛이 없다면 왜 먹으려 하는 것일까? 헬스장에 가기 싫다면 좀 더 즐길 수 있는 운동을 왜 찾으려 하지 않을까? 싫어하는 일을 하려고 노력하기보다는 다른 대안을 찾으면 된다. 그게 불가능하다면—사실 대안을 찾는 것이 불가능할 때가 많다—싫어하는 일이 고통스럽게 느껴지지 않도록 새로운 관점으로 바라보는 게 방법이다. 그 일을 해야만 한다고 스스로 강요하지 않는다면 거의 모든 일을 즐겁게 할 수 있다.

즐길 수 있다면 더는 노력이 필요하지 않다. 좋아하는 음식을 먹으려 노력한다거나 좋아하는 일을 하려고 노력한다는 말이 얼마나 이상하게 느껴지는지 생각해보라. 피자나 초콜릿케이크를 좋아한다면 그걸 먹는 일이 하기 싫은 일처럼 느껴지지 않는다. 마찬가지로 어떤 일을 좋아한다면 그 일을 하는 것이 수고롭게 느껴지지 않는다. 우리가 마음챙김으로 어떤 일을 할 때는 노력의 여부를 의식하지 않게 된다.

노력이란 최소화해야 하는 것이라는 오해가 널리 퍼져 있다. 아무 의식 없이 또는 마지못해서 하는 일에는 노력을 들일 필요가 없다고 생각한다. 누군가 시켜서 설거지한다면 구부정하게 서서 별말 없이 그릇을 씻기만 할 것이다. 설거지에 노력을 기울이는 일은 결코 없을 것이다. 그리고 나중에 설거지한 경험에 대해 누군가 물어본다면 힘들었다고 답할 것이다. 하지만 설거지를 깨끗하게 해서 누군가를 깜짝 기쁘게 해주고 싶을 때는 웃으며 순식간에 해치운다.

마음챙김으로 행한다는 것은 본질적으로 노력이라는 개념이 사라지는 것이다. 테니스를 칠 때 나는 객관적으로 봐도 상당한 노력을 기울인다. 하지만 나는 이를 노력이라고 생각하지 않는다. 안에 선물이 담겨 있다면 포장지를 벗겨내고 밀봉된 꾸러미를 뜯는 일에 약간의 노력이 필요하다 해도 결코 노력을 들인다고는 생각하지 않는 것처럼 말이다.

수년 전 보조 연구원인 소피아 스노(Sophia Snow)와 함께 실험을 진행할 때였다. 우리는 사람들에게 똑같은 과제를 주면서 절반에게는 그 과제가 일이라고 설명했고 다른 절반에게는 놀이라고 설명했다.[1] 그 과제는 만화를 평가하는 것이라서 대개 재밌는 일처럼 느낄 텐데도, 일이라고 설명을 들은 사람들은 즐기지 못했다. 이들은 과제에 집중하지 못했고 실험 세션이 끝나자 기뻐했다. 반면 놀이라고 설명을 들은 사람들은 과제를 하는 시간을 즐겼다. 그뿐만 아니라 스스로 생산적인 일을 하는 것처럼 느끼기도 했다. 평가하는 '일'을 해야 했던 사람들은 그런 느낌을 받지 못했다.

이런 사례는 아주 많다. 소설 속 톰 소여는 울타리를 칠하는 작업을 일로 여겼고 그의 친구들은 일처럼 생각하지 않았다. 본인이 사용한 그릇을 설거지하는 일은 즐겁지 않겠지만 식사 후 친구의 그릇을 설거지하는 일은 즐거울 수 있다. 여기서 중요한 교훈은 어떤 일이든 원래 즐겁거나 고된 것은 없다는 사실이다. 일이 즐겁거나 고된 것은 우리가 그 일에 어떻게 접근하느냐에 달려 있다.

생산성을 높이기 위해 업무를 더욱 즐겁게 만들려고 노력하는 기업이 많다. 가령 구글은 사무실에 탁구대와 맛있는 유기농 간식을 구비한 소형 부엌을 마련했다. 이런 식의 장려책은 단기적으로 효과를 발휘하며 직원들이 별로 내켜 하지 않는 일도 하도록 유도할 수 있다는 것이 중론이다. 하지만 '약을 넘기게 해주는 설탕 한 스푼'보다 약 자체의 맛을 더욱 좋게 만드는 편이 훨씬 낫다. 나는 거의 모든 일이 진정으로 즐거울 수 있다고 믿는다. 어떤 일을 즐겁게 만들기 위해 무언가를 더하는 행위는 그 일이 원래 즐겁지 않다는 생각을 더욱 강화할 뿐이다.

하지만 모든 사람이 자신이 하는 일을 즐기고 비교적 수월하게 잘 해낸다면 높은 위치에 있는 사람들은 어떻게 자신의 자리를 지킬 수 있을까? 희소성은 일부 사람들의 고통으로 유지된다. 그렇다면 건강은? 건강도 노력이 필요한 일이어야 할까?

관점의 차이에 주목하라

희소의 마인드셋이 불러오는 가장 치명적인 결과 중 하나는 우리가 승자와 패자를, 가진 자와 갖지 못한 자를 구분하게 된다는 점이다. 더 괜찮은 사람과 덜 괜찮은 사람, 재능이 더 많은 사람과 더 없는 사람, 한정된 자원을 누릴 자격이 더 있는 사람과 아닌 사람으로 말이다.

승자와 패자를 구분해야 한다는 필요성은 일찍부터 시작된다. 고등학교 때 나는 한 여학생이 인기 많은 여학생 클럽에 가입하라는 권유를 받지 못해서 체육관에서 울고 있는 모습을 본 적이 있었다. 당시 나는 언니가 그 클럽 회원이었기에 '유산'을 이어받는 것으로 간주되어 클럽에 가입할 수 있었다. 이런 부당함이 싫었던 나는 학교에서 가장 인기 있는 여학생들을 우리 집으로 불러 모아 이야기를 나눈 끝에 모두가 클럽을 탈퇴하기로 했다. 그리고 이런저런 농담을 나누다가 이제부터는 '엘리트(Elites)'라는 이름으로 활동하기로 했다. 그 후 약 20년이 지나 당시 여학생 클럽을 그만두던 날 함께하지 않았던 고등학교 친구에게 연락했는데, 그녀는 그때 엘리트의 일원으로 함께하지 못해서 괴로웠다고 말했다. 다들 하는 말이지만, 삶은 복잡하다.

예일 대학교 심리학과 대학원생일 때 나는 예일 심리-교육 클리닉(Psycho-Educational Clinic)에서 일했다. 유료로 테라피를 받으러 오는 환자들 가운데는 꽤 멀리서 방문하는 사람들이 많았다. 이들이 자신의 행동을 변화시킬 의지가 크다는 점을 보여주는 방증이었다. 그럼에도 이들은 변화에 너무 자주 실패하곤 했다. 변하고자 하는 의욕이 있고 자신이 무엇을 해야 하는지 이해하는 사람들이라면 변화할 수 있다고 배운 나는 기존의 모습에 갇힌 환자들을 보며 좌절감을 느꼈다. 이들에게 "그냥 하면 된다"라고 말하고 싶었지만 이런 방식은 좋은 테라피로 인정받지 못할 거라는 점 또한 알고 있었다. 그러던 중 환자들이 뭐라고 말하든, 사실은 이들이 바꾸고 싶다고 말하는 바로 그 행동을 실제로는 상당히 소중하게 여기고 있음을 깨달았다.

하버드 대학교에서 나는 내 제자인 로럴린 톰슨(Loralyn Thompson)과 함께 이것이 사실인지 실험해보기로 했다.[2] 우리는 참가자들에게 100가지 행동의 특징이 적힌 종이 한 장을 나눠 주고 이 중 바꾸고 싶었지만 실패했던 특징에 동그라미를 치라고 요청했다. 종이의 뒷면에는 앞에 적힌 부정적인 행동의 특징을 긍정적으로 표현한 단어가 무작위 순서로 나열되어 있었다. 즉 종이의 한쪽 면에는 변덕스러운, 충동적인, 잘 속는, 완고한, 너무 심각한 등의 단어가 적혀 있었고 뒷면에는 유연한, 즉흥적인, 잘 신뢰하는, 한결같은, 진중한 등의 단어가 쓰여 있는 식이었다. 아니나 다를까, 사람들은 변화에 실패한 성격적 특징이 긍정적으로 표현되었을 때 자신이 장점으로 여기는 본인의 모습과 일치하는 경우가 많았다.

관점의 차이에 대해 깨달은 후 지난 과거를 되돌아보니 뒤늦게 이해되는 일들이 있었다. 열두 살 즈음의 여름에 나는 인기 없는 한 여학생이 안쓰러워 그 아이와 친구가 되었다. 많은 시간을 그 아이와 함께 보냈고 내심 다른 아이들도 동참하길 바랐다. 하지만 그런 일은 없었다. 나름 그 친구에게 그동안 엄청난 관용을 베풀었다고 여긴 나는 이 새로운 관계에서 조금 멀어지기로 했다. 하지만 친구는 우리가 함께 보낸 시간을 고마워하기보다는 내가 자신을 버렸다며 배신감을 느꼈다. 내가 좋은 일을 했다는 생각은 여전하지만 친구의 입장에서는 내가 마음을 썼다기보다는 잘난 척한 것처럼 느껴졌을 수 있겠다는 걸 이제는 안다.

타인을 판단하지 않는 태도는 다른 사람들을 더욱 수용하고 이들의 '약점'도 받아들이는 것이라고 여기는 사람들이 많다. 하지만 내 생각은 다르다. 타인이 하는 행동의 의도를 파악하는 것이 상대를 재단하지 않는 태도로 향하는 길이라고 생각한다. 내가 어떤 사람의 행동에 의구심을 품었다 해도 당사자에게서 어떤 의도였는지 들으면 대부분은 그 행동이 이해된다. 설사 그 행동으로 빚어진 결과에는 동의하지 못한다 해도 말이다.

나는 상대를 가혹하게 비판하거나 당사자가 변화를 원하는 경우가 아니고서야 상대가 달라져야 한다고 생각하지 않는다. 나 또한 잘 속아 넘어가는 태도를 고칠 수도 있겠지만 타인을 잘 신뢰하는 내 모습을 가치 있게 여기는 만큼 변하지 않기로 선택한 것처럼 말이다.

타인을 괴롭히는 행위도 이런 맥락으로 생각할 수 있다. 타인을 괴롭히는 사람은 약한 상대를 먹잇감으로 삼는 못된 사람이라고 생각하는 사람이 많을 것이다. 기회가 될 때마다 경멸과 처벌을 받아야 하는 사람들이라고 말이다. 괴롭힘을 당할 때 사람들은 가해자는 강한 사람이고 그렇기에 자신이 두려움을 느끼는 것이라는 고정관념을 떠올린다. 하지만 가해자의 입장은 무엇일까? 내 눈에 괴롭힘 가해자는 굉장히 불안정한 사람이자 타인을 괴롭히는 것만이 자존감을 느낄 수 있는 유일한 방법이라고 생각하는 사람으로 보인다. 이런 관점으로 이들을 바라본다면 두려움보다는 상대를 향한 안쓰러움이 더욱 커질 것이다. 우리가 두려워하지 않는다면 가해자는 우리를 괴롭힐 동기를 잃는다.

내가 좋아했던 사람이 나를 속여 큰돈을 앗아갔을 때 내가 보인 반응이 바로 이것이었다. 배신감도 느꼈지만 내가 가장 크게 느꼈던 감정은 그를 향한 안쓰러움이었다.

타인의 신발을 신고 걸어라

타인의 입장이 되어보기 전에는 함부로 판단해서는 안 된다는 격언은 좀 더 깊이 생각해볼 가치가 있다. 대부분이 잘 아는 왕자와 거지 이야기를 한번 살펴보자.[3] 거지의 삶이 궁금했던 왕자는 왕궁을 나가 극빈자 차림을 했다. 내 기억에 따르면 소설 속 왕자는 가난한 사람들 사이에서 생활하면서 자기보다 훨씬 불운한 사람들의 삶이 어떤지 몸소 깨우쳤다고 믿었다. 그렇다면 이제 왕자는 거지의 입장에서 생각할 수 있을까? 새로 얻은 지혜를 바탕으로 나라를 더욱 공정하게 통치할 수 있을까? 내 생각에는 아닐 것 같다.

내가 거지의 입장이라면 가장 괴로운 일은 먹을 음식이 충분할지, 안전하게 지낼 수 있을지를 알 수 없다는 점일 것 같다. 하지만 왕자는 거지 행세를 하고 있었다 해도 음식과 안위를 걱정하지 않을 수 있었다. 거지의 삶에서 벗어나 다시 왕자처럼 생활하는 삶으로 돌아가기만 하면 되니까. 거지는 이런 선택을 할 호사를 누릴 수 없다.

이렇게 생각해보자. 같은 방식으로 제시된 같은 정보에 노출되었을 때 같은 관점이 탄생한다는 이야기를 자주 듣는다. 이것이 사실이라면 타인이 어떤 감정을 느끼는지 이해하기 위해서는 '이들의 관점에서' 해당 정보를 바라보기만 하면 된다. 하지만 말 그대로 당신이 내 신발을 신고 걷는다면(타인의 입장이 된다는 의미의 영어 격언-옮긴이) 가죽 형태가 내 발과는 다르게 잡히지 않겠는가? 내 발에서 전해지는 감각에 익숙해지다 보니 시간이 지날수록 어떤 것에는 민감해지고 또 어떤 것에는 둔해진다. 타인이 감지해내기 어려운 사안이다. 어떤 정보를 이해하고 느끼는 방식이 개인의 경험이 축적된 결과물이라면 타인이 아닌 내 삶만을 살아온 나로서는 타인이 어떤 감정을 느끼는지를 진실로 이해할 수 없다.

그렇다면 타인의 신발을 신고 걸으며 타인의 상황이 되어볼 때 우리는 무엇을 배울 수 있을까? 타인의 관점에서 상황을 볼 수 있게 되었으니 이제 타인의 입장을 진정으로 이해할 수 있다기보다는, 우리가 이전에는 얼마나 많은 것을 '모르고' 있었는지 깨달을 수 있다. 타인의 입장이 되어보는 일을 자주 경험한다면 상대에게 무엇이 필요하고 상대가 무엇을 원하는지 자신이 잘 안다고 여기지 않게 된다. 그래서 상대가 무엇을 원하고 필요로 하는지 묻고 그 대답을 온전히 신뢰하게 된다.

취향이 비슷한 덕분에 함께하기로 한 것임에도 관계에서는 이상하게도 서로의 차이점에 집중하는 모습을 보인다. 어떤 일이든 두 사람의 능력이 똑같을 수 없기에 둘 중 한 사람이 무언가를 좀 더 잘하는 건 당연하다. 둘 다 깔끔한 편이고 돈도 잘 관리한다 해도 어쩔 수 없이 둘 중 한 사람이 좀 더 깔끔하거나 돈을 관리하는 데 나은 모습을 보일 것이다. 이런 차이점은 우리의 머릿속에 크게 확대되어 각인된다. 한 명은 게으름뱅이로, 다른 한 명은 돈을 관리할 줄 모르는 사람으로 말이다.

내 이야기를 하자면 내 동반자와 나는 둘 다 기억력이 좋은 편이다. 그럼에도 동반자는 나보다 자신의 기억력이 더욱 좋다고 확신한다. 그녀가 어떤 일에 대해 말하면 나는 그녀가 무슨 이야기를 하는지 모르는 식이다. 애초에 같은 일을 경험했지만 흥미롭다고 느낀 지점은 서로 달랐고, 그렇게 되면 우리가 서로 다른 일을 경험한 셈이 된다. 그래서 그녀가 떠올린 '자신의' 경험은 내가 떠올리는 '나의' 경험과는 완전히 다를 수 있다. 한편 그녀가 보기엔 내가 기억을 잘 못 하는 사람일 수 있다. 관점이 달라지면 결함이 아니라 차이점이 보인다.

당연한 노화의 현상으로 여겨지는 기억력 감퇴 또한 사실은 관점의 차이로 빚어지는 경우가 얼마나 많은가. '마작'과 '피노클' 같은 단어와 '게임 보이(Game Boy)', '워크래프트(Warcraft)' 같은 단어로 기억력 테스트를 하면 노년층은 자신이 어렸을 때 흔하게 했던 게임 이름인 전자를, 청장년층은 후자를 더욱 잘 기억할 것이다. 즉 기억력 감퇴라고 하는 대부분의 현상은 기억력 문제가 아니라 가치의 차이에서 비롯된다.

내가 관심이 없었기에 애초에 배우지 않았다면 나중에 잘 기억나지 않는다고 해도 그 이유는 내가 잊었기 때문이 아니라 한 번도 배운 적이 없기 때문이다. 개인의 능력이 제한되어 있다고 보는 세상에는 어떤 현상을 이해하는 데는 단 한 가지 방법밖에 없다는 소박실재론(naïve realism, 개인의 주관적인 경험과 객관적인 현실 사이에 왜곡이 없다고 믿는 태도-옮긴이)이 만연하다.

레몽 크노는 매력적인 저서 《문체 연습》에서 두 남성이 한 버스에서 만나는 단순한 이야기를 다양한 관점에서 들려준다.[4] 두 사람이 만난 이야기이니 관점도 두 가지리라 생각하겠지만 크노는 이 이야기를 99가지의 관점으로 기술한다. 상황을 이토록 다양한 관점에서 보려고 노력해야 한다는 이야기는 아니다. 다만 관점이 다양할 수 있다는 점을 깨달으면 우리가 그저 단 하나의 현실을 공유하고 있는 게 아니라는 사실을 이해할 수 있다.

대단히 똑똑한 사람마저도 오직 한 가지 관점으로 상황을 보는 함정에 빠질 수 있다. 예일 대학교에서 내 멘토였던 로버트 에이블슨(Robert Abelson)과 나는 '정상적이지 않은 정신 상태'의 징후를 주제로 연구를 진행한 적이 있었다. 하지만 이상한 정신 상태라는 점을 드러내는 특정한 자극을 만드는 과정에서 우리는 끝내 합의점을 찾지 못했다.

그는 이렇게 말했다. "여성이 사탕 껍질을 냉장고에 넣는 걸 들 수 있죠." 나는 이렇게 말했다. "그건 정신이 이상한 게 아니에요. 디저트를 먹으려고 냉장고 문을 열었을 때 그 빈 껍질을 보면서 오늘 하루 치 칼로리를 모두 섭취했다는 걸 상기하려는 거예요." 또 그는 무언가를 강박적으로 생각하느라 새벽까지 깨어 있는 남성의 사례를 들었다. 나는 그 사람은 강박에 사로잡힌 것이 아니라 문제를 해결하고 있는 거고, 신속한 해결책이 없는 문제들도 많다고 말했다. 이런 식으로 논쟁이 계속 이어졌다.

그러면서 나는 속으로 품었던 생각을 명시적인 논지로 발전시켰다. '행위자는 자기의 관점에서는 어떤 행동이 타당하기 때문에 하는 것이다. 그렇지 않다면 그런 행동을 하지 않았을 것이다.' 이 가설을 연구한 끝에 나는 그동안 작성했던 수많은 논문 가운데서도 내게 가장 중요했던 깨달음을 담은 논문이 탄생했다.

한 심리학 리뷰 논문에서 미네아 몰도비아누(Mihnea Moldoveanu)와 나는 사실관계를 다양한 관점에서 바라본다면 같은 결과라도 마땅히 행동 결정 이론과 인지심리학에서 여러 가지 해석이 도출될 수 있다는 사실을 밝혔다.[5] 심리학자들이 '잘 순응하지 않는' 유형이라고 보는 사람은 사회적 상호 작용이 더욱 매끄럽게 전개될 수 있도록 돕는다고 하는 편이 더욱 정확한 설명일 수 있고, 사람들의 말에 잘 속는다는 평가를 받는 사람은 잘 신뢰한다고 이해하는 편이 더욱 정확할 수 있다. 희소의 마인드셋은 서로의 차이점을 결함으로 인식하게 하지만 꼭 그렇게 생각할 필요는 없다.

어떻게 하면 결핍의 마인드셋을 극복할 수 있을까? 내가 시력을 주제로 한 연구에서 그 방법을 배울 수 있으리라 생각한다. 이 연구는 희소의 마인드셋이 건강 문제와 어떤 연관이 있는지도 보여준다. 특히 이 연구는 우리가 노화로 어쩔 수 없이 찾아온다고 여겼던 신체적 한계가 사실은 몸이 아니라 주로 우리의 마인드셋에서 탄생한 결과물이라는 점을 상기시킨다.

한 실험에서 우리는 MIT의 ROTC 프로그램 소속 학생들을 섭외했다. 이 학생들에게 표준 시력 검사를 진행한 후 모의 비행 장치로 데려가 파일럿이 되었다고 상상해줄 것을 주문했다.[6] 공군 파일럿은 시력이 좋아야 한다는 인식이 있기에—20/20(스넬렌 시력 검사에서 20피트 거리에서 볼 수 있는 대상이 20피트 거리에서 보인다는 의미로, 우수한 시력을 가리킨다-옮긴이)이 자격 요건이다—우리는 모의 비행 장치로 파일럿이 되었다고 상상한 학생들은 시력이 향상된다는 가설을 세웠다(학생들이 롤플레잉에 좀 더 몰입할 수 있도록 파일럿 유니폼도 제공했다).

우리가 모의 비행 장치에 등장하는 작은 숫자와 글자들을 읽어보라고 요청하자, 예상대로 파일럿이 된 학생들의 40퍼센트가 시력이 향상되었다. 반면 통제군에 속한 학생들에게서는 이런 현상을 전혀 찾아볼 수 없었다. 새로운 마인드셋이 신체적 한계를 없앤 것이다. 정신이 개선되자 신체 또한 달라졌다.

이후 우리는 더욱 큰 표본의 학생들을 대상으로 이 실험 결과를 재현했다. 이번에는 학생들에게 파일럿이 되었다고 생각해달라는 주문이 아니라 운동선수의 마인드셋을 심어주기 위해 팔벌려뛰기를 몇 분간 해달라고 요청했다. 이번에도 운동선수의 정신 상태가 된 학생들의 3분의 1이 시력이 향상되는 결과를 보여주었다.

또 다른 실험에서 우리는 표준 시력 검사표의 위아래를 바꿔 아래로 내려갈수록 글자가 작아지는 것이 아니라 커지는 검사표를 제시했다. 이 경우도 학생들의 시력이 향상되었는데, 이는 우리가 그들의 기대를 바꿨기 때문이었다. 학생들은 검사표 아래로 내려갈수록 글자가 잘 보일 거라고 믿었고, 이로 인해 '정상적이라면' 식별할 수 없는 크기의 글자들까지 읽어냈다. 여기서 교훈은 물론 정상적이라는 개념은 존재하지 않는다는 것이다. 우리는 우리가 생각하는 것 이상으로 볼 수 있다.

희소를 바탕으로 한 가정이 우리의 행동과 건강을 좌우하도록 내버려 두는 일이 너무도 잦다. 자기 자신에게는 가혹해지고 타인에게는 비판적으로 대한다. 누군가는 남들보다 부족한 게 당연하다는 믿음 때문에 자신은 더 강해지지 못하고, 더 똑똑해지지 못하며, 시력을 개선하지도 못할 거라고 가정한다. 스트레스란 필요악이라고 생각한다. 그러나 나는 사람들이 희소라는 근거 없는 믿음을 넘어 더 큰 가능성의 세계를 경험하기를 바라는 마음이다.

잘 붙는 접착제를 만드는 데 실패한 3M은 접착제로 만든 화학 혼합물을 실패라 여기고 폐기할 수도 있었다. 하지만 마음챙김으로 접근했기에 거꾸로 탁월한 부착력이 없는 게 특징인 포스트-잇 노트(Post-it Note)를 개발했다. 완전히 새로운 사무용품 카테고리를 만들어낸 것이다. 이처럼 세상 대부분의 것이 처음 의도했던 본연의 목적 단 하나가 아니라 다양한 목적으로 사용할 수 있다는 사실을 깨달을 때 새로운 자원들이 계속해서 탄생한다.

풍요를 바탕으로 하는 새로운 마인드셋을 수용한다면, 희소라는 근거 없는 믿음을 넘어선다면 우리는 달라지는 신체 안에서 새로운 기회들을 발견할 수 있다.

THE
MINDFUL
BODY

4장

완벽한 선택을 위해
자신을 괴롭히지 마라

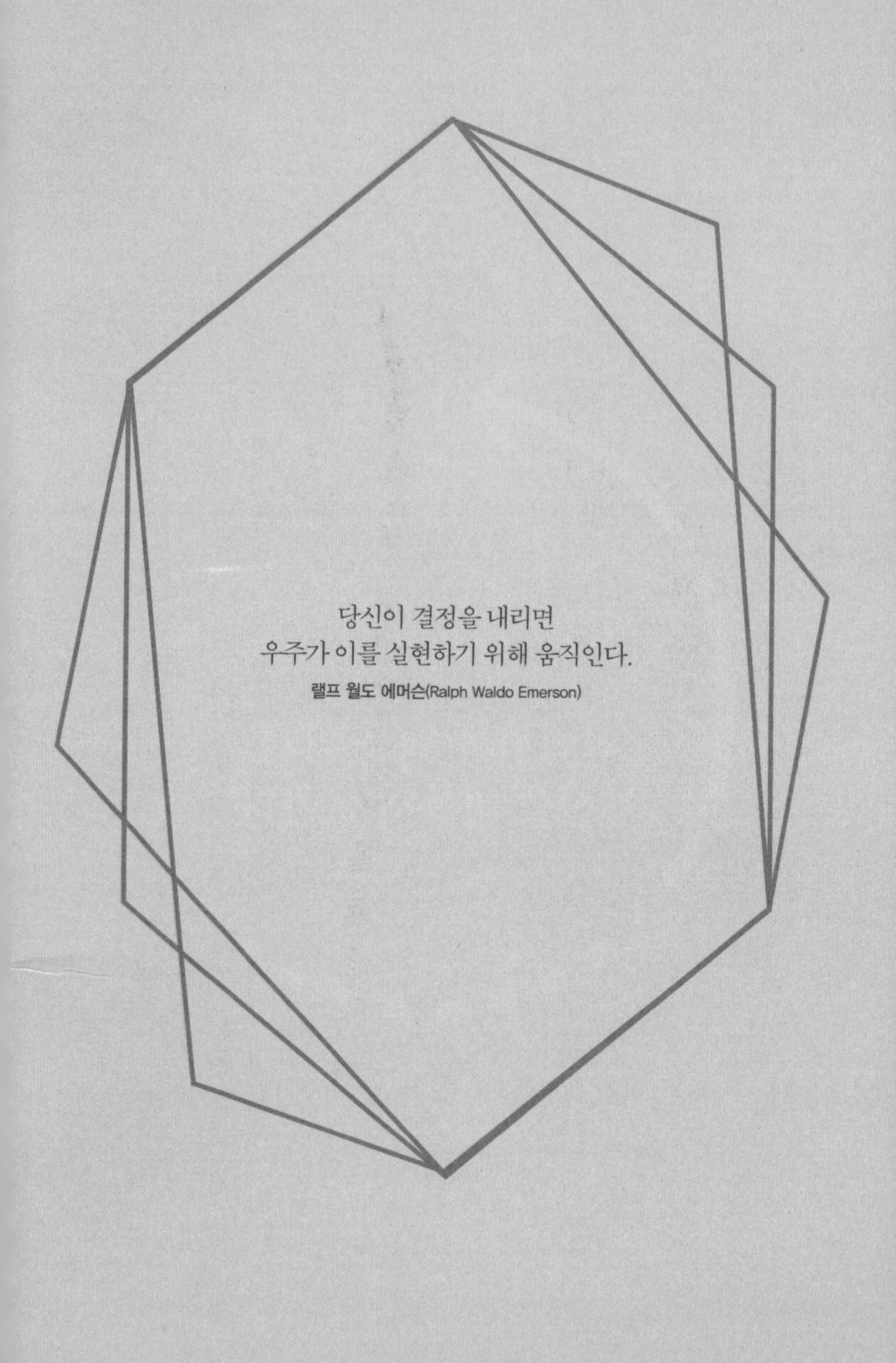

당신이 결정을 내리면
우주가 이를 실현하기 위해 움직인다.
랠프 월도 에머슨(Ralph Waldo Emerson)

살면서 어려운 결정을 내리는 것만큼 스트레스가 심한 일도 별로 없을 것이다. 힘든 결정을 마주할 때마다 우리의 신체는 고통을 받는다.

1974년에 교수직을 알아보기 시작할 당시 몇 차례 아주 힘든 면접을 치렀다. 나는 하버드 대학교의 교수직에 관심이 있었지만 당시만 해도 부교수에게 종신 재직권을 주지 않았던 터라 지원하지 않기로 했다. 카네기멜론 대학교에서 교수직을 제안받았을 때는 흥분을 감추지 못했는데, 유명한 결정 이론가이자 노벨상 수상자인 허브 사이먼(Herb Simon)이 그날이 내 생일이란 걸 알고는 전화로 생일 축하 노래를 불러주어서 더 그랬다.

하지만 내 고향인 뉴욕 시립대학교 대학원(CUNY)에서도 연락을 받은 터였다. 멋진 선택지가 주어진 건 분명했지만 어느 대학의 제안을 받아들여야 할지 고민되었고 굉장히 중요한 선택처럼 느껴졌다. 내가 잘못된 선택을 내려 미래를 망칠까 봐 두려웠다.

카네기멜론 대학교를 방문했을 때는 연구와 심리학에 관한 전반적인 이야기를 많이 나누었는데, CUNY에서는 연구 결과가 아닌 음식에 관한 대화를 많이 나눴고 예술, 정치 이야기를 했다. 이런 차이는 무엇을 의미하는 걸까? 내게는 어느 학교가 잘 맞을까? 어떤 결정을 내려야 할까?

인생에서 매우 중요한 결정이었고, 나는 각 대학의 정보를 다수 수집하는 등 제법 진지하게 접근했다. 어떤 결정을 내려야 할지 걱정했고 잠도 제대로 자지 못했던 것 같다. 예일 대학교에서 내 교수였던 어빙 재니스(Irving Janis)는 결정을 내려야 할 때 (마치 장단점 리스트에 끝이라는 것이 있을 수 있다는 듯) 가장 좋은 방법은 선택지와 각각의 장점 및 단점들을 종이에 모두 적은 후 (중요도라는 것은 유동적인 개념이 아니라는 듯) 각각의 사항을 중요도에 따라 따져보는 것이라고 설명했다.

나는 그의 조언을 따라 리스트를 적었는데 CUNY가 계속해서 뒤처졌다. 뉴요커로 나고 자란 나로서는 지극히 개인적인 이유로 CUNY 자리가 굉장히 매력적으로 느껴졌던 것 같다. 그래서 나도 모르게 이 대학이 승리를 거두도록 장단점의 상대적 중요도를 계속 수정하며 리스트를 조정했다. 결국 CUNY의 교수직을 수락했고 이후 몇 년간 강단에 서며 즐거운 시절을 보냈다.

내가 옳은 선택을 했던 걸까? 카네기멜론 대학교에서 교수직을 시작했다면 지금 내 삶은 어떤 모습일까? 이를 알 방법은 없다. 확인할 방법도 없다.

한편 CUNY의 대학원 교수가 되고 여름 한 철을 보낸 후, 대학에 재정적인 문제가 생겨 월급이 밀렸다. 꽤 걱정되었던 나는 혹시

나 하는 마음에 다른 일자리가 있을지 알아보기로 했다. 하버드 교육대학원의 임상심리학자 자리가 올라와 있었다. 내가 자격 요건을 정확히 충족하지는 못했지만 그래도 지원했다. 교육대학원의 조사위원회 교수단은 내가 해당 자리에 적합한 지원자가 아니란 것을 알았지만 내 지원서를 처분하지 않았고, 놀랍게도 당시 하버드 심리학부의 학과장이었던 브렌던 마허(Brendan Maher)에게 전달했다. 내가 예상하지 못한 일이었다.

내 지원서에 관심을 보인 브렌던은 필수 면접을 몇 차례 진행한 후 내게 전화해서 심리학부의 교수직을 제안했다. 영광이었지만, 나는 하버드 대학교는 부교수에게 종신 재직권을 주지 않는 것으로 알고 있어 교수직을 수락하기는 어려울 것 같다고 말했다. 그러자 그는 하버드에서 아직 종신 재직권을 얻은 부교수는 없으나 부교수에게 종신을 보장하지 않는다는 정책이 있는 건 아니며 내게는 종신이 보장될 것이라 답했다.

이 문제 외에는 심각한 단점을 더는 떠올릴 수 없었던 나는 무척이나 들떠 케임브리지로 향하기 위해 짐을 챙겼다. 더 많은 선택지를 고려하고 비용편익 분석도 해야 했을까? 그렇게 했다면 내가 무엇을 얻었을까? 하버드의 교수직 제안처럼 당연하고 쉬우며 명확해 보이는 결정들도 있다. 하버드라는 선택이 가져올 결과까지는 예측하지 못했지만 굉장한 기회인 것만은 확실했다.

무심코 내린 결정과 마음챙김의 차이

1990년대 심리학자들 사이에서 의사결정을 바라보는 지배적인 관점은 어빙 재니스의 논리적인 리스트 비교 방식과 맥을 같이했다.[1] 즉 고려 중인 여러 선택지 각각에서 예상되는 비용과 이익을 계산해서 성공적인 의사결정을 할 수 있다고 봤다. 하지만 이는 경제학의 합리적 행위자 모형(rational agent model)을 단순히 차용한 것이다. 이후 심리학자들은 이 모형에 주관적인 경험, 즉 한 사람에게는 이익이 되어도 다른 누군가에게는 무관한 일일 수 있다는 개념을 더했다.

물론 나는 이런 방식으로 의사결정을 내리지 않았기에 내 의사결정 이론이 위의 관점과 완벽히 상충한다 해도 놀랄 일은 아니다. 그뿐만 아니라 나는 사람들이 따분하게 비용편익 분석을 해가며 의사결정을 하지는 않는다고 생각하는 쪽이다. 하지만 우리가 어떤 방식으로 의사결정을 내려야 하는지에 관한 내 생각을 소개하기에 앞서, 그동안 의사결정 이론이 어떻게 발전되어왔는지를 먼저 살펴보도록 하자.

최근 의사결정 이론은 사람들의 결정을 하는 방식을 설명하는 두 가지 모형을 바탕으로 진화했다. 노벨상 수상자인 대니얼 카너먼(Daniel Kahneman)은 기본적인 사고 과정 두 가지를 설명하기 위해 '시스템 1'과 '시스템 2'라는 용어를 창안했다.[2] 시스템 1은 아무 의식 없이 행해지는 의사결정이다. 빠르고 직관과 선행학습을 따르며, 심리적 지름길 또는 휴리스틱(heuristic, 합리적·분석적 판단이 아닌 즉흥적·직관적 판단에 따르는 의사결정 방식-옮긴이)에 의존하는 경우가 많다.

예컨대 버거킹 간판을 보고는 프렌치프라이를 사러 예정에도 없이 고속도로를 빠져나가거나, 여분의 티켓이 있다는 친구의 연락에 당신이 가장 좋아하는 가수를 보러 초대에 기꺼이 응하거나, 입사 면접 자리에 다른 옷은 전혀 고려하지 않고 자신이 가장 좋아하는 옷을 입고 가는 식이다. 이런 상황에서 우리는 의식적으로 비용편익 분석을 하지 않는다. 직관적으로 행동할 뿐이다.

한편 시스템 2의 의사결정 체제에서는 시간과 노력을 들여 선택지를 고민한다. 지금 일자리를 계속 유지해야 할까? 아니면 새로운 일자리 제안을 받아들여야 할까? 어떤 집을 구매해야 할까? 이런 결정에서는 선택지들을 비교하고 비용과 이익을 알아보며, 어떤 선택을 해야 할지 스트레스를 받곤 한다. 언뜻 보기에는 시스템 2는 마음챙김을 바탕으로 한 것처럼 보인다.

시스템 1과 시스템 2는 각각 마음놓침, 마음챙김과 분명 유사하지만, 나는 이 유사성이 환상에 불과하며 두 가지 방식 모두 결함이 있을 수 있다고 본다. 아무런 생각 없이 행해지는 시스템 1의 결정은 진정한 의미의 결정이라고 볼 수 없다. 이는 내가 내 이름을 입력할 때 자판 위에 어떤 글자를 칠지를 결정이라 말하지 않는 것과 같은 이치다. 내 견해로는 우리가 달리 고려할 수 있는 행동들을 인지하지 못하면 의사결정을 한다고 볼 수 없다. 우리는 아무 의식 없이 나아가기만 할 뿐, 앞에 놓인 기회를 잡거나 아직 등장하지 않은 위험을 피할 방법들을 알아차리지 못한다.

또한 시스템 2도 내게는 아무 의식 없는 행동처럼 보인다. 동료 몇몇과 의견이 갈리는 지점이 바로 이것이었다. 시스템 2의 사고는 '노력'을 기울여야 한다는 점에서 근본적으로 마음챙김과 거리가 멀다고 할 수 있다. 372에 26을 더하는 상황을 떠올려보자. 물론 이 계산 자체는 의사결정이 아니지만 내가 말하고자 하는 바를 쉽게 설명해준다. 이것은 대단히 어려운 계산은 아니지만 대부분 사람은 이에 답하기 위해 얼마간의 노력을 들여야 한다. 여기서 노력이란 답을 얻기 위해 우리가 기계적 암기로 학습한 정보를 적용하는 것이다.

이 계산의 답을 구하기 위해 우리는 먼저 2에 6을 더하는데, 대부분 사람은 8이라는 결론에 도달한다. 이런 점에서 아무 의식 없이 행해진다고 말하는 것이다. 하지만 마음챙김은 능동적으로 새로운 무언가를 알아차리거나 새로운 대안을 고려하는 행위다. 수를 계산할 때는 보통 대안을 고려하는 일이 없다.

마음챙김으로 372에 26을 더하는 방법은 나도 모르지만 그렇다고 해서 계산을 마음챙김으로 행할 수 없다는 뜻은 아니다. 가령 '1+1은 얼마인가?'라는 질문에 사람들은 아무 의식 없이 '2'라고 답한다. 이때 무엇을 더하는지에 따라 다르다는 점을 인식할 수도 있다. 빨래 한 더미에 빨래 한 더미를 더한다면 빨래는 여전히 한 더미일 것이다. 만약 우리가 372개의 옷가지를 빨래 한 더미에 하나씩 더하는 식으로 계산한다면 그보다는 더 많은 노력을 기울여야 하겠지만 이런 프로세스에서 더는 새로울 게 없으므로 마음챙김이라 할 수 없다.

좀 더 인내심을 발휘할 수 있다면 그 빨래 더미에 26개의 옷가지를 하나씩 더해보자. 답은 여전히 빨래 더미 하나다. 마음챙김은 우리가 노력을 기울인다고 말할 때의 그 노력이 필요하지 않다. 노력을 기울인다는 것은 어떤 일을 할 때 새로운 점을 인식하지 않은 채 아무 의식 없이 집중하는 행위를 의미한다.

당신이 딱히 좋아하지 않는 누군가를 위해 선물을 고르는 일에도 노력이 필요하고, 당신이 사랑하는 누군가를 위해 무언가를 구매할 때도 노력이 필요하다. 하지만 이 두 가지 노력은 서로 다르다. 첫 번째 경우 아무 의식 없는 행위이며 무언가를 찾아야만 한다는 부담감에 고단한 일이 된다. 두 번째는 의식을 기울이는 행위이며 우리에게 즐거움과 활력을 줄 때가 많다. 하지만 우리는 이 두 가지를 하나로 생각하는 경향이 있다. 그 결과 우리에게 활력을 주는 마음챙김의 노력을 인식하지 못할 때가 너무도 많다.

시스템 2의 비용편익 분석 또한 아무 의식 없이 행하는 사고 과정인 이유는 이전 시대의 기준으로 정해진 비용과 이익에 갇혀 있기 때문이다. 어떤 비용이든 관점을 달리하면 이익이 될 수 있다. 현재를 기준으로 생각하면 많은 것이 달라질 수 있지만, 의식을 기울여 고려하지 않는 이상 그 차이점들을 알아차릴 수 없다. 당신이 예전부터 사고 싶었던 완벽한 집을 이제 와 다시 본다면 당신에게 맞지 않을 수도 있다.

당신이 예전부터 탐냈던 친구의 여름 별장을 살 기회가 주어졌다고 생각해보자. 10년 전 친구가 처음 그 별장을 구매했을 때만 해도 당신은 해안가의 멋진 전망을 자랑하는 그 집을 부러워했다. 하지만 그 기억은 오히려 지금의 결정에 부정적인 영향을 미칠 수 있다. 최신 에너지 절약형 가전제품이 없는 탓에 집의 가치가 떨어졌다는 사실을 알고 있거나, 해안선을 침식시킨 환경 변화의 위협에 집이 노출되어 있다는 사실을 알고 있다고 해도 말이다.

현재 시세로 근처 다른 매물들과 비교했을 때 그 별장이 어느 정도 가치인지 계산도 해보고 데크에 앉아 보내는 시간이 얼마나 행복할지 그려지지만, 기후온난화로 날이 너무 따뜻해져 갑각류가 파괴되는 일이 벌어질지, 어느 날 바다가 사라질지, 옆집 사람이 밤새 음악을 크게 틀어놓을지는 예측할 수도, 알 수도 없다. 하지만 우리가 이런 사안들을 아무 의식 없이 무시하고 넘긴 채 인근 지역의 다른 집들과 비교해 현재 매매가만 고려한다면 우리의 시스템 2는 별장을 구매하라고 말할 것이다. 이런 이유로 대부분의 시스템 2는 아무 의식 없이 행하는 사고 과정이다.

생각이 많을수록 결정하지 못하는 이유

내 생각이 더 크게 방향을 달리하기 시작하는 지점이 바로 여기다. 별장 사례처럼 의사결정을 위해 비용과 이익을 따지기 시작하면 그 계산에 참작해야 할 정보는 끝이 없으며 어디까지 고려할 수 있고 고려해야 하는지 그 한계를 알 방법도 없다.

쿠키를 가지고 비용편익 분석을 한다고 생각해보자. 비용과 이익은 쿠키에 담겨 있는 것이 아니라 당신의 머릿속에 담겨 있다. 비용과 이익은 당신의 기대와 해석을 포함한다. 가령 쿠키에 들어간 설탕은 치아에 나쁜 영향을 줄 수 있다. 한편 설탕이 주는 달콤함은 만족감을 안겨준다. 그래서 탄수화물을 소화하는 데 도움이 되는 침 속 효소 프티알린이 더 많이 분비되는데, 이 물질은 사실 치아에 좋은 작용을 한다. 그렇다면 어떤 결정을 내려야 할까?

《햄릿》에서 셰익스피어는 지나친 고민이 위험할 수 있다는 점을 보여준다. 햄릿은 행동보다 생각에 더 많은 시간을 쏟는 인물이다. 아버지의 죽음을 복수하고자 했던 그는 작품 내내 고뇌하는 모습을 보인다. 이는 비단 문학작품 속 인물만의 이야기는 아니다. 수학자이자 비즈니스 전략가였던 이고르 앤소프(Igor Ansoff)는 비즈니스 의사결정에서도 햄릿과 같은 문제가 발생한다는 점을 보여주었다. 사실 우리 대다수는 거의 매일 이 문제를 겪고 있다.[3]

심리학자 배리 슈워츠(Barry Schwartz)는 청바지 한 벌을 구매하며 경험했던 '분석 마비(analysis paralysis)' 현상을 들어 세상에는 단 하나의 옳은 결정만이 존재한다고 생각하는 사람들의 보편적인 믿음을 설명하고, 조사를 철저히 한다면 옳은 결정을 찾아낼 수 있다고 말했다.[4]

청바지 매장을 찾은 슈워츠에게 판매원은 슬림 핏, 릴렉스 핏, 배기, 엑스트라 배기 중 무엇을 원하는지 물었다. 그런 다음에는 선호하는 워싱 스타일을 물었다. 스톤 워싱을 원하는지, 애시드 워싱을 원하는지, 구제 스타일을 원하는지도 물었다. 심지어 바지 앞부분의 잠금이 지퍼인지 버튼인지까지 결정해야 하자 슈워츠는 선택할 것이 너무 많아지면 이야기가 달라진다는 사실을 깨달았다.

슈워츠는 최고의 선택을 하기 위해 애쓰기보다는 카네기멜론 대학교의 허브 사이먼이 처음 소개한 개념, 즉 충족(satisfice, 만족을 뜻하는 satisfy와 충분을 뜻하는 suffice의 합성어다-옮긴이)을 따라야 한다고 제안했다.[5] 다시 말해 그만하면 괜찮은 수준의 선택을 내리는 것이다. 사이먼과 슈워츠 그리고 대부분 사람도 객관적으로 더 나은 또는 더 나쁜 선택지가 있다고는 생각하지만 이를 가려내는 과정을 거치는 일은 대가가 너무도 크다.

나는 더 많은 정보, 더 많은 시간, 더 많은 계산이 더욱 낫다고 보지 않는다. 이런 정보들은 우리의 의사결정을 향상시키는 게 아니라 불만을 초래하며 일상생활이 불가능할 정도로 심각한 우울증을 불러올 수 있다. 결국 작업기억(일시적으로 정보를 저장 및 처리하는 능력-옮긴이)이란 유한하고, 새로운 정보는 우리의 정신을 산만하게 만들 수 있다.

그뿐만 아니라 일반적으로 사람들은 의사결정에 앞서 대단한 양의 정보를 고려하지 않는다. 이 사실과 관련해 심리학자 척 키슬러(Chuck Kiesler)는 1960년대 후반에 진행한 한 연구에서 실험 참가자들에게 초코바를 두 가지 또는 네 가지 제시해 고르도록 했다.[6] 선택지가 많아지면 선택을 하는 데 시간이 더 오래 걸릴 거라고 생각할 수도 있다. 그러나 그는 정반대의 현상을 발견했다. 참가자들은 선택지가 많을수록 더 빠르게 결정을 내렸다.

후속 연구에서 배리 슈워츠와 동료들은 많은 선택지를 고려하고 많은 양의 정보를 습득하는 것이 행복도와 자존감, 삶에 대한 만족도와 낙관성을 감소시키는 결과로 이어진다는 점을 발견했다. 선택지와 정보의 증가는 우울증, 완벽주의, 후회가 깊어지는 것과도 연관성이 있었다.

심리학자 시나 아이엔가(Sheena Iyengar)는 키슬러와 마찬가지로 사람들에게 잼의 맛을 보고 구매하도록 했다. 어떤 참가자들은 여섯 가지 맛의 잼을 먹었고, 어떤 참가자들은 24종류의 잼을 맛봤다.[7] 24종류를 맛본 사람들 가운데 잼을 구매한 사람은 단 한 명도 없었지만 여섯 가지 맛을 시식한 사람들은 다수가 잼을 구매했다. 아이엔가는 퇴직연금같이 중요한 문제를 결정할 때도 같은 현상이 벌어지는 것을 확인했다. 401(k)(미국의 대표적인 퇴직연금 제도-옮긴이) 플랜이 하나 또는 두 가지 펀드 상품을 제안할 때 사람들은 더 많은 펀드 상품 중에서 선택할 때보다 투자에 더 많이 참여했다.

브랜딩 전문가 마틴 린드스트럼(Martin Lindstrom)이 진행한 유사한 실험에서는 대형 체인 서점 직원들이 진열대를 단 하나만 남긴 채 모두 없애고 도서 수백 종이 아닌 10종만 진열하자[8] 매출이 증가했다. 이런 사례들은 더 많은 선택지가 더 좋은 건 아니라는 사실을 보여준다.

옳은 결정을 내리기보다 옳은 결정이 되도록

우리는 아무 의식 없이 세상을 이분법으로 나누는 경우가 많다. 즉 우리에게 통제권이 있거나 없는 경우로 말이다. 하지만 진짜 질문은 '누구의 관점에서 무엇을 통제하는가'다. 특히 의료와 관련된 의사결정에서는 더욱 그렇다. 이런 결정은 전부는 아니더라도 많은 경우 따르는 결과가 확률적이고 불확실성으로 가득하다. 어떤 치료법을 선택해야 할까? 의사는 다양한 치료 선택지를 잠재적인 결과로 판단할 것이다.

내 친구들이 공통으로 경험하는 딜레마인 무릎 수술을 생각해보자. 무릎 부상은 저절로 나을 수도 있고 수술이란 항상 위험이 따르는 것이기에 수술을 받아서는 안 된다는 생각이 들기도 한다. 하지만 점점 상태가 악화되어 미루다가는 대대적인 수술이 필요할지도 모른다. 물론 수술을 미루는 동안 더 나은 수술법이 개발될 수도 있다. 하지만 바로 수술을 받는다면 지금까지 해오던 규칙적인 운동 스케줄로 복귀할 수 있다. 고민은 이어진다. 같은 수술을 받은 사람들의 경험을 담은 글들을 찾아볼 수도 있지만 이 또한 혼란을 안겨주기는 마찬가지다.

그렇다면 어떻게 결정을 내려야 할까? 먼저 우리의 한계를 인식하는 것에서 시작해야 한다. 인간의 두뇌는 전능한 슈퍼컴퓨터가 아니다. 설사 그 정도의 지력을 발휘한다 해도 어떤 비용이든 다른 관점에서는 이익으로 작용할 수 있다는 문제가 있다. 불확실한 문제를 두고 의사결정을 할 때는 더 많은 정보와 시간, 계산이 좋은 것만은 아니다. 너무 많은 정보를 고려하면 문제를 지나치게 고민하다 기능이 마비되는 역효과가 발생할 수 있다.

시안 베일록(Sian Beilock)과 토머스 카(Thomas Carr)는 교육 환경에서 나타나는 이 현상을 연구했다.[9] 수학 문제에 너무 마음을 졸이다 보면 너무 많은 가능성을 고려하게 되는데, 이 때문에 한정적인 작업기억을 소모해버려 정작 해당 문제는 풀지 못할 수 있다. 잘해야 한다는 데 사로잡힌 나머지 일을 그르치고 마는 것이다.

집을 살지 말지 결정을 내려야 하는 상황을 생각해보자. 어느 주, 도시, 동네를 고려해야 할까? 얼마까지 감당할 수 있는가? 이 질문에 답하기 위해서는 향후 5년간의 경제 상황을 파악해야 한다. 주식 시장이 성장할 것인지, 침체될 것인지, 일자리가 계속 보장될지,

예상치 못한 비용이 발생하는 일은 없을지, 결혼생활이 계속 유지되어 미래에도 집이 필요할지, 집을 소유하는 데 발생하는 비용을 계속해서 감당하고 싶어질지 등을 고려해야 한다. 이런 식으로 리스트는 거의 무한대로 이어진다. 그리고 각각의 정보들은 나름의 불확실성과 위험성을 안고 있다.

그렇다고 해서 집을 아무렇게나 사야 한다거나 사지 말라는 뜻은 아니다. 다만 나는 다른 접근법을 제안하고자 하는 것이다. 내 경험과 연구는 끝도 없는 분석을 계속하기보다 그 순간에 접근할 수 있는 제한된 양의 정보를 바탕으로 한 가지 선택지를 고르는 방법을 제안한다. 이렇게 한다면 옳은 결정을 내렸는지를 걱정하지 않고 그것이 '옳은 결정이 되도록' 노력할 수 있다. 어떤 일이 벌어지든 그 안에서 이득을 찾고 옳은 결정인 것처럼 만드는 것이다. 다시 말해 옳은 결정을 하기 위해 노력하지 말고, 그 결정을 옳게 만들어야 한다는 뜻이다.

위의 사례라면 집을 사기로 마음먹은 후에는 그 동네에 투자를 시작하고—지역 학교에 아이들을 입학시키고, 근처 집을 방문해 이웃들과 인사를 나누고, 인근 헬스장에 등록하는 등—새 주방에 어울리는 식탁과 의자를 들여 새집을 따뜻하고 친밀한 공간으로 꾸미고, 딸의 침실에 있는 컴퓨터에 와이파이 연결을 도와주고, 아들이 참여할 리틀 리그를 알아보는 등 노력을 기울여 그 집을 구매하겠다는 결정이 옳은 결정이 되도록 만들 수 있다.

이 접근법은 의료 계획에도 적용할 수 있다. 즉 옳은 결정을 내리려 애쓰는 대신, 수술을 받은 뒤 인근 헬스장에 등록하거나 물리치료를 등록하는 방법으로 수술이 옳은 결정이 되도록 만들 수 있다는 뜻이다. 무릎이 저절로 나을지, 꾸준히 요가를 하면 좋아질지, 아니면 새로운 마법 같은 약물이 조만간 출시될지는 알 수 없다. 수술이 성공하리라는 보장도 없다. 반면 수술이 성공적으로 진행되고 수술 후에는 마침내 통증에서 벗어날 수도 있다. 무릎 수술을 받기로 하든 받지 않기로 하든 이후 해야 할 일은 같다. 그러니 고통 없는 삶을 되찾기 위해 할 수 있는 모든 일을 하는 것이다.

충족이란 관점에서 본다면 올바른 답이 존재하겠지만, 그것이 무엇인지를 밝혀내기가 너무 어렵다. 나는 어떤 결정을 옳게 만들려는 의사결정자의 노력 없이는 옳은 결정이란 있을 수 없다고 생각한다.

수년 전 나는 경제학자이자 노벨 수상자인 토머스 셸링(Thomas Schelling)에게 내 결정 이론에 관해 이야기를 들려주었다. 그러자 그는 전자레인지를 구매하러 다녀온 후 나와 같은 결론에 도달했다고 밝혔다. 전자레인지에 팝콘이나 연어 요리용 버튼이 필요할까? 아니면 단순히 커피를 데우는 용도로만 쓸 것인가? 예측할 수 없었던 그는 최선의 선택은 그저 전자레인지 한 대를 구매해 사용해본 후 더 많은 기능이 필요한지 아니면 어떤 기능은 필요하지 않은지를 판단하는 것이라는 결론을 냈다.

그는 여러 선택지를 두고 전전긍긍하며 고민하는 대신 한 가지 선택을 내린 후 그 선택에서 최상의 결과를 도출하기 위해 노력했다. 따라서 실수했다고 해도 최소한 거기서 무언가를 배울 수 있을 터였다. 나는 다음번에 그가 전자레인지를 구매할 때 앞서 사용하지 않았던 기능이 없는 제품을 고른다 해도 향후 그의 삶이 어떻게 달라질지 알 수 없는 만큼, 그 선택 또한 아무것도 모른 채 내리는 선택에 지나지 않을 것이라고 덧붙였다. 그의 아내나 아이가 친구 집을 방문해 전자레인지에 대해 상당히 많은 것을 배운 후 여러 다른 기능이 필요해질지도 모르니 말이다.

한편 나는 마음을 쉽게 정하지 못하고 거의 모든 사안에서 우유부단한 모습을 보이는 친구를 지켜보며 의사결정과 관련해 한 가지 새로운 깨달음을 얻었다. 어떤 결정이든 우리가 고려할 수 있는 정보의 양에는 끝이 없다는 사실이었다. 나는 친구와 함께 식사 약속을 잡을 때면 어느 음식점으로 가야 할지, 무엇을 시켜야 할지 결정하는 데 너무 오랜 시간을 들이는 친구 때문에 불만을 느낀 적이 많았다. 친구의 행동 기저에 깔린 문제는 단 하나의 옳은 결정이 존재한다는 믿음이었다. 이 때문에 우유부단함이 발생하는 것이다.

이처럼 음식점을 고르는 문제에서(또는 앞서 등장한, 청바지를 구매하는 문제에서) 옳은 결정이란 없다는 사실을 깨닫기는 쉽지만, 사실 이는 거의 모든 사안에 해당하는 이야기다. 중요한 점은 우리가 고려할 정보의 양이나 선택지의 수에는 한계가 없다는 것이다.

한 예로, 세금 환급으로 3,000달러를 받았다고 생각해보자. 이 돈으로 무엇을 할 것인가? 은행에 그대로 넣을까? 주식을 산다면 어떤 주식을 사야 할까? 일부는 저축하고 나머지는 투자한다면 그 비율은? 일부는 사용하고 나머지는 저축한다면 무엇을 사는 데 돈을 쓰고 저축은 얼마나 할 것인가? 이런 식으로 질문은 계속 이어진다. 선택지들이 무한대로 이어질 뿐 아니라 각 선택지에 따라 발생할 수 있는 장단점들 또한 끝이 없다. 각 선택지의 결과를 모두 고려하려 들면 그 모든 사고 과정을 거쳐 수많은 가능성을 계산하느라 의지와 에너지만 소진될 것이다.

현실적으로 이런 식으로는 의사결정을 내릴 수 없다.

잘못된 결정이란 없다

나는 의사결정을 다른 방식으로 접근한다. 내게는 결정 당시 알고 있는 정보들을 고려해 결정을 내리는 것과, 정보를 무시하고 결정을 내리는 것이 다르지 않다. 다만 결정을 내린 후에는 결정이 옳았는지 걱정하기보다는 옳은 결정이 되도록 노력하려고 한다. 그 선택으로 얻을 수 있는 이점을 바라본다면 어떤 선택이든 옳은 결정으로 만들 수 있다. 다시 한번 말하지만 '옳은 결정을 하기 위해 노력하지 말고, 그 결정을 옳게 만들어야 한다.'

이상한 이야기처럼 들리지 않는가? 이 접근법이 합리적인 전략인지 알아보기 위해 나는 내 의사결정 세미나를 듣는 학생들에게 다음 수업 때까지 일주일 동안 어떤 요구든 수락해보라고 했다. 이탈리아 음식을 먹으러 갈까? 좋아. 새로 나온 영화 보러 갈래? 좋아. 비 맞으면서 산책할까? 좋아. 상대의 요구가 본인이 느끼기에 옳지 않다거나 위험한 행동이 아니라면 결정을 고민하지 말고 수락만 하는 것이다. 학생들 다수는 자신이 예상했던 것보다 나은 한 주를 보냈다고 보고했다. 이들은 어떤 결정을 내리려고 고뇌하지 않았다. 아무런 스트레스도 없었다. 어떻게 해야 할지 망설여질 때면 학생들은 내가 무조건 '예스(Yes)'라고 말할 권리를 주었다는—사실 지시에 가까웠지만—점을 떠올렸다.

다른 해에는 학생들에게 일주일간 모든 결정을 임의적으로 내려보라고 했다. 어떤 결정을 내릴 때 그 사안과 아무런 관련이 없는 원칙을 기준으로 선택하는 것이다. 가령 머릿속에 떠오르는 첫 번째 선택지나 마지막 선택지를 택하는 식이다. 사안의 중요도와 무관하게 이들 또한 임의적인 원칙에 따라 답하기로 결정하고 나니 한 주 동안 스트레스를 덜 받았다고 보고했다.

다음 해에 나는 학생들에게 일주일 동안 아무리 사소한 일이어도 결정의 대상으로 삼으라고 요청했다. 예를 들면 그냥 신발을 신지 말고 '신발을 신어야 할까?'라는 결정을 내리는 식이다. 그런 다음에 어떤 신발을 신을지를 결정한다. 언제 신발을 신을지도 결정한다. 이렇게 계속 결정의 순간이 이어진다. 이 학생들은 이미 어떤 결정을 할지 정해놓은 학생들과 사뭇 다른 경험을 했을 거라고 짐작하겠지만, 이들 다수는 계속 결정을 내리는 삶이 유용하게 느껴졌고 심지어 재밌기까지 했다고 말했다. 내려야 할 결정이 많으면 그중 몇몇은 잘못된 선택이 되어도 잘 견뎌낼 수 있다. 이는 문항이 단 하나뿐인 시험과 문항이 100개인 시험을 치를 때 느끼는 차이와 비슷하다. 단 하나의 질문에 정답을 쓴다고 하면 대단한 부담이 되기 때문이다.

현대의 의사결정 접근법 때문에 우리는 중요한 결정만이 아니라 사소한 결정에서도 스트레스에 시달린다. 나 또한 밀키웨이를 사야 할지, 스니커즈를 사야 할지 하는 고민에 발목이 잡힌 적이 있다. 결정을 내릴 것인가, 아니면 무작위로 선택할 것인가? 사안의 중요도와 무관하게 이 두 가지 전략 모두 효과가 있는 듯 보인다. 우리는 결정을 내려도 괜찮다. 결정하지 않아도 되는 권한이 있다고 느낄 때는 결정을 내리지 않아도 괜찮다.

의사결정 이론에서 대표적인 미스터리 하나는 엉뚱한 대안을 제시한다는 것인데, 이는 우리가 의사결정을 내리는 방식을 잘 설명해준다. 대형 할인점에 가면 아무도 구매하지 않는 거대한 크기의 고가 TV를 볼 수 있다. 하지만 이 TV가 있기 덕분에 사람들은 두 번째로 비싼 TV를 저렴하게 느낀다. 이 현상에 대한 대다수의 분석에 따르면 사람들은 엉뚱한 대안에 영향을 받아 비이성적으로 사고하며 내심 옳은 결정이 존재한다고 생각한다.

한편 이를 분석한 연구자들은 구매자의 집까지 따라가 살펴보지는 못했는데, 두 번째로 비싼 TV를 집에 들이고 나면 사람들은 이성을 찾고 TV를 반품할까? 엉뚱한 대안이 사라졌으니 말이다. 하지만 아니다. 이들에게 중요한 것은 자신이 옳은 선택을 내렸다는 사실이다. 따라서 이들은 자신이 구매한 상품을 누린다. 만약 이들이 엉뚱하게 비싼 대안 상품을 판매하지 않는 매장에 갔다면 다른 TV를 구매했을 것이고 그 선택에도 만족했을 것이다. 즉 그 선택이 옳은 결정이 되도록 만들었을 것이다.

판사들의 판결이 배고픔에 따라 달라진다?

권력자의 자리에 오른 사람들은 적절하고도 공정한 결정에 도달하기 위해 비용편익 분석을 할 필요가 없을까? 현재 텔아비브 대학교에 몸담고 있는 샤이 댄지거(Shai Danziger)와 동료들이 법적 의사결정을 주제로 진행한 한 흥미로운 연구를 살펴보자.[10]

연구진은 판사들의 식사 시간과 가석방 결정에 어떤 상관관계가 있는지를 살폈다. 가석방 승인 결정은 식사 전에는 65퍼센트에서 제로로 떨어졌고 식사 후 다시 65퍼센트로 올랐다. 처음에 연구진은 이 연구 결과가 흥미로웠지만 이 현상이 가석방 판결을 받기 위해 판사 앞에 서야 하는 사람들에게 미칠 영향을 생각하자 두렵게 느껴졌다고 한다. 흔히 사람들은 방대한 양의 법적 지식과 판례를 바탕으로 법정 판결이 이루어진다고 생각한다. 하지만 연구 결과 경험이 풍부한 판사들이 내린 결정은 그들이 배가 고프고 부른 정도에 가장 많은 영향을 받았다.

심리학자들은 추론이—역설적이게도—나쁜 결정을 이끄는 경우도 적지 않다는, 설득력 있는 주장을 펼친다. 우리가 더욱 나은 답을 찾으려 하기보다는 타인에게 정당화하기 가장 쉬운 선택지를 기준으로 결정한다는 것이다. 그뿐만 아니라 가장 좋은 대안이 무엇인지보다 다른 사람들의 눈에 한심하게 보이지 않는지가 더욱 중요할 때가 많다. 사실 객관적으로 옳은 결정이란 없으므로 당연한 이야기일지도 모른다.

버진아일랜드에서 지프에 오를 것인지, 아니면 언제 올지 모를 버스를 기다릴 것인지를 결정해야 했을 때 나는 비용편익 분석을 하지도 않았고 내 선택을 타인에게 어떻게 정당화해야 할지도 고민하지 않았다. 다만 그곳에서 계속 기다리는 일이 두렵다는 것만은 확실히 알았기에 지프를 탔다. 이처럼 그 어떤 정당한 이유 없이도 최선의 선택이 도출되기도 한다. 실제로 비상 상황에서는 정당한 이유를 찾기 어렵다. 비상 상황의 특성상 공들여 대안을 알아보고 비용편익 분석을 하는 등등의 과정을 거칠 여유가 없다. 그럼에도 불구하고 결정과 행동이 이뤄진다.

소비자 행동에서도 같은 현상이 벌어진다. 구매자 다수는 3초 안에 구매를 결정한다. 실제로 나는 음식점에서 메뉴판을 펼쳐 소프트 셸 크랩이 보이면 메뉴를 정하기까지 2초도 걸리지 않는다. 하지만 어떤 코트를 구매할지, 무엇을 먹을지 등 결정의 골라인을 넘지 못하는 사람들도 있다. 결정을 빨리 하는 사람들은 충분한 시간을 들여 비용편익을 분석하지 않는다. 그러나 결정을 빨리 할 수 없는 사람들은 분석 과정을 거친다고 해도 그 과정이 별 도움을 주지는 못하는 듯하다.

사람들은 가능한 한 많은 정보를 참고해야 한다고 생각하지만 막상 그렇게 하지는 않는 것 같다. 의사결정이 주된 업무인 사람들도 예외는 아니다. 심리학자 시나 아이엔가는 CEO들이 내리는 의사결정 중 절반은 처리 시간이 9분 미만이라는 사실을 발견했다. 따라서 이들이 폭넓은 비용편익 분석을 한다고 보기는 어렵다.

한 가지 결정을 하고 나면 우리는 다른 선택지를 골랐을 때 어떤 일이 벌어질지 정확히 알 수 없다. 라스베이거스 샌즈(Las Vegas Sands) 카지노와 로열 캐리비언(Royal Caribbean) 크루즈, 마이크론 테크놀로지(Micron Technology)의 사례를 생각해보자. 이들은 수년간 성공을 이어오다 2년 사이에 각각 10억 달러 이상의 손실을 입었다. 이 기업들이 처음 1년간 실패를 경험한 후 더 이상의 손실을 피하기 위해 멈췄어야 했다고 생각하는 사람들도 있을 것이다. 하지만 이들 기업은 사업을 계속하기로 했고 큰 규모의 성장을 꿈꾸며 나아갔다.

한번 결정한 사항을 절대로 변경해서는 안 된다고 말하는 게 아니다. 어떤 결정이 반드시 다른 선택지보다 나을지 또는 나았을지 알 수 없다는 말을 하는 것이다. 가보지 않은 길이 어땠을지는 알 수 없는 일이다. 더 나았을 수도 있고 나빴을 수도 있으며 어쩌면 내가 택한 길과 별반 다르지 않을 수도 있다.

심리학자들은 또한 결정의 결과는 좋거나 나쁘거나 둘 중 하나로 간주한다. 전망 이론(prospect theory)에 따르면 많은 사람이 손실에서 오는 고통을 이익에서 오는 기쁨보다 더 크게 여기고, 선택이 어떻게 제시되는지가 의사결정에 영향을 미친다.[11] 가령 수술이 90퍼센트의 확률로 성공할 것이라는 이야기를 들으면 사람들은 수술을 받기로 하지만, 성공하지 못할 확률이 10퍼센트라고 들으면 수술을 피하려고 한다. 객관적으로는 이 둘은 같은 의미임에도 불러일으키는 감정이 다르기 때문이다.

신경생리학자 안토니오 다마지오(Antonio Damasio)는 정서가 선택에 영향을 미친다는 사실을 의사결정 분야에 일깨운 인물이다. 플라톤 이후로 강렬한 감정을 통제해야 한다는 관점이 생겨났다.[12] 하지만 다마지오에게 감정이란 우리의 선택을 혼란하게 만드는 것이 아니라, 오히려 의사결정에서 매우 중요한 역할을 하며 중요하게 작용해야 한다. 감정은 어떤 일이 좋거나 나쁘거나 중립적이라는 표식을 남기고 우리는 무의식적으로 이런 감정 기억을 축적하기 때문에, 의사결정을 내릴 때 감정이 빠른 도구를 제공해줄 수 있다는 것이다.

다마지오가 이런 견해를 갖게 된 데는 환자들을 관찰한 경험이 크게 작용했다. 의사결정에 관여하는 안와전두피질에 병변이 생긴 환자들은 결정을 내리지 못했다. 비용편익 분석을 하는 데는 아무 문제가 없었지만 한 가지 비용을 발견할 때마다 새로운 이익도 떠올렸다. 다마지오는 환자들이 어떤 선택이 긍정적이거나 부정적이거나 중립적이라는 느낌을 전해서 결정을 돕는 감정 기억을 상실했다는 것을 발견했다. 그로 인해 환자들은 지극히 단순한 결정도 몇 시간이나 고민했다.

나는 다마지오뿐 아니라 결정의 결과가 좋거나 나쁘거나 중립적이라고 묵시적으로 또는 명시적으로 믿는 의사결정 이론가들과도 의견을 달리한다. 이들 또한 누군가에게 좋은 것이 다른 누군가에게는 좋지 않을 수 있고, 나쁜 선택지라도 그 안에서 좋은 면을 발견할 수 있으며 반대의 경우도 가능하다는 걸 모두 인정한다고 해도, 나는 어떤 선택의 결과란 본질적으로 좋거나 나쁘다고 정의할 수 없다고 생각한다. 예를 들어 나는 어떤 일에 나쁜 점 여섯 가지와 좋은 점 세 가지가 있어 결과적으로는 그 일이 나쁘다는 식으로 생각하지 않는다. 어떤 선택이든 어떤 프레임으로 만들어가느냐에 따라 좋기도 한 동시에 나쁠 수 있다고 추론한다.

만약 내가 누군가에게 "내 친구 존이라고, 일관성도 좀 없고 변덕이 심한 친구가 있는데 한번 만나볼래?"라고 묻는다면 상대는 아마도 "내가 왜?"라고 되물을 것이다. 하지만 내가 "내 친구 존이라고, 생각이 아주 유연한 편인데 한번 만나볼래?"라고 묻는다면 상대는 좋다고 답할 것이다. 여기서 일관성이 없다는 말과 생각이 유연하다는 말은 표현 방식이 다를 뿐 같은 의미다.

확률을 믿지 말 것

확률은 우리가 어떤 대상을 이해하는 방식에 따라 달라진다. 이해가 달라지면 확률도 변한다. 내가 누군가에게 호감을 보이며 플러팅을 한다면 내 동반자는 화를 낼 것이다. 하지만 플러팅을 어떻게 규정할 수 있는가? 화가 난다는 것은 어떻게 규정할 수 있는가?

과거의 결정을 평가하는 것 또한 장단점이 끝도 없이 이어질 수 있다. 과거의 결정을 돌아보며 우리가 어떤 정보를 불러내 판단할지에 따라 그 결정은 성공적일 수도, 아닐 수도 있다. 예를 들어 새로 생긴 그 음식점에 갔다면 보나 마나 과식을 했을 테니 안 가길 잘했다고 여길 수 있다. 또는 새로 생긴 그 음식점에 갔다면 분명 멋진 경험을 했을 텐데 가지 못해서 너무 아쉽다고 여길 수도 있다. 어느 쪽을 택하든 우리는 자신의 판단을 타당하게 만들 수 있다.

누군가 내게 무언가를 해달라고 요청하는 상황을 생각해보자. 상대가 도움이 필요하다는 생각이 들면 나는 알겠다고 답할 것이다. 하지만 상대가 권위적이라는 생각이 들면 그 요청을 거부할 것이다. 어떤 일이든 그 경험에 담긴 의미를 바꿀 수 있기 때문에 대다수 사람은 자신의 결정을 정당화할 수 있다. 다만 안타깝게도 자신의 결정이 어떻게 잘못되었는지 파고드는 사람들도 있다. 우리는 무엇이 잘되었는지 또는 잘못되었는지 모두 스스로에게 납득시킬 수 있다. 우리가 내려야 할 올바른 결정이라는 것은 없다.

물론 우리의 삶에 더욱 큰 영향력을 미치는 결정들은 있다. 어떤 영화를 볼지 고르는 것은 어떤 일자리를 선택할지, 누구와 결혼할지, 어디서 수술을 받아야 할지 같은 결정과는 분명 다르다. 하지만 그 무게에 차이가 있을지언정 의사결정 과정은 사실상 동일하다. 이론상 우리가 고려할 수 있는 결과들은 셀 수 없이 많고, 각각의 결과는 긍정적이거나 부정적일 수 있다. 새로운 가능성을 떠올릴 때마다 결정은 달라질 수 있고, 가장 먼저 어떤 정보를 고려해야 하는지 정해놓은 규칙은 없다.

예를 들어 주어진 정보가 하나같이 어떤 집을 사야 한다고 가리키지만 바로 옆 블록에 고속도로가 들어선다는 소식을 들었다고 생각해보자. 당신은 집을 사지 않기로 했다. 그러던 중 시에서 해당 구역의 집에 보상을 두둑하게 해준다는 이야기를 들었고 다시 마음을 바꿨다. 이처럼 수집하려고 들자면 의사결정에 영향을 미칠 수 있는 정보들은 끝도 없이 이어진다.

그뿐만 아니라 긍정적인 면이 전부 부정적으로도 해석될 수 있다면 비용편익 분석으로 따져봤자 어떤 결정을 내려야 할지 판단할 수 없다(이익 하나에서 비용 하나를 빼면 0이 될 테니).

허브 사이먼이 의사결정의 좋은 방법이란 의미로 말한 용어 '충족'에 대해 좀 더 자세히 살펴보자.[13] 그는 가능한 모든 정보를 고려하는 대신 결정을 내릴 만큼의 정보만 활용하는 방법을 제안했다. 하지만 정보에 근거한 결정을 내리기 위해 딱 충분한 정도의 데이터 포인트만 고려한다 해도, 이 전략은 여전히 더 낫거나 나쁜 결정이 있고 정보가 많은 편이 적은 편보다 낫다는 사실을 전제한다.

나는 이렇게 생각하지 않는다. 비타민을 섭취할지에 관한 결정을 내린다고 생각해보자. 자문을 구한 10명 모두가 비타민을 섭취해야 한다고 말했다. 100퍼센트가 동의하니 상당히 설득력이 있어 보인다. 이제 100명에게 물었고 역시 모두가 비타민을 먹어야 한다고 한다면 전보다 정보량이 10배 늘어난 셈이니 훨씬 설득력 있게 느껴진다.

하지만 또 다른 100명, 1,000명에게 물었을 때도 같은 이야기를 들을지는 알 수 없다. 게다가 새로운 정보 하나하나가 우리의 결심을 바꿀 수 있다. 101번째 사람에게 물었더니 그의 배우자가 비타민 알레르기가 있는 줄 모르고 먹었다가 심각한 부작용이 발생했다는 이야기를 들을 수도 있다.

더불어 각각의 정보를 하나하나 깊이 있게 살펴본다면 그 이면에 수많은 차이점이 존재한다는 사실을 알게 된다. 100명이 비타민으로 좋은 경험을 했다고 할 때, 이 중 매일 섭취하는 사람과 간간이 한 번씩 섭취하는 사람은 얼마나 되는가? 이 중 진실을 교묘하게 숨긴 사람은 얼마나 되는가? 비타민에 대한 믿음이 플라세보로 작용해 좋은 경험을 한 사람은? 애초에 좋은 경험이란 무엇을 의미하는가?

건강과 관련된 결정이 특히 어려운 이유는 확실한 근거가 필요한 문제이기 때문이다. 의사는 내 친구 주디에게 유방암일지도 모를 종양을 발견했다고 알렸다. 그는 종양 절제술을 권하며 수술을 하는 편이 여러모로 걱정을 덜 수 있을 거라고 설명했다. 이에 친구는 수술을 결심하고 날짜도 잡긴 했지만 다른 의사의 의견도 들어보기로 했다.

두 번째 의사는 친구에게 유전적으로 유방암에 걸리기 쉬운 유전적 소인을 지닌 중부 및 동부 유럽 출신의 유대인이냐고 물었다. 그녀가 그렇다고 하자 의사는 유전자 검사를 제안하긴 했지만, 유방암에 걸릴 유전자가 있다는 결과가 나와도 양측 유방 전절제술을 고려할 생각이 없다면 유전자 검사를 진행하는 것이 별 의미가 없다고 덧붙였다. 그 어떤 진단도 받기 전에 양측 유방 전절제술을 받을 의향이 있느냐는 질문을 받은 주디는 너무도 혼란스럽다며 내게 털어놨다. 그러면서 내게 조언을 구했다.

나는 만약 내가 이런 상황이었다면 아직은 종양이 암인지 의사들도 정확히 알 수 없는 상태이니 아무것도 하지 않고 두어 달마다 검사를 받을 것 같다고 말했다. 또한 내게 돌연변이 유전자가 있다 해도 유방암에 걸릴 확률이 높아진 것일 뿐이라—확실하게 유방암에 걸린다는 것은 아니므로—양측 유방 전절제술을 받지 않을 거라고도 했다. 그렇다고 해서 그녀도 그렇게 해야 한다는 뜻은 아니다. 그녀가 앞으로 받게 될 스트레스를 잘 감당할 수 있을지에 따라 결정이 달라질 것이다.

결과적으로 주디에게는 해당 조직이 악성 종양일지도 모른다는 스트레스가 가장 중요하게 작용했다. 그녀는 유방 촬영을 몇 번이나 더 받고 싶지 않았다. 그래서 우선 종양 절제술을 받기로 했다. 하지만 이내 그녀는 의사가 절제술 날짜를 그다음 주로, 유대인 명절이 있는 주로 잡았다는 것을 알게 되었다. 나는 그녀에게 종양이 악성인지 아닌지조차 모르는 상황인 만큼 수술을 한 달 미뤄도 되지 않느냐고 물었다. 그녀는 안도의 한숨을 내쉬고는 의사에게 다시 전화를 걸었고, 의사는 서두를 필요도 없고 비상 상황도 아니니 여유를 좀 갖고 수술을 받아도 된다고 안심시켰다. 압박감이 사라졌고 그녀는 명절을 즐겁게 보낼 수 있었다.

이후 그녀는 종양 절제술을 받았고, 다행스럽게도 종양은 양성으로 밝혀졌다. 스트레스와 부담이 사라지자 그녀는 유전자 검사를 받아야 한다는 생각에서 자유로워졌다.

과연 그녀의 결정이 옳은 결정이었을까? 유전자 검사를 받아야 한다는 압박 그리고 검사를 받기로 한다면 양측 유방 전절제술까지 미리 고민해야 한다는 압박감이 그녀를 너무도 불안하게 한 나머지 생각을 제대로 할 수가 없었다. 하지만 그 압박감에 저항했고 종양이 악성인지 확실하지 않은 상황이라는 내 말에 귀를 기울인 덕분에 잠시 멈춰 자신의 선택지를 다시 생각하고 한 번에 하나씩 대처해나갈 수 있었다. 그녀에게는 천천히 진행해도 된다는 권한을 스스로에게 주는 것이 옳은 결정이었다. 몇 달 후 그녀는 그때의 경험을 이야기하면서 자기는 아무런 후회가 없다고 말했다.

후회할 것인가, 수용할 것인가

잘못된 결정이 없다면 후회란 것이 있을 수 있을까? 몇 년 전 한 연구를 진행하며 이런 질문이 떠올랐지만 논문 주제로 고려하지는 않았다. 이 연구를 위해 나와 연구진은 실험 장소에 도착한 참가자들에게 아직 준비되지 않았으니 대기실에서 기다리다 벽에 있는 등에 초록색 빛이 들어오면 실험실로 들어와 달라고 요청했다. 우리는 대기실에서 참가자들이 시간을 보내는 방법을 각각 다르게 설정했다. 한 집단에는 〈사인필드(Seinfeld)〉 에피소드를 시청할 수 있도록 준비했고, 두 번째 집단에는 자신의 감정에 대해 생각해달라고 요청했으며, 세 번째 집단에는 의도적으로 지루한 영상을 시청하게 했고, 마지막 집단에는 단순히 기다려달라고만 했다.

20분 후 실험 진행자가 대기실로 들어와 다른 참가자들이 실험실에서 큰돈을 벌었다고 전했다. "조는 150달러, 수전은 175달러를 받았습니다." 그리고 진행자는 대기실에 앉아 있는 참가자들에게 왜 실험실로 오지 않았느냐고 물었다. "초록색 불빛이 안 들어왔어요!" 다들 흥분한 목소리로 말했다.

우리는 이들에게 돈을 벌 기회를 놓친 기분이 어떠냐고 물었다. 그 결과 시간을 충만하게 보낸 이들은(〈사인필드〉를 시청하거나 의식을 기울여 자신의 감정에 몰입한 이들은) 이 상황을 상당히 긍정적으로 받아들였다. 아무런 후회도 보이지 않았다. 다른 참가자들은 어땠을까? 분노했고 후회로 괴로워했다. 하지만 이들이 실험실에 들어왔다고 해도 돈을 벌지 못했을 수도 있고, 수치심을 느끼거나 다른 부정적인 결과로 마음이 괴로웠을 수도 있다.

어떤 결정에 따른 후회는 다른 쪽 선택이 더욱 긍정적인 결과를 도출했을 거라는 잘못된 추정에 근거한다. "이 일은 정말 최악이야. 다른 회사에 갔어야 했어." "여기 음식 정말 맛없어. 다른 음식점에 갔어야 했어." 하지만 다른 회사 또는 다른 음식점이 더 최악일지도 모를 일이다. 더 최악일 수도 있다면 선택을 후회하는 것이 무슨 의미가 있을까? 고르지 않은 선택지가 어떤 경험을 선사할지는 결코 알 수 없다. 우리는 어떤 행동을 하겠다는 결정을 내린다. 그 행동을 취하고 나면 우리는 전과 다른 사람이 되고, 우리가 선택할 수 있었던 다른 대안이 어떻게 느껴질지는 평가할 수 없다.

나는 결정 후 어떤 일이 벌어지든 나름의 이익이 있다고 생각하는 쪽이다. 2장에서 언급했던 화재 사건을 생각하면 나는 사람들의 친절함이 떠오른다. 버진아일랜드에서 지프에 오르기로 한 일마저도 이후 오랫동안 좋은 이야깃거리이자 글의 소재가 되었고 내 의사결정 이론을 발전시키는 데도 도움이 되었다.

불확실성을 인정하기

단 하나의 올바른 결정이 있을 거라고 아무 의식 없이 믿는 것은 스트레스를 부를 뿐 아니라 자존감에도 부정적인 영향을 미친다. '나는 왜 이렇게 멍청한 걸까? 왜 더 나은 선택을 하지 못하는 걸까?' 같은 질문으로 자신의 무능함을 자책하는 것이다. 그래서 자칭 전문가라면서 우리보다 더 나은 선택을 내리는 법을 아는 듯 보이는 이들에게 삶의 통제권을 넘겨주는 사람들이 너무도 많다. 그 전문가란 사람이 우리에게 무엇이 가장 좋을지를 염두에 두지 않는 경우라면 위험한 일이 될 수 있다. 내가 보는 의사결정이란 자신의 결정을 온전히 책임지겠다는 자세이지, 누군가가 대신 '올바른 결정'을 내려주길 바라는 태도가 아니다.

올바른 결정이 있다는 믿음이 강할수록 의사결정은 어려워진다. 의사결정이란 사안에서 피드백을 받을 기회는 드물고 다른 선택지와 견준 상대적인 피드백은 불가능할 때가 많다. 설사 가능하다고 해도 피드백은 해석이라는 과정을 거쳐야 하며 서로 다른 해석에 따라 서로 다른 결정이 도출될 수 있다. 결혼을 해야 할까? 작년/지난달/어제 만났던 사람이 완벽한 짝처럼 느껴졌는데 말이다. 상대의 어떤 면이 매력적이거나 짜증스러웠는가? 그는 타인을 잘 믿는 편인가, 아니면 타인에게 잘 속아 넘어가는 편인가? 잘 믿는다고 해석할 때면 장점이 된다. 잘 속아 넘어간다고 생각하면 단점으로 작용한다.

쉽게 결정하지 못하는 이유는 다른 대안이 우리에게 대단히 다른 것처럼 느껴지지 않아서다. 대안들이 비슷하게 느껴진다면 무엇을 선택하든 상관이 없다. 선택지들이 서로 다르게 느껴진다면, 즉 개인이 선호하는 바가 있다면 그 어떤 계산 없이도 고를 수 있어야 한다. A와 B 중에 하나를 선택해야만 하는 상황이라고 가정해보자. 두 선택지를 차별화하기 위해 각 선택지에 관한 정보를 수집한다. 가령 A가 파리 무료 여행이고 B는 당신이 사는 지역의 중심지를 무료로 여행하는 것이라면 선택에 대한 확실한 선호가 있을 것이고 그렇다면 결정은 필요하지 않다.

내가 보는 의사결정이란 사실 무엇을 선호하느냐에 도달하기까지 정보를 수집하는 과정에 불과하다. 정보를 모으면 그 정보를 통해 어떤 결정을 해야 하는지 알 수 있다고 생각하는 사람이 많다. 하지만 검색을 계속하면 새로 얻은 정보 하나하나가 선호도에 영향을 줄 수 있다. 가령 최근 파리에 테러 공격이 있었기에 파리 여행을 가지 않기로 할 수 있다. 그러다 파리 무료 여행이 앞으로 10년간 당신이 원하는 시기에 갈 수 있다는 사실을 알게 되는 것이다.

이런 식으로 계속 이어진다. 새로운 정보가 들어올 때마다 생각이 자꾸 달라지다 보면 스트레스를 받고, 어떤 선택을 할 것인지 이미 알고 있어야 하는 게 아닌가 하는 생각에 사로잡힌다! 하지만 우리는 결코 알 수 없다. 결정이란 언제나 불확실한 상태에서 하는 것이며 우리가 아무리 노력한다고 해도 불확실성을 제거할 순 없다.

이는 생애 말기 돌봄에 관한 개인의 선호와 같이 중요한 의료적 의사결정도 마찬가지다. 이제는 심각한 병에 걸리고 근본적으로 의식이 흐려지면 어떤 돌봄을 받고 싶은지 사전에 결정할 수 있다. 사람들은 자신이 무엇을 원하는지 안다고 생각하지만, 실제로 결정을 해야 할 순간이 오면 생각을 바꿔 고통스러울지라도 삶을 지속하겠다고 결정하는 경우가 많다.

나는 감정이 우리의 지각과 우리가 고려하기로 선택하는 정보에 영향을 미친다는 안토니오 다마지오 박사의 의견에 동의한다. 다만 감정이 애초에 우리에게 중요한 것이 무엇인지를 정하는 과정에 관여한다는 사실도 부가해야 할 것 같다. 즉 내 학문 커리어를 어디서 시작할지 선택했을 때처럼, 우리는 이미 결정한 바에 따라 정보를 취합할 때가 잦다. 뉴욕에 머물고 싶었던 내가 뉴욕이 최고의 선택이 되도록 정보를 수집했던 것처럼 말이다.

예측에서 알아차림으로

결정을 하는 데 심도 있는 추론이나 정보 취합마저도 필요하지 않다면 추측과 예측, 선택, 결정은 과연 어떤 차이가 있는 걸까? 어떤 결과가 나올지 모를 때 추측을 한다는 것은 우리 모두 알고 있다. 이와 유사하게 상황이 어떻게 펼쳐질지 알 수 없을 때 우리는 예측을 한다. 선택 또한 다르지 않다. 의심의 여지가 없다면 선택도 필요하지 않다.

결정은 앞의 세 가지 개념을 조금씩 닮아 있다. 세 개념 모두 고려해야 할 결과의 가짓수가 정해져 있지 않은 상태에서 몇 가지 대안이 주어진다. 모든 경우에서 각각의 결과는 긍정적이거나 부정적으로 해석될 수 있다. 결정은 불확실성이 있을 때 한다. 불확실성이 없다면 결정을 할 필요도 없다. 던질 때 항상 앞면이 나오는 동전을 던진다면 우리는 앞면만 선택한다. 수술이 성공적일 것이라고 확신하면 추가로 정보를 수집할 필요 없이 수술을 받을 것이다.

내가 생각하는 추측과 예측, 선택, 결정의 차이는 그 과정에서 비롯된다기보다는 우리가 그 결과에 어느 정도의 중요도를 부여하느냐로 달라진다. "추측하건대 수술을 받을 것 같아" 또는 "동전을 던져서 결정했어"라는 말은 대단히 어색하게 들린다. 하지만 우리가 아무리 많은 정보를 구한다 해도 수술의 성공 여부를 확신할 수 없고, 수술하거나 하지 않을 때 발생할 모든 결과를 알 수 없는 이상, 수술이 성공적일 거라는 믿음은 추측에 불과하다. 이 사실을 깨닫는다면 의료적 결정을 내리기가 조금은 수월해질 것이다. 하지만 수술의 결과가 삶을 바꿀 수도 있다는 점에서 사후 결과에 잘 대응하는 방법에 관한 정보를 수집해야 한다.

결과가 중요하지 않다면 사후에 우리의 결정을 정당화하려 애쓸 필요가 없지만, 무엇이 중요하고 중요하지 않은지 그 판단 기준은 지극히 개인적인 문제다. 아무 의식 없이 결정을 내리는 일은 스트레스를 주고, 망설임 또는 후회를 경험하면 자신이 통제할 수 있다는 믿음이 낮아지면서 건강에 부정적인 영향을 미칠 수 있다. 앞에서 이야기했듯이 통제의 환상은 행위자의 관점에서는 환상이 아니다. 다시 말해 역설적으로 운이 작용하는 상황에서마저도 의식을 기울인 의사결정이 우리의 건강에 이로울 수 있다는 뜻이다.

나는 결정과 추측 둘 다 동등하게 불확실성이 존재하는 상황에서 벌어진다고 주장해왔다. 그렇다면 의료적 치료를 결정하는 일과 추측하는 일이 같다는 의미일까? 간단히 말하면, 아니다. 의료적 치료를 결정할 때는 여러 선택지에 관해 새로운 사실들을 알게 되는데 의식을 기울인 알아차림은 그 자체만으로도 우리의 건강에 이롭다. 따라서 시간을 들여 두 가지 의료 선택지 중 하나를 결정하는 편이 이것과 저것 중 하나를 추측으로 고르는 것보다 건강에 낫다. 하지만 의료적 맥락이라 할지라도 의사결정이 객관성을 바탕으로 한 활동이라는 생각은 잘못되었으며, 이 잘못된 생각을 수용하는 것은 우리의 건강에 접근할 유일한 방법도, 가장 좋은 방법도 아니다.

통제력의 환상을 다룬 연구들을 다시 살펴보도록 하자. 우리는 대체로 추측보다는 결정에 더욱 많은 시간을 쏟는다. 추측보다는 결정을 내릴 때 여러 대안에 대해 더 많은 것을 배우고 더 많은 통제력을 발휘한다. 실제로 통제력의 환상 연구를 통해 소유자가 복권에 대해 얼마나 많이 떠올리느냐에 따라 복권 용지의 가치가 달라진다는 사실이 드러났다. 결론은 무언가에 더 많은 노력과 생각을 쏟을수록 그에 대한 통제력이 커진다고 느낀다는 것이다.

우리는 무언가에 대해 더 많은 것을 알게 될 때 통제력이 더 커진다고 느끼고, 추측보다 결정을 할 때 더 많은 것을 알게 된다. 행동경제학 관점에서 보면 이런 현상은 비이성적이다. 내가 받기로 한 치료와 임의로 선택한 치료가 객관적으로는 같은 치료일 수 있지만 심리적으로는 이 두 가지가 상당히 다르다. 마찬가지로, 똑같은 약도 더 비싸게 주고 산 약을 먹을 때 회복이 빨라지는 현상은 논리적이지 않지만 연구를 통해 실제로 더 빠르게 회복한다는 사실이 드러났다.

우리의 결정이 타인에게 비이성적으로 보일 때도 있다. 우리의 가치와 선택이 그들과 다를 때, 우리의 선호가 달라질 때, 선택지 간 차이가 크게 느껴질 때, 무관한 대안이 등장하며 선택지들의 맥락이 달라졌을 때 그렇다. 하지만 결정이 비이성적이라는 평가 또한 올바른 결정이 있다는 가정을 바탕으로 한다. 어떤 결정이 합리적이지 않다는 평가에 나는 "그건 누가 결정하는 거야?"라고 묻는다. 결정이란 모두 주관적이라는 사실을 깨닫고 객관적인 확률과 옳고 그름에서 자유로워질 때, 의사결정에서 비롯된 스트레스와 후회, 부정적인 감정에 덜 시달릴 수 있다.

THE
MINDFUL
BODY

5장

사고방식을 바꾸는 훈련이 필요하다

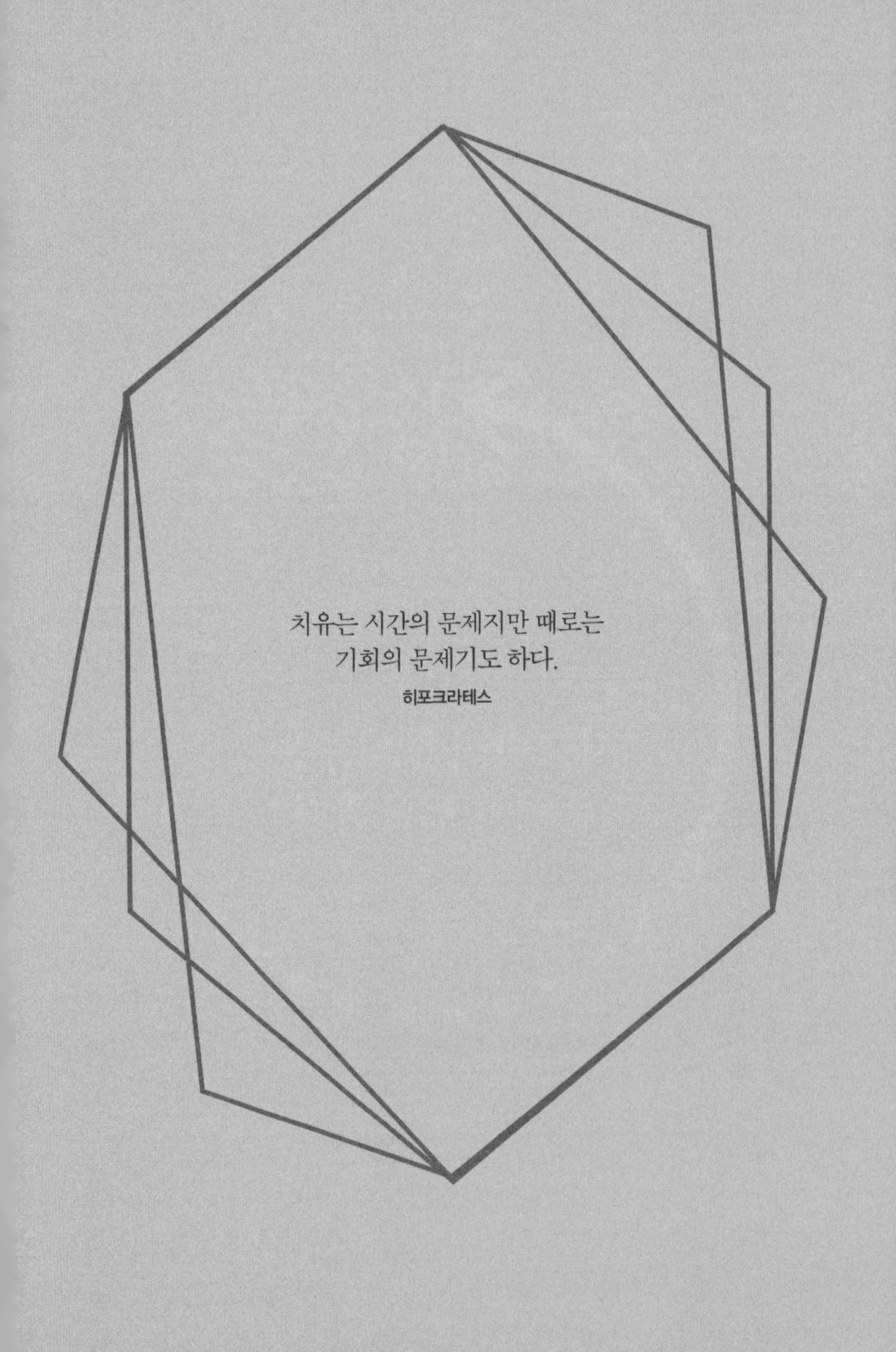

치유는 시간의 문제지만 때로는
기회의 문제기도 하다.

히포크라테스

우리는 다른 사람들보다 자신이 더 나은 점과 못한 점을 찾으며 매일같이 사회적 비교(social comparisons)를 한다. '지금 저 여자보다 내가 더 날씬해.' '그 여자가 나보다 더 젊어 보여.' '난 집에만 있어야 하는데 너는 환상적인 브로드웨이 쇼 티켓을 구했구나.' '네가 나보다 돈이 훨씬 많다니.' '그 사람보다 내가 요리를 훨씬 잘해.' 이렇게 누군가의 더 나은 점이 누군가에겐 부족한 점이 되는 상황을 자주 목격할 수 있다.

사회적 비교를 하다 보면 점점 자기 자신이 비참해지고 행여 부족한 모습을 보일까 두려운 마음에 새로운 일을 시도하지 않게 된다. 흥미롭게도 이 비교가 초래하는 부정적인 영향은 하향 비교를('내가 더 나아') 할 때도, 상향 비교를('저 사람이 더 나아') 할 때도 마찬가지다. 자신이 더 낫다고 여기는 사람들은 결국 어느 시점이 되면 자신이 더 못났다고 여기게 된다.

우리 연구소 연구원인 주디스 화이트(Judith White), 리아트 야리브(Leeat Yariv), 조니 웰치(Johnny Welch)와 함께 진행한 연구에서는 빈번한 사회적 비교가 여러 파괴적인 감정 및 행동과 연관이 있다는 점이 드러났다.[1] 자주 사회적 비교를 하는 사람들은 질투와 죄책

감, 후회를 경험하고 방어적인 자세를 취하며, 거짓말을 하고 타인을 탓할 확률이 높고 충족되지 못한 갈망이 있을 가능성이 컸다. 내가 무엇보다 중요하게 여기는 문제는 사회적 비교가 스트레스를 유발하고 때로는 우울증까지 이어질 수 있다는 것이다. 사회적 비교는 확실히 건강에 부정적인 영향을 미친다고 볼 수 있다.

유명한 사회심리학자 레온 페스팅거(Leon Festinger)는 인간에게는 사회적 비교를 하고 싶어 하는 충동이 있다고 믿었고 이는 어쩔 수 없는 현상이라고 암시했다.[2] 하지만 나는 이에 강력하게 반대한다. 우리가 평가를 바탕으로 한 사회적 비교를 하지 않는 일들은 상당히 많다. 가령 대부분 사람은 양치질에서 자신이 남들보다 나은지 또는 못한지 궁금해하지 않는다.

그뿐만 아니라 사회적 비교를 하지 말아야 할 설득력 있는 이유가 한 가지 있다. 보통 그리고 자신도 모르게 사회적 비교를 할 때 우리는 사람들이 어떤 행동을 어떤 방식으로 해야 한다고 정해진 하나의 합의가 있다고 가정하고는 아무 의식 없이 비교하고 평가한다. 그들은 잘하려고 그렇게 행동했던 것일까, 아니면 별로 신경 쓰지 않았던 걸까? 저 행동은 그들에게는 일반적인 걸까, 아니면 내가 목격한 행동이 예외적인 걸까? 그 평가 기준이 그들의 성과를 판단할 유일한 방법이었을까?

당연하게도 새로운 현상이나 예기치 못한 행동을 마주할 때, 타인을 이해하려 노력할 때 우리는 그에 대한 설명과 해석을 찾아내려 한다. 그리고 의식을 기울이지 않는다면 가장 먼저 떠오르는 결론으로 성급하게 단정 짓는다. 반면에 의식을 기울일 때는 다양한 설명과 관점을 떠올리고 이 중 무엇이 가장 좋은지 서둘러 결정하려고 하지 않으면서 여러 가능성을 유념한다.

대학원 시절 나는 예일 대학교의 사회심리학과 빌 맥과이어(Bill McGuire) 교수의 강의를 들었다. 그는 설득에 관한 연구로 가장 잘 알려져 있지만 심리학자들의 해석이 틀릴 수도 있다는 사실을 밝히는 데도 뛰어난 면모를 보였다.[3] 그는 때로는 사람들이 똑같은 행동을 하더라도 그 이유는 다를 수 있다고 지적했다. 사람들이 같아 보이겠지만 사실은 대단히 다를 때도 있다고 말이다.

그가 든 사례는 이렇다. 〈뉴요커〉를 읽지 않는 사람과 〈뉴요커〉를 읽는 사람, 예전에는 읽었지만 더는 읽지 않는 사람이 있다. 첫 번째와 세 번째 집단은—두 집단 모두 해당 잡지를 읽지 않으므로—같아 보이지만 매우 다른 유형이다. 연구에서는 이 두 집단의 차이를 구별해야 한다. 여기에 잡지를 다시 읽기 시작한 집단을 추가할 수 있는데, 이 경우에도 마찬가지다. 두 번째 집단과 잡지를 다시 읽기 시작한 집단은 같아 보이지만 매우 다르다.

나는 이 접근법이 단순한 행동 연구 분야 이상으로 느껴졌으며 거의 모든 사람에게 해당하는 이야기라고 생각했다. 그래서 레벨 1-2-3 사고라는 개념을 만들어내 수많은 사례를 적용했다. 한 여성이 걷던 중 지팡이를 떨어뜨렸을 때 주변에 세 사람이 있었다. 착한 사람이 아닌 A는 그 여성을 돕지 않았다. 친절과 도움을 베푸는 일을 가치 있게 여겼던 B는 그 여성을 도왔다. C는 여성을 돕지 않았는데, 그 이유는 여성이 떨어진 지팡이를 스스로 줍는다면 결과적으로는 기분도 더 좋아질 것이고 자립적으로 행동할 수 있다는 판단 때문이었다. B의 눈에는 A와 C 둘 다 매정하고 무정한 방관자들처럼 보일 것이다. 하지만 A와 C의 동기는 정반대다.

대부분 경우 어떤 일에 대한 설명을 구할 때 사람들은 아무 의식 없이 단 하나의 설명만을 밝혀내고는 더는 파고들지 않는다. 이에 우리는 성인과 아동을 대상으로 한 가지 사건 또는 행동에 여러 가지 설명을 떠올려보는 활동을 통해 마음챙김의 수준을 높이는 연구를 시도했고 성공했다. 가령 금전 등록기에서 돈을 챙기는 남성을 봤다고 생각해보자. 그는 왜 저런 행동을 할까? 도둑일 수도 있다. 잔돈을 바꾸는 캐셔일지도 모른다. 그날의 수입을 챙겨서 가려는 매장의 사장일 수도 있다. 혹은 금전 등록기를 고치러 온 기사일 수도 있다. 불시에 감사를 나온 회계 감사원일 수도 있다.

중요한 점은 우리로서는 알 수가 없다는 것이다. 우리의 해석에 의식을 기울일 때—새로운 것들을 알아차릴 때—이 세계 속 우리의 경험이 본질적으로 불확실하다는 사실을 깨달을 수 있다. 새로운 무언가를 계속해서 알아차리도록—예를 들면 모션 감지기와 같이—컴퓨터를 프로그래밍한다고 해도 이를 통해 컴퓨터를 의식적으로 만들 수 있는 것은 분명 아니다. 우리가 의식을 기울일 때 자신이 모르는 것 또는 잘못 알고 있는 것이 있다는 사실을 깨닫기 시작한다.

레벨 1-2-3 사고는 다양한 관점을 살펴봄으로써 우리를 가두는 마인드셋을 변화시키도록 해준다. 그리고 우리가 얼마나 의식을 기울이고 있는지 그 단계를 보여준다. 레벨 1은 순수하게 대상을 바라보고 우리가 무지하다는 사실을 아는 상태다. 레벨 2는 우리가 이성적으로 행동한다고 생각하고 대체로 우리가 이해하는 바에 확신을 가진 상태다. 마지막으로 레벨 3은 의식을 기울이고 다양한 관점을 적용하는 상태다.

어떤 일이든 다양한 설명이 존재할 수 있다는 사실을 깨달은 후에는 그 안에 담긴 불확실성을 인정하고 수용할 수 있게 된다. 이런 사고 단계가 존재한다는 걸 인지하는 것이 자신의 행동 그리고 타인의 행동에 관한 새롭고도 의식적인 설명을 깨닫는 첫걸음이다. 어떤 설명이 주어지든 우리는 또 달리 어떤 해석이 있을 수 있을까 질문할 수 있게 된다.

레벨 1-2-3 사고가 단계적인 전략이라고 말하는 것은 아니다. 레벨 1에서 2로 간 후 3에 이르렀을 때 의식을 기울이는 상태가 된다는 식이 아니다. 레벨 1-2-3 사고는 사람들이 본질적으로 어떤 상황에 접근하는 방식을 보여주는 척도이자 설명이다. 흔히 생각하는 바와 달리 레벨 2 사고는 의식을 기울이지 않은 상태다. 이 단계에서 사람들은 자신이 안다고 생각한다. 그러나 모든 것이 계속 변화하고 어떤 것이든 관점에 따라 다르게 보이기 마련이므로 절대적으로 알고 있다는 생각은 허구다. 때문에 이 단계에서 사람들은 의심은 없고 오류는 잦다.

어떤 행동이든 똑같이 훌륭한 사유는 여러 가지가 있을 수 있다는 사실을 받아들인 후에는 레벨 2에서 레벨 3 사고로 나아가 마음챙김에 가까운 상태로 진입할 수 있다. 타인의 행동이 의미하는 바가 무엇일지 좀 더 복잡하고 미묘한 설명을 얻은 후 개선되는 것은 타인과의 관계만이 아니다. 40년이 넘는 연구를 통해 마음챙김이 문자 그대로 그리고 비유적으로도 우리에게 활기를 더해준다는 사실이 밝혀졌다. 다시 말해 레벨 3 사고가 의식을 기울이는 상태인 만큼 우리의 건강에도 좋은 영향을 미친다는 것이다.

나를 불쾌하게 하는 일 중 하나는 레벨 2의 사람들이 새로운 발명이나 어떤 진보에 반응하는 방식이다. 레벨 2 사고를 하는 사람들은 진보란 드물게 가능하다고 믿는다. 획기적인 발견이 등장하면 많은 사람은 적어도 당분간은 그보다 더 나은 무언가는 나올 수 없을 거라고 지레짐작한다. 내 생각은 좀 다르다. 개선이란 언제나 가능한 일이다.

거리에 관한 제논의 역설(Zeno's paradox)을 생각해보자.[4] 제논은 출발점에서 도달하고 싶은 곳까지 계속해서 남은 거리의 절반씩 움직인다면 결코 목적지에 도달할 수 없다고 상정했다. 목표 지점까지 한 걸음 떨어져 있다면 그다음에는 반걸음, 그다음에는 4분의 1

걸음, 이런 식으로 점점 더 좁혀지지만 그 간격은 작아질지언정 언제나 거리는 존재한다.

레벨 1의 관점으로 제논의 역설을 본다면 해당 이론의 논리는 무시한 채 상식에만 의지하는 태도를 보일 것이다. 이 관점에서는 도달하고자 하는 곳에 항상 이른다고 믿는다.

레벨 2 관점은 논리적인 주장을 수용하고 해결하려고 노력한다.

레벨 3 관점은 논리적인 주장에 담긴 진리를 수용할 수도 있지만 다른 시각으로 이를 바라본다. 가령 목적지까지의 거리를 계속해서 반으로 나눠 접근한다면 목표에 다가갈 또 다른 방법이 있을 거라고 떠올릴 수도 있다.

다이어트를 생각해보자. 쿠키 한 상자를 멈추지 못하고 전부 먹어버릴 것 같다면 제논을 떠올리며 상자의 반을 남기는 것이다. 반을 남기지 못하겠다면 4분의 1을, 또 그 절반을 남기겠다고 생각하는 것이다. 그렇게 하면 최소한 부스러기 하나를 덜 먹을 것이고, 이것이 새로운 시작점이 되어 운동을 시작할 수도 있다. 기존에는 할 수 없다고 생각했던 무언가를 해낼 수 있다고 깨달을 때마다 우리는 가능성의 영역에 관해 새로운 시각을 얻게 된다.

또는 자유의지에 대해 생각해볼 수도 있다. 내가 집까지 열차 A를 탈 것인지, 열차 D를 탈 것인지 선택하는 상황이라고 생각해보자. 나는 약간의 자유의지와 얼마간의 깊은 숙고 끝에 능동적으로 D를 선택했고 집까지 무사히 도착했다. 나중에 열차 A가 내내 운행하지 않았다는 사실을 알게 되었고, 결과적으로는 D를 선택할 수밖에 없었다는 사실을 깨달았다. 그렇다면 내가 열차 D를 선택하는데 자유의지가 관여했던 것일까?

레벨 1과 레벨 3으로 사고하는 사람들은 자유의지가 발휘되었다고 답하는 한편 레벨 2는 아니라고 답한다. 하지만 레벨 1과 레벨 3의 사람들은 답은 같아도 이유는 다르다. 레벨 1의 접근 방식은 '뭐, 내가 고민했고 결정도 했으니까. 다른 쪽 선택지가 선택 불가능한 것이었다고 해서 무슨 상관인데? 결국 어떤 결정을 했느냐가 중요하지'라는 입장이다. 레벨 1로 사고하는 사람은 자신에게 자유의지가 있다는 데만 집중한다. 레벨 2로 사고하는 사람들은 자유의지가 결과적으로는 자신이 탄 열차를 바꾸지 못했을 것이므로 이런 상황에서 자유의지란 환상일 뿐이라고 답한다.

레벨 3으로 사고하는 사람은 '내가 집까지 갈 수 있는 다른 방법은 무엇일까?' 물으며 열차 A 또는 D 외에도 가능한 방법이 무엇일지 선택지를 확장한다. 열차 A 또는 D보다 선택지가 훨씬 많아지는 것이다. 걸어갈 수도 있고, 택시나 버스를 탈 수도 있다. 차를 렌트하는 방법도 있다. 목적지를 완전히 다른 곳으로 바꿀 수도 있고, 아니면 지하철역에서 하룻밤을 묵을 수도 있다. 또는 마지못해 열차 D를 탔을 수도 있다.

지금껏 봤듯이 어떤 일에는 가치가 정해져 있는 것이 아니다. 모든 일은 우리가 어떻게 생각하느냐에 온전히 달려 있다. 레벨 3 사고로 자신에게 수많은 대안이 가능하다는 사실을 깨달으면 자신감이 충만한 상태가 된다. 따라서 자유의지는 환상이 아니다.

누구나 일상 경험 속에서 레벨 1-2-3 사고법을 활용할 수 있다. 예를 들어 10대 초반의 청소년이 아무런 제한 없이 어떤 행동을 하는 모습을 볼 때, 가령 슈퍼마켓에서 크게 노래를 부르는 모습을 보면 아직 기본적인 사회 규범을 배우지 못했다고 생각할 수 있다. 하지만 성인이 이 청소년처럼 행동하는 모습을 본다면 그가 어린아이처럼 제멋대로 구는 것인지, 아니면 규범을 알지만 무시하기로 선택한 것인지 묻고 싶어질 것이다. 어쩌면 그는 어린아이처럼 제멋대로 구는 것이 아니라 어떤 깨달음 끝에 사회 규범의 제한에서 벗어나기로 한 것인지도 모른다.

노년층의 성인이 이처럼 오해를 받는 일이 드물지 않게 발생하기도 한다. 아이들은 늘 아이스크림을 원한다. 성인은 너무 많은 설탕을 먹는 것이 건강에 좋지 않다는 사실을 알고 있다. 물론 아흔다섯 살의 성인은 스스로 결정할 권리가 있다. 일반적으로 중독 가능성 때문에 진통제의 용량이 제한되기도 하는데, 그렇다면 통증에 시달리는 98세 노인에게도 모르핀 투여량을 제한해야 할까?

그뿐만 아니라 '나쁘게' 행동하는 사람이라고 해도 적어도 어떤 맥락에서는(그리고 최소한 그 자신에게는) 그 행동이 '좋은' 방법인 이유가 있을 수 있는 만큼 평가에 신중해야 한다. 또한 당신이 어떤 일을 하는 이유와 내가 그 일을 하는 이유는 다르기 때문에 사회적 비교는 애초에 가능하지 않다. 나는 토마토에 알레르기가 있어서 피자를 먹지 않고 누군가는 다이어트 중이라 먹지 않는 것일 수 있다. 여기서 누가 낫고 아니고를 따질 수 있을까?

분석과 시도를 넘어서는 세 번째 사고

레벨 2 사고의 관점에서는 나약한 의지로(레벨 1) 하는 행동과 고상한 의도로(레벨 3) 하는 행동이 같아 보인다는 사실을 깨닫는 것이 자신에게도 또 대인관계에서도 중요하다.

학생 세 명이 리포트를 작성한다고 생각해보자. 첫 번째 학생은 시도하지 않고 그저 시늉만 하고 있다. 두 번째 학생은 시도하고 있고 당신의 눈에도 이 학생이 대단한 노력을 기울이는 모습이 보인다. 세 번째 학생은 첫 번째 학생과 마찬가지로 애를 쓰는 모습은 안 보인다. 하지만 그건 이 학생이 '시도(trying)'가 아니라 그저 그 일을 하고 있기 때문이다.

언뜻 보면 첫 번째와 세 번째 학생은 태평한 듯 보이지만 그렇게 보이는 이유는 완벽히 다르다. 무언가를 수월하게 하는 모습은 충분한 노력 또는 관심을 기울이지 않는 것처럼 보인다. 동기는 다를지라도 지켜보는 사람 눈에는 첫 번째와 세 번째의 행동 양상이 똑같이 시도하지 않는 것처럼 보이므로 싫은 소리를 할 수도 있다.

분명 포기하거나 하는 시늉만 하는 것보다 시도하는 편이 훨씬 낫다. 하지만 이보다 더 나은 모습은 '그저 하는 것(just do)'이다. 아이에게 아이스크림을 먹이려 시도해보라는 말은 하지 않을 테니까. 누군가에게서 시도해보라는 말을 듣거나 자기 자신에게 시도해보자고 말할 때는 그 일에 실패의 가능성이 있음을 아는 상태다. 그러나 '그저 할' 때는 결과가 아니라 과정에 집중하게 된다. "하거나 하지 않는 것이지, 해본다는 것은 없다"라는 요다(Yoda)의 말은 정확하다.

우리 연구소 연구원인 크리스 니콜스(Kris Nichols)와 내가 현재 진행하는 연구는 무언가를 시도하라는 요청과 그저 하라는 요청에 학생들이 각각 어떻게 반응하는지를 살펴보는 것이다.[5] 학생들은 어려운 문제를 해결하려 시도해보라는 이야기를 들을 때, 문제를 풀어보라는 주문을 들을 때보다 성과가 낮은 경향을 보였다.

하버드 대학생들을 대상으로 한 연구에서 우리는 과제를 학생들이 시도해야 하는 대상과 그저 하는 대상으로 달리 제시했을 때의 프레이밍 효과에 대해 관찰했다. 우리가 세운 가정은 사람들이 '시도'라는 단어에 맞춰 노력할 때 실패할 수 있다는 가능성을 염두에 두기 때문에 성과가 낮아질 거라는 것이었다. 사람들이 과제를 능동 동사인 '하는(doing)' 대상으로 접근할 때 주어진 과제에 훨씬 더 집중하는 모습을 보이고 성과도 높을 거라고 우리는 예측했다.

해당 연구에 참여한 92명은 LSAT 로스쿨 입학시험에서 논리적 추론과 언어 추론 일곱 문제를 풀었다. 테스트 직전 우리는 참가자들에게 시험을 '보라' 또는 '시도해보라'는 지시를 전달했다. 데이터는 우리의 초기 가설이 옳았음을 확인시켜주었다. 'LSAT을 보세요'라는 지시를 받은 참가자들은(우리가 제시한 일곱 문항 중 평균 4.52 문항) 'LSAT을 한번 시도해보세요'라는 지시를 받은 참가자에 비해(평균 세 문항) 훨씬 많은 문제를 맞혔다.

그렇다면 무언가를 하길 '바란다(hoping)'라고 했을 때는 어떤 현상이 벌어질까? 결과적으로 '바란다'는 '시도하다'와 다르지 않았다. 언뜻 보면 바란다는 의미는 긍정적으로 보인다. 희망에 차 있는 편이 절망적인 것보다는 분명 낫지만 레벨 1-2-3에 빗대어 말하면 나은 것보다 더 나은 세 번째 단계가 있다. 바로 '하다'이다.

'바라다'는 의심의 씨앗과 그 의심에 내재한 스트레스까지 모두 내포하는 말이다. 가령 아침에 일어나 커피를 마시러 주방으로 갈 때 우리는 커피 한 잔을 '바라지' 않는다. 커피 한 잔을 바란다면 커피가 없을 수도 있다는 의심의 씨앗을 내포하는 것이다. 우리는 커피를 마시기 위해 주방으로 간다. 우리의 행동은 커피가 주방에 있을 거라는 사실을 전제한다.

타인에게 의식을 기울이기

실수로 반려견의 발을 밟아본 경험이 있다면 반려견이 재빨리 당신을 안심시키려는 행동을 취하는 것을 보고 놀랐던 적이 있을 것이다. 이 작은 동물에겐 주저함도, 비난도, 분노도 없고 즉각적인 화해의 몸짓뿐이다. 반면 발이 밟힌 사람이 보이는 반응의 범위에는 화해의 몸짓이 포함된 경우가 거의 없다. 분노나 짜증, 심지어 상대의 몸을 밀치는 반응은 있다. 어쩌면 오랫동안 원한을 마음에 담아둘 수도 있다.

개들은 중요한 것을 알고 있다. 용서가 원한을 품는 것보다 낫다는 것을 말이다. 용서는 어떤 상황을 고차원적으로 대하는 사고방식이다. 하지만 이보다 더 나은 방식이 있다. 비난이 없다면 용서할 일도 없다는 것이다. 용서란 거의 모든 사회와 종교에서 공통으로 옳다고 말하는 행위이고, 마찬가지로 비난은 공통으로 나쁜 행위라고 여겨진다. 하지만 하나 없이는 다른 하나도 존재할 수 없다. 용서하는 자는 비난하는 자이기도 하다.

이야기는 좀 더 복잡해진다. 우리가 타인을 비난할 때는 좋은 결과 때문인가, 나쁜 결과 때문인가? 우리는 나쁜 결과에 대해서만 비난을 하는 경향이 있다. 하지만 결과란 좋고 나쁘다고 적힌 이름표를 달고 하늘에서 내려오는 것이 아니다. 어떤 사건을 무엇이라 구분 짓고 견해를 갖는 주체는 우리다. 그렇다면 궁극적으로 용서는 누가 하는 것인가? 처음에 세상을 부정적으로 보고 비난한 사람들이 용서하는 것이 아니겠는가? 그렇다면 용서가 그리 신성한 행위라고는 볼 수 없을 것이다.

용서는 비난보다 낫지만 더 나은 것이 있다. 바로 레벨 3의 방식,

이해다. 타인의 행동을 그 사람의 시각으로 이해하면 비난할 필요도, 용서할 거리도 없다.

한 커플을 저녁 7시 식사에 초대했지만 8시가 되어도 커플이 나타나지 않는 상황이 벌어졌다. 이때 우리가 취할 수 있는 한 가지 태도는 시간을 지키지 않은 이들의 행동을 우리의 시간과 준비해놓은 음식을 향한 모욕이자 무례라고 여기며 한 시간 동안 속을 끓이면서 비난하는 것이다. 이후 커플이 도착하면 이들을 향해 거만한 시선을 보내며 기다린다. 납작 엎드려 사과하길 기다리고 사과의 진정성을 평가한다. 그리고 얼마간의 정적 후 너그럽게 용서한다. 이때 우리가 의미 있는 저녁 시간을 보냈다고 할 수 있을까?

또 다른 선택지도 있다. 커플이 7시에 도착하지 않을 때 이들이 어디에 있는 것일지 걱정하거나 음식이 과하게 조리되지는 않을지 조바심을 내는 어리석은 행동에서 벗어날 수 있다면, 그 시간을 커플이 준 선물로 여길 수 있다. 미뤄왔던 전화 통화를 하는 시간으로 삼을 수도 있고, 요즘 시청 중인 프로그램이나 시리즈를 볼 수도 있다. 그림을 그리거나 인터넷 서핑을 하거나 책을 읽거나 잠깐 눈을 붙일 수도 있다. 그리고 마침내 도착한 이들에게 감사함을 표하는 것이다. 한 시간의 은밀한 자유 시간을 확보하는 일이 얼마나 자주 있을까? 부정적인 감정도 비난도 없고, 용서를 할 거리도 없다.

나은 것보다 더 나은, 이해라는 방법을 택할 때 타인의 행동에서 부정적인 면 일체가 긍정적인 면이 될 수도 있음을 인정하게 된다.

3장에서 말했듯이 항상 늦는 사람은 믿음직스럽지 못한 사람으로 보일 수도 있지만 융통성이 있다고도 볼 수 있다. 잘 속는 사람은 타인을 잘 신뢰하는 사람이 될 수 있고, 너무 심각한 사람은 진중하다고 볼 수 있다. 사실 우리가 부정적이라고 단정 짓는 특성은 모두 그와 동등하게 정반대로 평가될 수 있는 대안이 존재한다.

타인에게 의식을 기울여 이해를 발휘하면 비난을 할 여지가 없어진다. 친구들의 즉흥성을 인정하고 이들의 한 시간을 앗아간 모험이 무엇이었을지 얼른 듣고 싶어진다. 실로 판단하려고 할 때마다 우리는 눈이 가려져 더욱 나은 길을 보지 못한다. 행위자의 관점에서 타당하기 때문에 그 행동을 했지, 타당하지 않았다면 그런 행동을 하지 않았으리라는 사실을 깨달으면 부정적인 판단은 사라진다. 내가 잘 속는 사람이라서 싫다고 여기기보다는 타인을 잘 신뢰하는 모습 때문에 나를 소중하게 여길 수도 있다. 행위자의 관점에서는 일관성이 없는 것은 유연한 것이고, 충동적인 것은 즉흥적인 것이며, 너무 심각한 것은 진중한 것이고, 산만하다는 것은 다른 곳에 집중하고 있다는 것이며, 게으르다는 것은 충분한 동기가 부여되지 않은 것이다.

우리 언니의 친구가 오래전 초등학교 교사였을 때 겪었던 일이 떠오른다. 그녀의 반 학생인 형제 두 명은 같은 날 함께 등교하는 법이 없었다. 처음에 그녀는 이 아이들이 버릇없게 구는 건가 고민했는데, 이는 레벨 1의 사고로 해석한 것이었다. 이후 그녀는 아이들이 저지르는 무례함을 받아들이기로 했다. 이것은 레벨 2의 사고였다. 나중에 그녀는 형제가 신발이 하나밖에 없어서 번갈아 신어야 했다는 것을 알게 되었고, 부정적인 판단을 할 필요가 없다는 사실을 깨달았다.

의식을 기울인 추론은 외로움을 이해하는 데도 적용할 수 있다. 코로나19 당시 봉쇄와 격리라는 불행 속 긍정적인 점 한 가지는 아마도 많은 사람이 레벨 3의 사고로 사회적 고립을 대하는 법을 깨우쳤다는 것일 터다. 코로나 이전에는 레벨 1 사고를 하는 사람은 혼자였지만 외로움을 느꼈다. 레벨 2 사고를 하는 사람은 사람들 속에 섞여 어울렸다. 하지만 레벨 3 사고를 하는 사람은 혼자였지만 만족을 느꼈다. 글쓰기나 그림 그리기, 1인용 비디오게임 등 혼자서 하는 것이 더 나은 활동들이 많다. 외로움을 치료할 약이 필요하다고 생각할지 모르지만 사실 우리가 진정으로 필요한 것은 홀로 적극적인 몰입을 할 방법이다.

레벨 1-2-3 사고는 우리가 일과 삶을 통합하는 방식과도 관련지을 수 있다. 흔히 일과 삶의 균형을 둘러싼 많은 담론은 일터에서 스트레스를 받을 때와 집에서 가족과 편안한 시간을 보낼 때 어쩔 수 없이 다른 사람이 된다는 사실을 암시한다. 나는 우리가 일과 삶의 균형보다는 일과 삶의 통합을 추구해야 한다고 생각한다. 레벨 1에서 사람들은 나중에 즐길 수 있다고 생각하며 일만 하고 그 외의 삶은 돌보지 않는다. 레벨 2에서 사람들은 일 이외의 삶이 중요하다는 것을 깨닫고 이 두 가지 사이에서 균형을 찾기 위해 분투한다. 레벨 3에서는 삶이 우리에게 제공하는 것 다수를 일에서도 찾을 수 있다는 사실을 깨닫고 일과 삶을 통합한다. 많은 사람이 하찮다고 여기는 일조차도 예외는 아니다.

뉴욕에 위치한 아주 고급스러운 건물인 뮤지엄 타워(Museum Tower)에 거주하는 친구를 방문한 적이 있다. 요즘에는 엘리베이터 도우미가 필요하지 않은 시대지만 이 건물 엘리베이터에는 한 남성이 일하고 있었다. 나는 그 일이 무척 지루하겠다는 생각이 들었다. 그런데 그 순간 그는 이런 내 생각에 제동을 걸었다. 우리의 목적지는 33층이었고, 그는 그곳에 도착하기까지 얼마나 걸릴지 알아맞히는 소소한 게임을 권했다. 레버를 돌린 그는 엘리베이터가 올라가며 찍히는 층수를 보는 대신 다른 곳을 보며 내 목적지까지 얼마나 걸릴지 짐작했다. 그가 고개를 돌려 화면을 확인하자 30층이 화면에 나타났다.

레벨 3의 접근법을 통해 우리는 평가의 잣대를 내려놓게 된다. 레벨 1에서는 평가를 할 만큼 알지 못하고, 레벨 2에서는 평가를 하며, 레벨 3에서는 평가를 멈춘다. 레벨 3의 사고에서 타인을 평가하는 사회적 비교는 의미가 없어진다. 평가를 덜 할수록 타인과의 관계는 더욱 좋아지는데, 사회심리학자들의 연구로 밝혀졌듯이 사회적 지지는 우리의 건강에 이롭게 작용한다.

레벨 1과 레벨 3은 겉으로는 같아 보이기에 상대가 어느 레벨에 있는지 알 수 없을 때가 많다. 당신에게 발을 밟힌 반려견이 화해의 몸짓을 보일 때, 이 순진한 반려견은 비난이나 용서의 개념을 이해하지 못해서 그런 것은 아닐까? 물론 반려견이 어떤 생각을 하고 있는지는 알 수 없다. 하지만 반려견이 우리가 발을 밟은 것이 실수라고 생각하기에 용서할 것도 없다는 레벨 3의 반응을 보인 것이라면, 우리는 반려견에게서 이런 태도를 배울 수 있다. 그리고 용서가 레벨 1의 사고에서 비롯된 것이든, 레벨 3에서 비롯된 것이든 그와 상관없이 배움을 통해 성장할 수 있다.

따라서 상대가 레벨 1이라 해도 우리가 상대를 레벨 3이라고 생각한다면 훨씬 수준 높은 대안이 있음을 깨닫는 계기가 되어 타인의 행동을 더 나은 방식으로 이해하는 방법을 배울 수 있다. 그리고 상대와의 관계가 개선될 수도 있다. 더불어 우리는 상대를 더욱 친절하게 대할 것이고, 이를 통해 결국 상대의 행동도 개선될 것이다. 그뿐만 아니라 우리가 타인을 아무 의식 없이 판단하기를 멈춘다면 우리 자신을 판단하는 마음도 사라질 것이다.

의미가 없기에 우리의 삶은 의미가 있다

레벨 1-2-3 사고방식이 가장 중요하게 적용될 수 있는 대상 중 하나는 삶에서 의미를 찾는 과정이다. 레벨 1의 사고방식에서 의미란 외적인 요소다. 우리는 결정을 내리지만 비교적 사소한 결정들이다.

가령 아이에게 달걀을 먹이고 싶을 때 우리는 아이에게 무엇을 원하는지 묻는 개방형 질문을 하지 않는다. 대신 스크램블을 원하는지, 삶은 달걀을 원하는지 묻는다. 아이들에게 선택권이 있지만 제한적이다.

나는 어린 시절 대부분을 이런 사고방식으로 보냈다. 무엇을 전공하고 어느 학교에 지원할지 같은 비교적 사소한 결정들을 내렸고 내 길이 정해져 있는 것처럼 느껴졌다. 좋은 점수를 받아야 하고, 선생님들 그리고 나중에는 교수들을 만족시켜야 한다고 말이다. 그 길을 계속해서 나아갔다.

나는 왜 심리학을 선택했을까? 나는 모든 과목에서 A를 받는 학생이었으므로 전통적인 평가 방식에 따르면 학문에 관련된 모든 분야에 소질이 있다는 뜻이었다. 하지만 필립 짐바르도(Philip Zimbardo) 교수의 심리학 개론 강의를 무척이나 재밌게 들은 나는 안 될 것도 없다는 마음으로 심리학을 전공했다. 원래 전공이었던 화학을 이어간다면 내 삶이 어떻게 나아가고 어떤 의미를 지닐지 의식을 기울여 길고 긴 성찰을 거치지 않았다. 나는 학생으로서 그리고 교수로서 지원할 대학을 고를 때조차도 비교적 안전한 선택지를 택했다. 어디가 가장 좋을까? 좋아, 거기에 지원하지 뭐. 나는 스크램블 아니면 삶은 달걀을 택했지만 내가 어떤 달걀 요리를 좋아하는지 질문한 사람은 누구였던가? 외적인 힘이었다.

내 인생의 방향을 레벨 2 사고방식으로 접근했다면 전공, 학문 분야, 심지어 직업을 선택했을 때 내 자산의 순 현재가치가 어떨지 꼼꼼하게 평가했을 것이다. 하지만 앞에서 봤듯이 레벨 2의 사고방식은 아무런 의식을 기울이지 않는 행위다.

레벨 2의 사고에는 레벨 1에는 없는 한 가지 문제가 있다. 바로 실망감이다. 레벨 1의 사고에서는 삶의 의미에 대해 전혀 생각하지 않는다. 우리는 틈틈이 마음챙김을 행하며 살아가고 주어진 과제를 마음챙김으로 행할 수 있고, 이는 분명 아무 의식 없이 행하는 것보다는 낫다. 하지만 자신의 상황을 고려하는 것 또한 마음챙김으로 접근할 수 있다.

레벨 2의 접근법에서는 우리가 연애를 시작하거나, 차가 생기거나, 결혼하거나, 이혼하거나, 뉴욕으로 거주지를 옮기거나, 직장에 합격하거나, 퇴사하거나, 은퇴한 후에는 행복해질 거라고 생각한다. 하지만 하나를 완수해도 그때마다 기대 이하라는 생각만 들기에 결국에는 실망만 가득한 길이다. 실망을 자주 겪게 되면 삶에 의미 따위는 없는 것이라고 느끼기 시작할 수 있다.

그렇다면 레벨 3 접근법으로 우리는 늪에서 헤어 나올 수 있을까? 제논과 제논의 이론에 담긴 가르침을 명심하길 바란다. 결국 모든 것이 잠재적으로 아무 의미가 없으므로(제논의 역설에 빗대자면 도달할 수 없으므로) 모든 것이 잠재적으로 의미가 있다.

우리는 우리 자신에게 의미를 부여하겠다고 선택해야 한다. 이는 외적인 힘이 아니다. 레벨 3의 사고방식으로 본다면 어떤 것도 본질적으로 의미가 없으므로 우리는 어느 시점에서든 변화를 일으킬 수 있다. 65세에 은퇴해야 할까? 아니면 90세에? 영영 은퇴하지 말까? 이 모든 것이 가능하다. 우주 비행사가 될까, 피아노 연주자가 될까? 농구 선수가 될까, 물리학자가 될까? 아니면 전부 다? 안 될 이유가 있을까?

지금으로서는 내가 소설가가 된다면 행복할 것 같다. 소설은 단 한 권도 써본 적이 없지만 못 할 이유가 있을까? 의식을 기울여 글쓰기에 몰입한다면 설사 끝내지 못한다 해도 그 자체만으로도 보상이 된다. 어떤 일에도 외부적인 의미나 목표가 없을 수 있다는 실존적 깨달음은 굉장한 허탈감을 선사할 수도 있지만 해방감이 될 수도 있다. 무엇이든 우리가 하는 일을 마음껏 즐기도록 자유롭게 해줄 수 있다.

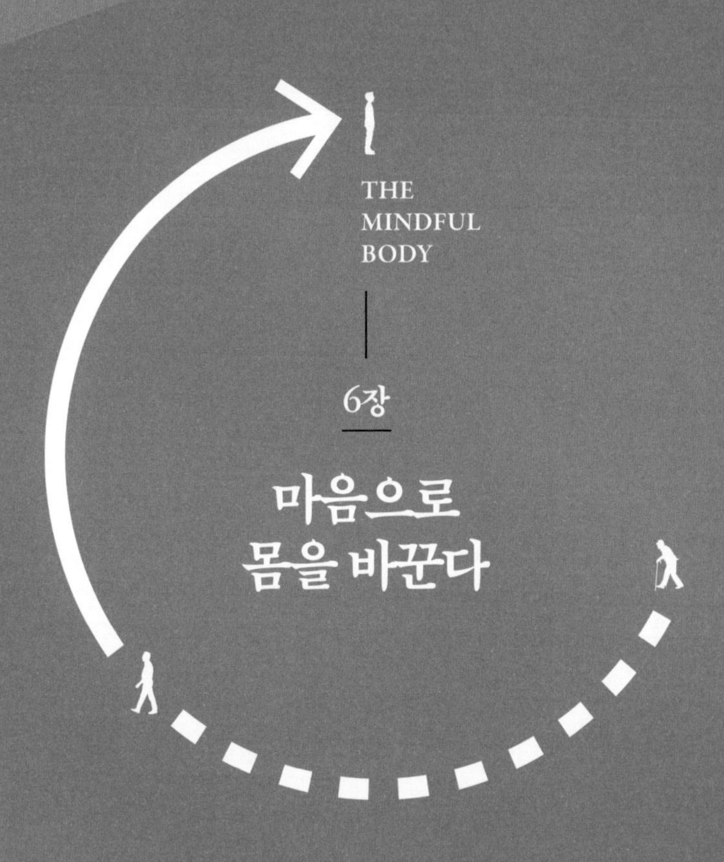

THE MINDFUL BODY

6장

마음으로 몸을 바꾼다

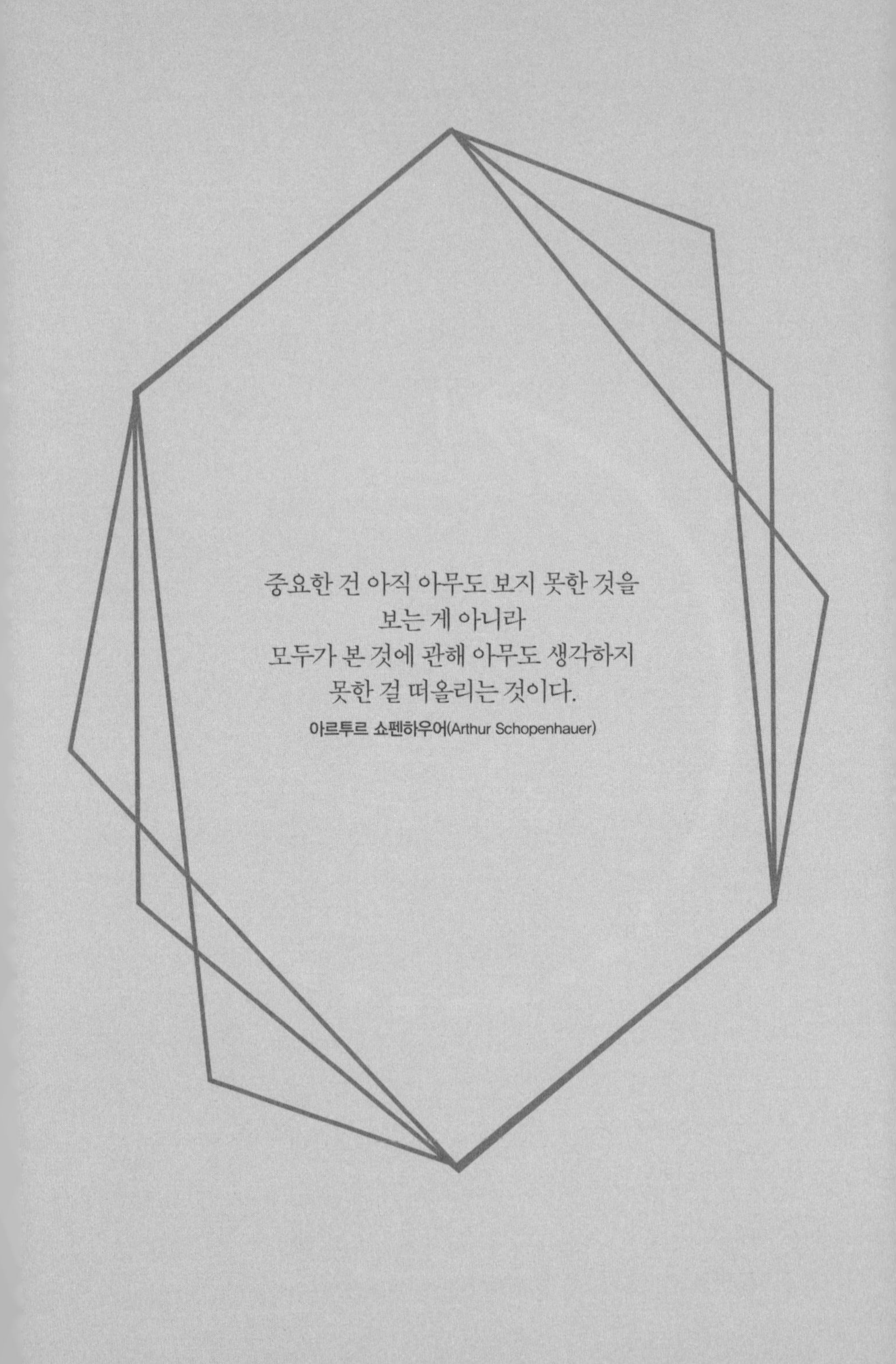

중요한 건 아직 아무도 보지 못한 것을
보는 게 아니라
모두가 본 것에 관해 아무도 생각하지
못한 걸 떠올리는 것이다.

아르투르 쇼펜하우어(Arthur Schopenhauer)

질병과 노화의 문제에서 신체와 정신을 별개로 보는 관점이 만연해지면서 우리의 삶에 불필요한 한계가 설정되고 있다. 그러나 규칙과 위험에 의문을 품거나 어떤 자원도 한계가 없다는 걸 깨닫는 것처럼 정신과 마음의 합일을 이해할 때, 우리의 통제력은 커지고 예전에는 불가능해 보였던 길이 열린다.

파리에서 신혼여행 중 한 음식점에 갔을 때 나는 심신일체 현상을 처음 접했다. 당시 나는 모둠구이 요리를 주문했다. 접시 위에 담긴 모든 음식이 먹음직스러워 보이는 와중에 리드보[ris de veau, 스위트브레드(sweetbread) 또는 췌장이라고 한다]만은 그렇지 못했지만 어쨌거나 그 요리를 먹어보기로 했다. 열아홉 살이었지만 서른 살처럼 조숙했던 나는 그 어느 때보다도 세련되게 굴려고 노력하고 있었다. 이미 결혼까지 한 몸이었으니까.

마침내 요리가 등장했고 남편에게 이 중 어떤 음식이 췌장인지 물었다. 그것을 빼고는 접시에 담긴 요리를 말끔히 먹었다. 그리고 곧 두려운 순간이 다가왔다. 췌장 요리를 먹으려 해봤지만 속이 점점 메스꺼워졌다. 그런데 고개를 들자 남편의 얼굴에 활짝 미소가 피어오르는 것이 보였다. 나는 속이 뒤집힐 것 같은데 뭐가 재밌느냐고 물었다. 그 순간 나는 내가 좀 전에 췌장을 이미 먹었다는 것을, 내가 손대지 못하고 있던 고기는 닭고기라는 것을 알게 되었다. 제대로 정리해서 설명하기까지는 시간이 좀 걸렸지만 이론 하나가 탄생한 순간이었다.

심신이원론 vs 심신일체론

누군가 구토하는 모습을 보며 속이 울렁거렸던 적이 있다면 정신이 신체에 끼치는 영향을 직접 경험해본 것이다. 그럼에도 서구의 전통적인 사고방식은 이 둘을 분리해서 생각한다.

아리스토텔레스는 고요하고 행복한 정신이 건강한 몸을 만든다고 믿었지만 플라톤과 다른 그리스 철학자들은 정신과 신체는 근본적으로 다른 두 개의 독립체로서 상호작용이 제한되어 있다고 봤다. 근대로 넘어오면서는 심신이원론이라는 데카르트의 관점이 서양 의학계에서 널리 수용되는 모델로 자리 잡았다.

19세기에 들어 세균학자인 로베르트 코흐가 결핵, 콜레라를 일으키는 박테리아와 더불어 탄저병의 원인을 밝혀내자 이원론의 관점은 더욱 강화되었다. 그즈음 루이 파스퇴르가 광견병과 탄저병의 백신을 개발해, 나쁜 공기가 원인이라 생각했던 기존의 믿음과 달리 질병은 '병균'에 의해 생겨난다는 사실을 보여주었다. 이 모든 것이 대단히 중요한 발견이었던 것만은 틀림없다.

안타깝게도 이런 발견들로 인해 질병은 일방적 인과관계로 발병한다는 개념이 자리 잡았다. 이 모델에서 질병은 병원균이 침입한 후 신체 시스템이 잘못되어 발생한다. 심리적 변수가 건강에 작은 역할을 할 수는 있지만, 정신의 일과 신체의 일은 서로 영향을 주고받지 않으며 평행하게 진행된다. 그리고 질병은 온전히 생리적인 프로세스로서 치료법은 생리적인 수준에서 행해진다. 생각과 감정은 질병에 영향을 주지 않는다.

한편 동양에서 건강을 바라보는 초기 관점은 훨씬 전체론적이었다. 일찍이 서기 600년부터 인도의 문헌에는 정신 상태와 건강의 강력한 관계가 등장하는데 증오와 폭력, 슬픔이 건강을 악화한다고 봤다. 역사가 2,000년도 더 된 중국 전통 의학도 마음이 신체에 영향을 줄 수 있다는 사실을 인정했다. 이 전통 의학은 기(氣, 생명력)의 중요성을 강조하고 최적의 건강 상태에 도달하기 위해 기를 돋워야 한다고 봤다. 이런 동양 초기의 관점에서 진화한 오늘날의 전체의학은 영양과 운동, 한방 치료, 아로마테라피, 그 외 보완대체요법으로 신체를 치유해야 한다고 강조한다.

여전히 의학적 모델을 수용하는 사람들도 있지만 질병의 생물사회적(biosocial) 모델은 이제 일반적인 관점으로 자리 잡았다. 조지 엥겔(George Engel)이 발전시킨 이 모델은 생물학적(유전적, 생화학적), 심리적(성격, 감정, 인지), 사회적(가족, 문화) 요소들이 상호작용해 질병을 야기하며 이런 이유로 마음이 몸에 영향을 줄 수 있다고 주장한다.[1] 많은 연구자가 심리적 경험과 신체적 경험 간의 연결 고리를 찾기 위해 계속 노력을 쏟고 있다.

하지만 심신이원론—몸과 마음이 서로 영향을 줄지라도 분리된 개념이라는 이론—은 지속되고 있다. 내가 연구 논문을 제출할 때마다 건강에 나타난 결과를 어떻게 설명할 수 있는지 묻는 리뷰어들을 보며 심신이원론이 존속되고 있음을 깨닫는다. 이들은 내게 "생각이라는 모호한 개념에서 신체라는 물리적인 결과를 얻을 수 있습니까?"라고 묻는다. 이 질문에 내재된 가정은 마음과 몸이 분리되어 있고, 따라서 원인이 '단순히' 심리적인 요인일 수 없다는 것이다.

노화도 질병도 마음의 영향을 받는다

이 책의 서문에 등장한 내용을 기억하겠지만 내 초기 연구 일부는 이후 심신의학(mind-body medicine)이라고 알려진 개념의 발판이 되었다. 내가 진행한 요양원 연구에서는 노인이 스스로 의사결정을 하거나 식물을 돌보는 환경이 조성될 때 18개월 후에도 생존해 있을 가능성이 통제군에 비해 두 배 높았다.[2] 이와 흡사하게 심리학자인 리처드 슐츠(Richard Schulz)와 바버라 허누서(Barbara Hanusa)는 요양원 노인들에게 방문객을 언제 맞이할지 결정권이 주어지는 것이 장수에 영향을 미친다는 사실을 밝혔다.[3] 우리가 진행한 연구들에서도 요양원 노인들에게 기억력 훈련을 제공하자 수명이 늘어났다.[4] 이런 장수 효과는 '능동적 알아차리기' 치료와 초월 명상을 비교한 우리 연구에서도 드러났다(내 초기 연구는 명상을 주제로 하지만 지금 연구는 대체로 명상이 아닌 마음챙김에 주목한다).[5]

심리적 개입이 장수에 영향을 미칠 수 있다는 데이터를 확보한 우리는 심신일체라는 개념을 실험하기 시작했다. 팔을 한번 생각해보자. 팔 전체 또는 손목, 팔꿈치, 위팔, 팔뚝은 각각 눈으로 보고 느낄 수 있다. 하지만 팔의 한 부분을 움직이면 팔을 이루는 모든 부분이 움직이고 모든 부분에 영향이 간다. 단순히 팔목만 움직인다고 생각할지라도 팔 전체가 영향을 받고 있으며 사실은 몸 전체가 영향을 받고 있다. 팔목이 팔에 영향을 미치는 것이 아니다. 팔목은 팔의 일부인 것이다.

이와 마찬가지로 모든 생각은 몸의 모든 부분에 영향을 미친다. 아직은 이런 영향력을 전부 확인할 수 있는 기술이 없지만 언젠가는 생길지 모른다. 지금으로서 우리는, 가령 기쁨의 눈물 한 방울이 양파를 썰며 떨어지는 눈물 한 방울과 생화학적으로 다르다는 사실은 알고 있다. 아이의 치아 성장선으로 이들이 성인이 되었을 때 우울증에 시달릴지 그 여부를 알 수 있다는 데이터도 나왔다. 다시 말해 어린 시절의 스트레스와 역경이 치아 에나멜에 영향을 미친다는 뜻이다.

이스라엘의 과학자 아샤 롤스(Asya Rolls)의 연구는 면역 반응이 두뇌에서 시작한다는 사실을 밝혔다.[6] 그녀가 생쥐들에게 복부 염증을 유도하자 두뇌의 특정 뉴런이 활성화되는 것을 확인했다. 이후 과학자들이 해당 뉴런을 자극하자 복부에 같은 염증이 나타났다. 롤스 박사는 "어떻게 된 일인지, 실제로 생리적 프로세스를 촉발하는 '생각들'이 있다"라고 설명했다.[7]

그녀는 연구를 통해 긍정적인 기대감이 항세균성 및 항종양 면역을 높일 수 있다는 점도 밝혔다. 두뇌의 쾌락 중추가 활성화되자 종양의 성장이 느려진 것이다.[8] 핵심은 면역 반응이 두뇌에 의해 형성된다는 점이다. 어떤 질병과 관련된 뉴런을 억제하면 그 질병의 증상도 완화된다.

어떤 변화든 우리 몸의 모든 세포에 거의 동시다발적으로 일어난다. 내가 팔을 들면 팔을 들기 전과 비교해 두뇌에 변화가 일어난다. 내가 반려견을 생각하면 두뇌는 그 생각을 하기 전과 다른 상태가 된다. 의식이 집중될 때 생리 작용이 비활성화되거나 생리 작용이 활성화될 때 의식이 비활성화된다고 가정하는 것이 아니라, 의식과 생리가 하나, 즉 생각과 신체 반응이 동시에 일어난다는 뜻이다.

그렇다면 "제가 팔이나 다리 하나를 잃거나 체중이 줄면 제 의식의 일부도 잃는 건가요?"라고 물을 수도 있다. 여기서 논점은 심신의 합일이지 심신의 동일이 아니다. 팔다리를 잃거나 체중이 변화했을 때 정신도 분명 영향을 받지만 일대일 대응은 아니다. 또 이렇게 물을 수도 있다. "제 마음이 계속해서 변한다면 몸도 마찬가지로 계속해서 변한다는 뜻인가요?" 간단히 말하자면 그렇다. 몸은 계속해서 재생된다.

하버드 대학교의 심리학과에는 '하비스트 데이(Harvest Day)'라는 게 있다. 교수진 다수가 현재 연구하고 있는 내용에 관해 짧은 강연을 진행하는 날이다. 내가 심신일체에 관한 연구를 발표한 후 존경하는 동료 교수 한 명이 이렇게 물었다. "속에서는 무슨 일이 일어나고 있나요?" 심신일체의 신경과학적 측면을 의미하는 것이었다. 그는 두뇌 수준에서 어떤 일이 벌어지고 있는지 알고 싶어 했다. 생각이 신체의 변화로 나타나기까지 어떤 일련의 사건이 벌어질까? 당연하게도 수백 년간 철학자들을 괴롭혀온 질문이었다.

내가 생각하기에 심신일체란 신경학적 변화가 순차적이라기보다는 거의 동시에 일어나는 현상이다. 그리고 그 변화는 전신에서 벌어진다. 물론 과학자들은 두뇌만 들여다보려는 경향이 있다. 우리는 속에서 무슨 일이 일어나는지와 무관하게 마음을 변화시키는 것으로 신체 변화를 이끌어낼 수 있다. 신체가 변화하기 위해 기다릴 필요는 없다. 지금 바로 할 수 있는 일이다.

'시계 거꾸로 돌리기' 연구 그 후

이 비약적인 개념을 처음 시험한 것은 1979년의 '시계 거꾸로 돌리기' 연구였다.[9] 이 연구를 간단히 소개하자면, 우리의 연구 목표는 노인 남성들을 대상으로 이들이 과거에 머물고 있다고 믿도록 정신을 유도하면 신체에도 영향이 있을지를 확인하는 것이었다. 그러기 위해 우리는 이들이 집을 떠나 한 조용한 장소에서 일주일간 머물도록 했다. 이 공간은 가능한 모든 수단을 동원해 20년 전의 삶과 똑같이 꾸몄다. 이들은 그 시대의 뉴스와 텔레비전 프로그램, 영화를 시청했고, 주크박스로 애청곡을 들었으며, TV와 음악 이야기를 나눌 때는 지금 벌어지는 일처럼 현재형으로 말해야 했다. 통제 집단도 같은 건물에서 일주일간 머물며 같은 주제로 대화를 나눴지만 과거형으로 말했다.

그곳에 머물기 전 우리는 참가자들의 다양한 생물학적, 심리적, 신체적 지표를 측정했다. 새롭고 활력을 주는 환경에서 생활한 후 다시 측정하자 두 집단 모두 생물학적, 심리적, 신체적 상태가 기준치 이상으로 상승했다. 마찬가지로 청력과 기억력, 악력도 좋아졌다. 그럼에도 불구하고 실험 집단이 다른 여러 기준에서 통제 집단을 앞섰다. 시력, 관절 유연성, 손을 쓰는 능력, IQ, 걸음걸이, 자세가 좋아졌고 관절염 증상은 완화되었다. 어느 연령대나 그렇지만 특히 노년층은 청력이나 시력 같은 경우 의료적 개입이 없으면 향상되기 어려운 만큼 대단히 놀라운 연구 결과였다.

좀 더 최근에는 박사후 연구원인 프란체스코 파그니니(Francesco Pagnini), 데버라 필립스(Deborah Phillips)와 함께 이탈리아에서 시계 거꾸로 돌리기 실험을 재현했다.[10] 우리는 참가자들에게 지금이

1989년이라고 생각하고 젊었을 때처럼 생활하게 했는데 이번에도 역시 참가자들의 신체 기능이 향상되는 현상을 발견했다.

심신일체를 시험하는 후속 연구에서 우리는 건강에 영향을 줄 수 있는 다른 신호들을 살폈다. 의류업계에서 발견할 수 있는 연령과 관련된 신호들을 생각해보자. 광고에는 이 옷이 어떤 고객층에게 '어울리는' 스타일인지 묘사하고 상점 디자인 또한 '연령에 적합한' 이란 개념을 주입한다. 미니스커트는 내 연령대의 여성들이 다니는 매장에선 찾아보기 힘들고, 다른 매장에서 미니스커트를 입어보려 한다면 직원들에게서 못마땅한 시선을 받을 것이다.

이런 신호들이 단순히 짜증나고 연령 차별적이라는 이야기를 하는 게 아니라, 우리의 건강에도 영향을 미칠 수 있다는 걸 말하려는 것이다. 유니폼을 생각해보자. 유니폼에는 나이와 관련된 단서들을 찾아보기 어렵다. 일터에서 유니폼을 입는 사람들은 자신의 나이를 은연중에 상기하는 일이 없다.

정재우(Jaewoo Chung), 로라 쉬(Laura Hsu)와 나는 직급과 연봉 같은 조건을 통제한 연구를 통해 유니폼을 정기적으로 입는 직원들이 더욱 장수한다는 사실을 발견했다.[11] 연령과 관련된 신호와 이런 신호가 유발하는 부정적인 예측이 실험 대상자의 수명에 유일한 이유로 작용했다고는 할 수 없지만 관련성이 있다고 보는 편이 합리적일 것이다.

하지만 외부의 물리적인 신호가 있어야만 우리가 스스로를 젊다고 느낄 때 찾아오는 이점과 그로 인해 나타나는 건강상의 긍정적인 변화를 경험하는 것은 아니라는 점이 드러났다. 또 다른 연구에서 우리는 여성들이 머리를 자르기 전과 후를 사진으로 촬영하고 혈압을 측정했다. 그리고 전후 사진 모두 머리를 가려 참가자들이 자신의 얼굴만 확인할 수 있게 했다.

우리는 여성들에게 두 사진 속 본인의 외모를 평가해달라고, 즉 두 번째 사진이 더욱 어려 보인다고 생각하는지 물었다. 다수는 머리를 잘랐다는 사실을 아는 것만으로도(이들은 어느 쪽이 '비포' 사진이고 '애프터' 사진인지 아는 상태였다) 두 번째 사진이 더 어려 보인다고 했다. 그뿐만 아니라 아무런 관련이 없는 사람들을 불러 사진을 평가하게 했을 때도 두 번째 사진이 더 어려 보인다는 데 동의했다. 머리를 자른 후 어려졌다고 믿은 여성들은 혈압 또한 낮아졌으므로 건강상의 이익도 경험한 셈이었다.

생리적 상태를 인식하는 것이 어떤 영향을 미치는지 시험하기 위해, 나는 당시 하버드 대학교에서 내 학생이었던(현재는 스탠퍼드 대학교에서 교수로 재직 중이다) 앨리아 크럼(Alia Crum)과 함께 호텔 객실 청소부를 대상으로 실험을 진행했다.[12] 객실 청소부의 일은 육체적으로 고된 활동이지만 실험 참가자들은 그 일을 운동으로 보지 않았다. 운동은 업무 전 또는 후에 하는 활동이란 인식이 있었다.

우리는 이들이 업무를 운동으로 여길 때 신체에 다른 효과를 미칠지 알고자 했다. 그래서 참가자들을 무작위로 두 집단으로 나눠

한 집단에는 일반적인 건강 정보를 제공했고, 실험 집단에는 헬스장 머신과 운동에 빗대어 그들의 일이 운동이 될 수 있다는 사실을 설명했다(침대를 정리하는 업무는 로잉 머신 운동과 비슷하고, 걸레질은 훌륭한 상반신 운동이 된다고 설명했다). 이들의 노동 강도나 노동 시간, 이들이 섭취하는 음식과 그 양은 한 달간의 실험 개입 동안 눈에 띄는 차이가 없었다. 유일한 차이라면 자신이 하는 일을 운동이라고 믿게 되었다는 것뿐이었다. 이렇게 마인드셋이 달라지자 실험 집단에 굉장한 변화가 나타났다. 이들은 체중이 줄었고 신체질량지수가 낮아졌으며, 혈압이 떨어지고 허리-엉덩이둘레 비율도 낮아졌다.

객실 청소부를 대상으로 한 연구로 강의할 때면 청중의 이해를 돕기 위해 헬스장에 있는 여성 두 명의 사진이 담긴 슬라이드를 보여준다. 한 여성은 자전거 운동 기구에 올라 있고 다른 여성은 그 옆에 서서 운동 기구에 오른 여성과 대화를 나누고 있다. 나는 운동 중인 여성이 스스로 운동하고 있다고 생각하지 않고 타인과 교류를 하고 있다고 여긴다면 자전거 운동의 효과를 그리 보지 못할 것이라고 설명한다. 반대로 옆에서 운동하지 않고 있는 여성이 오늘 하루를 헬스장에서 보냈다고 생각한다면 운동으로 얻는 효과를 얼마간 경험할 수 있다.

심신일체는 우리가 행하거나 경험하거나 생각하는 모든 것이 건강에 관여한다는 관점이다. 농구 경기를 보러 가서 응원하는 팀이 이겨 신이 나는 것도, 새로운 음식점에 가서 자신을 무시하는 듯한 종업원과 싸운 일도, 재밌는 텔레비전 프로그램을 시청한 경험도 모두 우리의 몸에 입력되고 매일 매 순간 건강에 영향을 미친다. 우리의 삶 속 작은 변화들이 성실하게 쌓여가는 것이다.

피로와 스트레스를 버리는 법

앨리아 크럼은 이 연구를 한 걸음 진전시켰다. 그녀는 스탠퍼드 대학교 동료인 옥타비아 자르트(Octavia Zahrt)와 함께 성인 6만 명 이상을 대상으로 건강과 인구통계학적 요소를 통제해 21년 넘는 기간에 걸친 자료를 분석했다.[13] 설문 자료에는 응답자와 같은 나이의 사람들에 비해 개인의 운동량이 어느 정도인지를 묻는 질문들이 있었다. 크럼과 자르트는 활동량을 '인식'하는 정도와 사망이 유의미한 관련이 있음을 발견했다. 자신이 활동적이지 않다고 인식한 이들은 스스로를 활동적이라고 생각한 사람들보다 해당 기간에 사망할 확률이 높았다. 이는 실제 운동량과는 무관했다.

다른 연구자들 또한 유사한 결과를 얻었다. 마르케트 대학교의 아비올라 켈러(Abiola Keller)와 동료들은 스트레스가 해롭다는 '인식'이 실제 스트레스보다 더욱 해롭다는 사실을 밝혀냈다.[14] 스트레스가 해롭다고 인식하고 스트레스를 많이 받는다고 보고한 사람들은 스트레스가 많지 않다고 말한 사람들보다 일찍 사망할 공산이 컸다. 놀라운 사실은 스트레스가 심한 생활을 했지만 스트레스가 해롭지 않다고 인식한 사람들과 그리 심한 스트레스를 받으며 살지 않았던 사람들 간 수명에는 차이가 없었다는 것이다.

대학원생 1년 차일 때 나는 다른 학생들과 심리학과 교수 다수가 소속된 연구실 몇 곳을 둘러본 일이 있었다. 그중 한 연구실에서 미각을 연구하던 교수는 다량의 설탕이 함유된 식품에서 산미가 느껴지게 하는 물질과, 신맛이 나는 식품을 달게 느껴지게 하는 물질을 우리에게 소개했다. 우리는 달콤할 것이라 예상한 음식을 먹고는 시큼함에 움찔하게 되는 이상한 경험을 했다. 그 일 이후, 거짓으로 달콤한 맛을 내는 음식을 먹었을 때 내 몸이 단맛이라는 '인식'에 반응할지 아니면 실제로 내 몸이 섭취한 성분에 반응할지 궁금해졌다. 내가 설탕을 섭취하지 않았더라도 혈당이 높아질까? 심신일체론에서는 인식이 사실보다 더욱 강력한 힘을 발휘한다고 본다.

아직 시행된 적은 없지만 인식의 영향력을 시험하는 가장 강력한 테스트 중 하나는 담배를 많이 태우는 사람들을 대상으로 흡연이 암이나 폐기종, 만성폐쇄성폐질환을 야기한다고 믿는 사람과 믿지 않는 사람 또는 비만이 생명을 위협한다고 믿는 사람과 그렇지 않은 사람들 간의 건강 상태를 장기적으로 비교한 연구일 것이다. 병에 걸릴 것이라는 믿음이 병을 부른다면, 그 이유는 믿음으로 인해 실제로 병에 걸리거나, 위험하다고 알고 있는 행동을 하는 그 행위가 심한 스트레스를 주어 치명적으로 작용하기 때문이다.

물론 어떤 습관이 위험하다고 생각하는 개인의 믿음은 측정하기가 어렵다. 하지만 수면, 즉 수면 시간은 측정이 가능한 행위다. 수면 패턴을 우리가 달리 인식하는 정도 또한 측정할 수 있는 대상이다. 나는 하버드 의과대학교 학생들과 함께 수면 연구를 진행했다. 우리의 개입은 단순했다. 침대맡의 시계를 조작해 참가자들이 생각하는 수면 시간과 실제 수면 시간을 달리한 것이다.[15]

실제로는 다섯 시간밖에 잠을 자지 못했지만 여덟 시간 잔 것처럼 시계를 조작하자, 참가자들은 다섯 시간밖에 잠을 자지 못한 사실을 알 때보다 청각 운동 반응 검사에서 반응 시간이 더욱 빨랐다. 반대로 여덟 시간 동안 잤지만 다섯 시간만 잤다고 생각했을 때는 실제로 여덟 시간을 자고 그 사실을 알 때보다 수행 능력이 떨어졌다. 실제 수면 시간만이 아니라 수면 시간에 대한 인식이 중요한 역할을 한다는 점은 분명하다.

이런 인식은 두뇌 활동에도 영향을 미치는데, 각성과 이완이라는 더욱 객관적인 척도로 확인할 수 있다. 한 연구에서는 참가자들에게 EEG(electroencephalography, 뇌전도) 모자를 씌워 신경 활동으로 나타나는 파형인 뇌파를 기록했다. 각성일 때 두뇌 활동은 알파파라고 하는 주파수를 발생시킨다. 연구에서 이 알파파는 참가자들의 실제 수면 시간보다는 참가자들이 인식하는 수면 시간에 더욱 깊은 상관관계를 보였다. 가령 참가자들이 수면 시간이 짧다고 생각한 경우 이들의 두뇌는 각성도가 떨어졌다. 이런 현상은 여러 물리적인 측정을 했을 때도 마찬가지였다. 즉 수면이 부족하다고 인식할 때는 수면이 부족할 때처럼 두뇌가 기능했다.

심신일체의 관점에서 피로는 우리가 통제할 수 있는 개념이다. 내 저서《늙는다는 착각》에서 나는 피로란 생물학적인 신체 한계가 아니라 정신으로 결정된다고 주장했다.[16] 다시 말해서 많은 사람이 생각하는 것과 달리 정신적 에너지와 신체적 에너지가 서로 다른 프로세스의 지배를 받는 것이 아니다. 이 둘은 서로 분리된 생물학적 기능이 아니라는 의미다. 이것이 사실이라면 피로를 느낄지 아닐지는 우리가 통제할 수 있는 여지가 상당히 클 수도 있다.

위의 저서에서 나는 당시 진행했던 비공식 연구 두 건을 소개했다. 하나는 학생들 두 집단에 팔벌려뛰기 100회 또는 200회를 시키고 언제쯤 피로를 느끼는지 조사한 것이었다. 놀랍게도 100회를 한 집단과 200회를 한 집단 모두 정해진 횟수의 3분의 2쯤 되는 지점에서 피로를 느꼈다고 보고했다. 즉 첫 번째 집단은 65~70회 사이에 피로를 느꼈지만 두 번째 집단은 130~140회를 할 때쯤에야 피로를 느낀 것이다.

또 다른 실험은 오류 여부를 알려주지 않는 문서 작성 프로그램으로 한 페이지 또는 두 페이지 분량의 문서를 한 번에 타이핑하는 작업을 사람들에게 시킨 것이었다. 한 페이지를 작업하는 집단은 주어진 분량의 3분의 2 즈음에 가장 많은 오류가 나왔다. 첫 번째 집단의 두 배가 많은 분량을 작업한 두 번째 집단도 주어진 분량의 3분의 2 지점이 되어서야 오류가 나오기 시작했다.

우리는 하는 일에 시작과 중간, 끝이라는 구조를 세운다. 과거 보스턴에서 뉴헤이븐까지 운전해 다녔을 당시 나는 절반 지점인 메사추세츠주의 사우스브리지에 가까워지면 초조함을 느끼곤 했다. 한편 그보다 두 배나 먼 거리였던 뉴욕까지 차로 다녔을 때는 코네티컷주의 하트퍼드에 가까워지면 그런 기분을 느꼈는데, 이곳은 뉴욕까지 가는 길의 절반 지점이자 사우스브리지를 한참 지난 곳이었다.

우리 연구소 연구원들과 나는 최근 피로란 정신적 개념이라는 사실을 정식으로 시험하기 위해 몇 가지 연구를 진행했다. 첫 번째 연구에서는 장거리 운전에서 느끼는 피로도를 평가했다. 두 번째 연구는 지루한 계산을 할 때 경험하는 피로도를 살폈다. 세 번째와 네 번째 연구에서는 사람들에게 몸을 쓰는 과제를 수행하게 해 가설을 시험했다.[17]

여러 연구를 통해 내가 운전할 때 느꼈던 바가 특이한 현상이 아니었음이 밝혀졌다. 자기 보고에 따르면 참가자들은 실제 운전 시간과 무관하게 평균적으로 목적지까지 약 50퍼센트 도달한 지점에서 피로를 느끼기 시작해 75퍼센트 지점에서 피로를 가장 심하게 경험한 것으로 드러났다.

계산 연구에서는 뇌파가 이와 같은 패턴을 보이는지 살펴보고자 했다. 우리는 참가자들이 실험실에 도착하면 컴퓨터 앞으로 안내한 뒤 뉴로스카이 마인드웨이브(NeuroSky MindWave) EEG 헤드셋을 씌운 후 컴퓨터 모니터에 나오는 지시를 따르도록 요청했다. 그런 다음 참가자들을 무작위로 (a) 200문항 계산, (b) 400문항 계산, (c) 600문항 계산, 이렇게 세 집단으로 분류했다. 200문항 계산 집단의 참가자들에게는 1~80 사이 무작위로 생성된 정수가 나열된 종이 한 장을 제공했다. 참가자들은 3의 배수인 숫자를 연필로 표시해야 했다. 다른 두 실험 집단 역시 지시 내용과 과정은 같았지만 1~80 사이 무작위로 생성된 정수가 각각 400개와 600개가 주어졌다.

세 집단의 참가자들 모두 해당 과제를 수행하는 데 15분을 주었다. 즉 과제 수행 시간에 차이를 두지 않고 과제를 수행하는 데 따르는 정신적 부하에만 차등을 두었다. 사람은 보통 피로를 느낄 때 실수하기에 우리는 실수 횟수를 피로의 주된 척도로 삼았다.

세 집단 모두 대부분의 실수는 과제의 절반 지점에서 발생했다. 즉 첫 번째 집단은 100번째 즈음이었지만, 두 번째 집단은 200번째 문항 전까지는 실수하지 않았다. 600문항 집단은 300번째 문항 전까지 실수가 없었다. EEG 데이터 또한 같은 결과를 보여주었다. 참가자들이 피로를 느끼는 구간에서 EEG 알파 밴드의 진폭상 보상 신호가 눈에 띄게 치솟았다.

세 번째 연구에서는 참가자들에게 각각 120초, 180초, 240초 동안 악력기를 쥐게 하고 피로감을 느낄 때 알려달라고 요청했다. 이번에도 역시 참가자들은 실제 쥐고 있는 시간보다 정해진 수행 시간에 비례해 피로를 느끼는 현상을 보였다.

네 번째는 독일 비스바덴의 헤센 주립 발레단 소속 발레 무용수들을 대상으로 신체적 피로를 평가했다. 발레 무용수들은 통증과 신체적, 정신적 탈진 속에서도 주어진 역할을 수행하는 데 익숙하다. 이들은 주 5~6일 동안 아침부터 저녁까지 훈련과 리허설을 반복하는 일정을 소화한다. 이들의 몸은 신체적 불편함을 견디도록 단련되었고, 물집과 관절 및 근육 통증, 어떤 경우에는 심각한 부상을 입고도 두세 시간가량의 공연을 완수하는 체력을 지녔다.

이 실험에서 발레 무용수들이 수행해야 할 과제는 '데벨로페 아 라 스콘드(développé à la seconde)'로 한쪽 다리를 쭉 펴(무릎을 굽히지 않고) 90도 이상으로 들어 올리는 동작이었다. 애틀랜타 발레단의 남녀 무용수들을 대상으로 진행한 예비 연구를 통해 해당 동작의 평균 유지 시간을 파악한 우리는 독일 무용수들이 대체로 이 동작을 어느 정도 유지할지 대략 예상하고 있었다.

우리는 데벨로페 동작을 하는 참가자들의 모습을 영상으로 촬영한 뒤 전문 무용수로 훈련받은 세 명에게(어떤 연구인지는 알리지 않았다) 스톱워치를 제공하고 각 영상을 보며 영상 속 댄서가 (a) 피로를 느끼기 시작할 때와 (b) 가장 피로를 느낄 때를 초 단위로 기록해달라고 요청했다. 이번에도 우리의 가설을 뒷받침하는 사실을 발견했다. 연구 결과 무용수들이 피로를 느끼기 시작한다고 관찰자가 보고한 기록은 동작의 수행 시간이나 참가자의 성별과는 무관했다. 무용수들은 해당 동작을 유지한 지 3분의 1 지점에서 피로를 느끼기 시작하는 징후를 보여주었고, 4분의 3 지점에서 피로를 가장 심하게 느꼈다.

우리가 의식을 기울이지 않고 어떤 일을 할 때는 예측이 피로를 결정한다. 어떤 일을 완료하기까지 3분이 1 지점이든, 절반이든, 3분의 2 지점이든 언제 피로를 느낄 것이라 생각하는지는 시간이나 능력과 무관하다. 핵심은 같다. 피로는 신체적 한계가 아니라 정신이 결정하는 경우가 많다는 것이다.

심신일체와 피로가 마음에 달렸다는 관점을 뒷받침하는 또 다른 중요한 연구에서 앨리아 크럼과 동료들은 참가자들이 피로를 쉽게 느끼는 유전적 소인이 있는지 유전자 테스트로 확인했다.[18] 실험 참가자들은 개인의 기준치를 확인하기 위해 피로를 느낄 때까지 트레드밀 위에서 달렸다. 그런 뒤 연구진은 참가자들을 두 집단으로 나눴다. 절반에게는 '피로' 유전자가 있다고 알렸고, 나머지 절반에게는 해당 유전자가 없다고 전했다. 다시 말해 참가자 일부는—해당 유전자의 유무를—정확하게 전달받았고 일부 참가자들은 유전자가 없음에도 있다는 이야기를 들었다.

이들은 일주일 후 다시 트레드밀 위에 올랐다. 연구진은 유전자와 무관하게 믿음이 수행 능력을 결정한다는 사실을 발견했다. 안 좋은 유전자가 있다고 믿은 참가자들은 지구력과 폐활량이 떨어졌고, 이산화탄소 제거가 원활하지 않다는 징후인 대사전환율에 변화가 있었다.

어떤 일을 할 때 시작과 중간, 끝을 명확하게 나누는 데는 이점이 있다. 이런 구조를 세움으로써 우리는 한 가지 일을 마치고 다른 일로 넘어갈 수 있다. 다만 이런 구조는 영향을 쉽게 받는 듯하다. 우리가 피로를 느끼는 시점을 근본적으로 통제할 수 있다는 사실을 깨닫는다면 그 시점을 우리에게 유리하게 조정할 수 있다.

미소를 지으면 실제로 즐거워지는 이유

정신과 신체가 하나라면 마음을 달리하는 것으로 몸을 바꿀 수 있는 것 이상의 일을 할 수 있다. 몸에 변화를 주는 것으로 마음에도 변화를 줄 수 있는 것이다. 운동과 같은 활동과 질병처럼 신체적 변화에 심리가 대대적인 영향력을 미치지만, 심리적인 영향력은 미시적으로도 발휘될 수 있다.

'체화된 인지(embodied cognition)' 연구로 심신일체를 보여준 사례는 예일 대학교 존 바그(John Bargh)의 심리학 연구실에서 탄생했다.[19] 존 바그와 로런스 윌리엄스(Lawrence Williams)는 단순하면서도 명쾌한 연구 하나를 진행했다. 이 실험의 참가자들은 뜨거운 커피 또는 차가운 커피가 담긴 잔을 들고 있어야 했다. 이후 이들에게 한 사람의 묘사가 담긴 설문지를 제공했다. 조금 전에 뜨거운 커피를 쥐고 있었던 참가자들은 차가운 커피를 들고 있었던 참가자들보다 설문지 속 인물을 더욱 따뜻한 사람으로 인식했다.

이후 다른 연구자들이 이 연구 결과를 재현해내지는 못했지만(연구의 효과가 사실일지 몰라도 특정 맥락에서만 유효한 것일 수 있다) 심리학자 한스 이저맨(Hans Ijerman)과 귄 세민(Gün Semin)은 사람들이 차가운 음료를 들고 있었을 때보다 따뜻한 음료를 쥐고 있었을 때 상대에게 더욱 친근함을 느낀다는 사실을 밝혀냈다.[20]

또한 사람들은 날씨가 따뜻할 때 더욱 행복감을 느끼고 자신의 삶에 만족하는 경향이 있다. 심리학자인 나오미 아이젠버거(Naomi Eisenberger)는 체온이 낮을 때보다 높을 때 타인과 연결된 기분을 더 느낀다는 사실을 발견했다.[21] 이보다 좀 더 흥미로운 연구는 사회적 거부에 관한 그녀의 연구다. 가상으로 공을 주고받는 경기에 참여한 참가자들은 공이 자신에게 오지 않을 때 사회적으로 거부당한 것처럼 느꼈다.[22]

그녀는 fMRI(기능적 자기공명영상) 데이터를 이용해 사회적 거부를 경험할 때 전대상피질에 나타나는 두뇌 패턴이 신체적 고통과 같다는 점을 발견했다. 신체적 고통 패턴과 심리적 패턴이 두뇌 속 같은 영역에서 나타난다면 이는 심리적인 방법으로 신체적 고통이 나아질 수 있다는 뜻이었다.

이와 관련해 내가 가장 좋아하는 실험 중 하나는 독일 뷔르츠부르크 대학교의 심리학자 프리츠 슈트라크(Fritz Strack)와 자비네 스테퍼(Sabine Stepper), 그린즈버러에 있는 노스캐롤라이나 대학교의 레너드 마틴(Leonard Martin)이 진행한 것이다.[23] 이들은 연구의 목적에 대해 전혀 모르는 참가자들에게 연필을 입술이나 치아로 물고 있게 했다. 전자는 얼굴을 찡그릴 때와 같은 근육을 자극하는 한편 후자는 미소를 지을 때 쓰는 근육을 자극했다. 이후 참가자들에게 만화를 보고 얼마나 재밌었는지를 평가해달라고 요청했다. 자기도 모르게 얼굴을 찡그려야 했던 참가자들은 미소를 지어야 했던 참가자들에 비해 만화를 보고 재밌다고 느끼는 정도가 덜했다.

나는 학생들에게 이 연구를 설명할 때마다 즐거움을 느낀다. 이야기의 반은 연필을 치아 사이에 낀 채로, 나머지 반은 연필을 입술에 문 채로 학생들에게 들려준다. 물론 이때 느끼는 즐거움보다 더 중요한 점은 신체에 변화를 주면 동시에 정신도 변한다는 사실을 이 연구 결과가 명확히 보여준다는 것이다.

감각 능력과 정신의 상관관계

그동안 신체를 정신과 분리되었다고 보는 관점 때문에 감각에는 한계가 있다는 믿음이 지배적이었다. 나는 시력이 달라질 수 있다고 설명할 때면 청중들에게 배가 고프지 않을 때보다 배가 고플 때 좋아하는 음식점이 더욱 빨리 눈에 들어오지 않느냐는 이야기를 꺼내곤 한다. 좀 더 공식적인 증거는 우리 연구소에서 검안사와 안과 의사들이 사용하는 시력 검사표로 진행한 연구다.[24] 표준 시력 검사표에서는 아래로 내려갈수록 글자 크기가 점점 더 작아진다. 이런 연유로 제일 아래 있는 글자는 읽어내지 못한다는 예측이 생겨난다. 앞서 언급한 한 연구에서 우리는 가장 큰 글자가 제일 아래에 위치하도록 시력 검사표의 위아래를 바꿔 사람들의 예측을 뒤집었다. 당연하게도 사람들은 그전에는 읽지 못했던 글자들을 읽을 수 있게 되었다.

또 다른 실험에서는 표준 시력 검사표의 3분의 2 지점부터는 대개 글자를 읽을 수 없을 거라는 사람들의 예측을 이용했다. 실험 참가자들에게 기존의 검사표에서 위에서 3분의 1 지점에 있는 글자 크기로 시작하는 검사표를 제시한 것이다. 참가자들은 표준 검사표에 있는 글자보다 훨씬 작은 글자들을 읽기 시작했고 이전에 보지 못했던 크기의 글자들까지 볼 수 있었다.

어쩔 수 없는 일이겠지만 의료계는 다수 사람을 바탕으로 한 표준적이고 확률적인 정보만을 가지고 의료를 행한다. 그럼에도 의료 정보가 전달되는 방식이 개개인에 맞춰 개선될 여지는 있다. 예를 들어 시력이 20/60(60피트 거리에서 선명하게 보여야 하는 사물이 20피트 앞에서 봐야 잘 보인다는 의미로, 경미한 시력 저하를 가리킨다-옮긴이)이라는 진단을 받을 때 의사에게서 이번 검사 결과 '현재' 시력이 20/60이라는 설명을 듣는다고 생각해보자. 그간의 내 실험들과 심신일체의 힘을 향한 내 믿음을 바탕으로 생각해보면 이렇듯 아주 작은 화법의 변화로도 일부 사람들은 다음 시력 검사에서 더 나은 결과를 보일 것이다.

한편 나는 감각의 변화를 인지하는 능력이 얼마나 대단한 힘을 지녔는지 몸소 절감한 적이 있었다. 나는 글을 읽을 때면 왼쪽 눈에 렌즈를 낀다. 어느 날 밤, 잠자리에 들기 전에 렌즈를 빼려고 했다. 렌즈가 잡히지 않아 손가락으로 더듬던 와중에 눈에 상처를 낼 뻔했다. 다행스럽게도 심각한 부상을 입기 전에 내가 렌즈를 끼지 않았다는 것을 기억해냈다. 그제야 생각해보니 그날 종일 눈이 잘 보였다. 나는 다음 날에도 렌즈를 끼지 않고 어떤 일이 벌어질지 살펴보기로 했다. 이것은 4년 전에 있었던 일이고, 나는 지금도 책을 볼 때 안경을 찾지 않는다.

그날 이후로 나는 감각적 능력이 '고쳐야' 하는 대상인지 알아보는 조사를 했다. 캐린 거닛-셔벌과 나는 대학생 103명의 청력을 검사했다.[25] 참가자들에게는 우리가 감각과 정보 처리 과정에서 개인의 차이를 알아보고자 한다고 설명했다. 우리는 학생들을 네 집단으로 나누고 청력 검사를 진행한 후 참가자들에게 각자 선택한 팟캐스트를 청취하도록 요청했다. 한 집단에는 해당 팟캐스트를 듣고 나면 이후 있을 청력 검사에서 더 높은 점수가 나올 것이라고 설명했다. 두 번째 집단에는 팟캐스트를 들으라는 주문만 했다.

세 번째 집단에는 팟캐스트를 낮은 음량으로 들으면 인위적으로 청력을 훈련할 수 있고 이로 인해 나중에 청력이 더욱 좋아질 수 있다고 설명했다. 네 번째 집단에는 낮은 음량으로 설정된 팟캐스트를 30분 동안 듣게 했지만 청력에 관한 이야기는 하지 않았다. 정리하면 참가자들은 청력 개선을 기대하는 집단과 기대하지 않는 집단, 보통의 음량으로 팟캐스트를 듣는 집단과 보통보다 낮은 음량으로 듣는 집단으로 나뉘었다.

검사 결과 팟캐스트를 아주 낮은 음량으로 들은 집단은 청력 개선을 기대하든 기대하지 않았든 처음보다 높은 청력 점수를 기록했다. 시력 검사 때와 마찬가지로 과제를 어렵게 만들자 참가자들은 이후 검사를 더욱 수월하게 해냈다.

먹는 것을 상상하면 배가 부를까

대학생 때 정신물리학 수업 때문에 읽었던 기사 하나가 내게 오랜 영향을 미쳤다. 메리 치브스 웨스트 퍼키(Mary Cheves West Perky)라는 미국의 초기 심리학자가 1910년에 작성한 글이었다.[26] 실제 경험과 상상 경험에 대해 생각했던 퍼키는 이 두 가지가 본질적으로 다르지 않다는 사실을 발견했다. 내가 기억하는 바에 따르면 그녀의 연구에서 참가자들은 화면을 보며 바나나나 토마토 등 다양한 사물을 상상했다. 그리고 어느 시점엔가 참가자들에게 알리지 않고 이미지가—가령 바나나 그림이—화면에 나타났다. 나중에 참가자들에게 물어보자 이들은 자신이 그 이미지를 상상했다고 생각하고 있었다.

얼마 전 이 문제에 대해 생각해보던 나는 우리의 믿음이 인지에 항상 영향을 주는 만큼 두뇌가 두 가지를—실제와 상상을—구별하도록 설계되지는 않았을 거라는 결론에 이르렀다. 어쩌면 우리는 같은 대상을 다른 맥락에서 바라보며 다른 두 가지라고 여기는 것일지도 모른다. 만약 실제와 상상 경험이 같은 효과를 지닌다면 우리에게 온갖 다양한 가능성이 열리는 셈이다.

10대 초반일 때 나는 토요일마다 친구 루이스와 함께 시간을 보냈다. 그날 하루 동안 뭘 하며 놀지 정하는 것은 언제나 나보다 몇 살 많았던 루이스의 몫이었다. 나는 불만 없이 따랐다. 우리는 아이스크림을 자주 사 먹었다. 루이스는 해당 사항이 없었지만 체중을 조절해야 했던 나는 바나나 스플릿이나 핫 퍼지 선디를 먹는 루이스의 곁을 지키기만 했다. 그릇에서 한 스푼 가득 뜬 아이스크림이 루이스의 입으로 향할 때마다 나는 그 아이스크림을 먹는 상상을 했다. 재밌게도 가게를 나올 즈음이면 우리 둘 다 포만감을 느꼈다.

오랜 시간이 지나 캐리 모어웨지(Carey Morewedge)와 동료들이 참가자들에게 치즈를 먹는 상상을 하게 한 연구가 우연히 떠올랐다.[27] 어떤 참가자들은 치즈를 먹는 상상을 더 많이 했고, 다른 참가자들은 상상하는 횟수가 그보다 적었다. 상상을 많이 한 참가자들은 실제로 치즈가 등장했을 때 다른 참가자들보다 섭취량이 적었다. 상상 속 섭취로 배가 불렀던 탓이었다.

실험은 아니지만 상상 섭취의 효과가 가장 극적으로 드러난 사례는 아마도 하버드 동료였던 르노어 와이츠먼(Lenore Weitzman)과

예루살렘 히브리 대학교의 달리아 오퍼(Dalia Ofer)의 저서일 것이다.[28] 와이츠먼과 오퍼는 홀로코스트에서 생존한 유대인들의 회고와 인터뷰를 바탕으로 강제수용소에서 지낸 남성과 여성 모두가 시달린 극심한 허기에 대해 글을 썼다. 이들은 남성과 여성 모두 대대적인 굶주림을 경험하고 고통받았지만 여성들이 굶주림을 견디는 데 도움이 되는 행동을 좀 더 적극적으로 했다는 사실을 발견했다.

온종일 강제 노동을 한 후 밤이 되면 이들은 머무는 방에 모여 음식에 대해, 특히 유대인 명절에 먹는 음식과 결혼식 및 바르미츠바 행사 때 준비하는 정성 어린 음식들에 대해 이야기했다. 또한 할라(challah, 유대교 안식일에 먹는 빵)와 같이 널리 알려진 유대인 음식을 가장 맛있게 만드는 방법을 공유하고—토론도 했으며—여러 호화스러운 디저트를 두고 끝도 없이 이야기를 나눴다. 한 여성은 "아우슈비츠에서 요리하는 법을 배웠어요. 수용소에서 풀려났을 때는 특히 팔라친타(palacsinta, 헝가리의 크레페 디저트)를 포함해 수많은 디저트의 요리법을 외울 정도였죠"라고 전했다.

와이츠먼과 오퍼는 여성들은 이런 특별한 음식의 맛을 떠올리는 것만으로도 포만감을 느꼈던 것 같다고 적었다. 만약 그렇지 않다면, 그러니까 음식을 생각할 때 배가 더 고파지는 것이라면 굶주림에 시달린 이들이 음식을 굳이 떠올리는 이유를 상상하기가 어렵다. 이 여성들의 이야기를 들어보면 예전의 삶을 떠올리는 것이 잠시뿐일지라도 자신이 처한 가혹한 환경과 수용소에서 경험한 굴욕을 초월하는 데 도움이 되었던 것 같다. 행복한 식사에 대한 기억 덕분에 이들은 가족들을 위해 다시 한번 요리를 할 미래를 상상할 수 있었고, 그 미래에 대한 믿음이 이들에게 힘을 주었다.

와이츠먼과 오퍼는 실제로 수용소에서 굶주림이 어떤 결과로 이어졌는지도 신중하게 언급했다. 그리고 몇몇 수용소에서 여성들이 [테레친(Theresienstadt) 수용소에서 집필된 《기억 속의 부엌(In Memory's Kitchen)》과 같이] 여러 요리책을 썼고, 이런 요리책들은 음식을 주제로 대화를 나누고 요리법을 공유했던 일이 이들의 생존을 돕고 미래가 있을 거라는 믿음을 다지는 데 중요한 역할을 했다는 증거라고 설명했다.[29]

다른 욕구들 또한 가상으로 충족될 수 있을 것이다. 〈매드맨(Mad Men)〉이 처음 TV에 방영될 당시 등장인물들이 전부 흡연하는 에피소드가 나왔다. 흡연자들은 다른 사람이 담배에 불을 붙이는 모습을 보면 자신도 담배를 피우고 싶다고 생각할 때가 많다. 언젠가 TV를 켰다가 그 드라마가 나오고 있었는데, 마침 누군가 담뱃불을 붙이는 장면이 등장했다. 그때 나는 담배를 보는 것만으로도 욕구를 자극하는 것인지, 아니면 흡연하는 상상이 사람들에게 담배에 불을 붙이게 만드는 것인지 궁금해졌다.

만일 후자라면 누군가 담배를 끄는 모습을 보면서는 흡연을 하고 싶은 마음이 들지 않아야 했다. 또한 내가 아이스크림을 먹는 상상을 했을 때처럼 담배를 하나 다 태우는 상상을 하면 실제로 흡연하지 않고도 만족감을 줄 수 있을지 궁금했다. 이 책을 집필하는 지금, 이 가설을 실험하는 중이다.

상상 훈련으로 몸을 단련하기

상상 훈련에 관해 비노트 란가나산(Vinoth Ranganathan)과 동료들이 진행한 아주 흥미로운 연구를 살펴보자. 이들은 3개월간 머릿속으로 손가락 하나를 운동하거나 팔꿈치 굽힘근을 운동한 참가자들을 두 통제 집단과 비교했다. 통제 집단 중 하나는 실제로 해당 운동을 한 사람들이었고 다른 집단은 실제로도, 머릿속으로도 하지 않은 사람들이었다.[30]

결과는 충격적이었다. 아무런 운동도 하지 않은 집단과 비교해 실제 운동을 한 집단은 손가락 힘이 53퍼센트 상승했고, 상상 훈련을 한 집단은 35퍼센트 상승했다. 상상 훈련을 실제로 얼마나 했을지 파악할 방법은 없으며, 아마도 이 지점에서 상상 훈련과 실제 훈련의 성과 차이가 발생하는 것으로 보인다. 그럼에도 결과는 여전히 놀랍다.

상상 훈련의 효과는 다른 여러 연구에서도 드러났다. 한 예로 어떤 스포츠를 한다고 생각하는 것만으로도 수행 능력이 높아질 수 있다.[31] 한 연구에서는 심상으로만 이루어진 둔부 운동 프로그램이 실제 운동만큼 효과적이라는 사실을 밝혔다. 둔부 근력은 각각

23.7퍼센트와 28.3퍼센트 증가했는데 이는 통계적으로 동등하다고 볼 수 있는 수치였다.[32] 아무런 훈련도 받지 않은 그룹은 근력이 조금도 향상되지 않았다. 우리 연구소 연구원인 프란체스코 파그니니는 여성 배구 선수들에게 5분간 하늘을 나는 상상을 하게 했다.[33] 이후 이들은 아무런 관련 없는 영상을 본 통제 집단보다 점프 높이가 크게 향상되는 모습을 보였다.

심신일체라는 개념은 증상을 완화하는 데도 효과를 보였다. 우리 연구소에서 진행한 연구에서는 관절염 환자들에게 열흘 내내 피아노를 치는 피아니스트의 손을 촬영한 2분짜리 영상을 시청하도록 했다.[34] 영상을 시청하는 동안 참가자들은 의식을 기울여 피아노를 치는 상상을 하거나(심상 시뮬레이션), 의식을 기울여 피아노 연주의 여러 요소를 인식하거나(의식을 기울인 청취), 단순히 연주를 들으며 휴식을 취했다. 그리고 시청 전후에 관절염 증상의 자기 보고와 손의 힘, 손을 쓰는 능력, 유연성을 생리적으로 측정했다. 그 결과 휴식은 별다른 효과를 발휘하지 못했지만 의식을 기울인 상상 연주와 청취는 모두 통증에 대한 자기 보고와 손을 쓰는 능력 및 손목과 손가락 유연성을 생리적으로 측정한 결과에서 효과를 보였다.

우리 마음의 무한한 가능성

심신일체 이론은 여러 흥미로운 가설을 제시한다. 그중 하나는 성형 수술에 관한 것이다. 주름제거 수술을 받으면 어떤 일이 벌어질까? 객관적인 기준으로는 효과가 밝혀지지 않았다고 해도 본인은 더 젊어졌다고 믿을까? 변한 자신의 모습을 수용한다면 그럴 가능성이 매우 크다고 생각한다. 물론 심신일체라는 개념만 작용한 것은 아닐 터다. 젊어졌다는 주변 사람들의 반응이 다른 긍정적인 효과로 작용할 수도 있다.

유방암은 남성이 아니라 주로 여성들과 관련된 질병이다. 만약 여성이 스스로 남성의 육체를 지녔다고 상상한다면 어떻게 될까? 이런 상상이 유방에 생긴 종양의 크기를 줄일 수도 있을까? 보기보다 말이 안 되는 이야기는 아닐지도 모른다. (여성으로 태어났지만 남성의 정체성을 지닌) 트렌스젠더 남성들은 일반적인 여성 인구보다 유방암 발병 위험이 낮다는 사실을 밝힌 연구도 이미 있다.[35]

트렌스젠더 남성들이 호르몬 치료를 받으며, (폐경기 여성에게 호르몬을 보충하는) 호르몬 대체요법이 유방암 발병을 높일 수 있다는 사실을 생각해보면 연구 결과가 더욱 흥미롭게 느껴진다. 이 사안에서 심신일체 가설에 대응하는 다른 설명으로는 자신이 여성의 몸에 갇혀 있다고 느끼는 사람들은 애초부터 대다수 여성보다 테스토스테론이 많이 분비되고, 테스토스테론이 유방암을 방지하기 때문에 해당 집단이 유방암에 걸릴 확률 또한 낮아진다는 것이다.

트렌스젠더 남성이 유방암에 걸릴 확률이 낮은 이유에 심신일체가 작용한다는 사실을 뒷받침하는 한 흥미로운 연구에서는 직원을 해고하는 행위를 사례로 들었다. 누군가를 해고하는 일은 보통 남성들이 좀 더 수월하게 하므로 남성적인 행동이라고도 볼 수 있다.[36] 연구진은 여성과 남성들이 누군가를 해고하는 시늉을 할 때 이들의 테스토스테론 수치가 증가하는 현상을 발견했다. 따라서 남성처럼 행동하는 것만으로도 테스토스테론의 분비를 자극할 수 있고 이로 인해 유방암을 예방할 수도 있다.

내게는 이 모든 연구가 심신일체를 이해하면 수많은 가능성이 열린다는 사실을 분명히 보여주는 사례다.

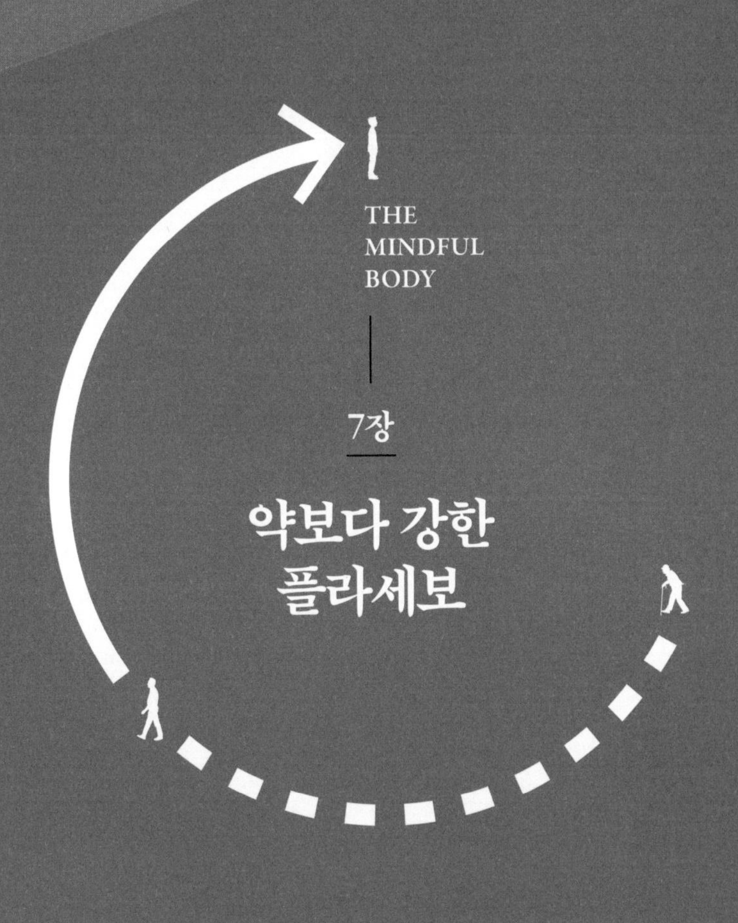

7장

약보다 강한 플라세보

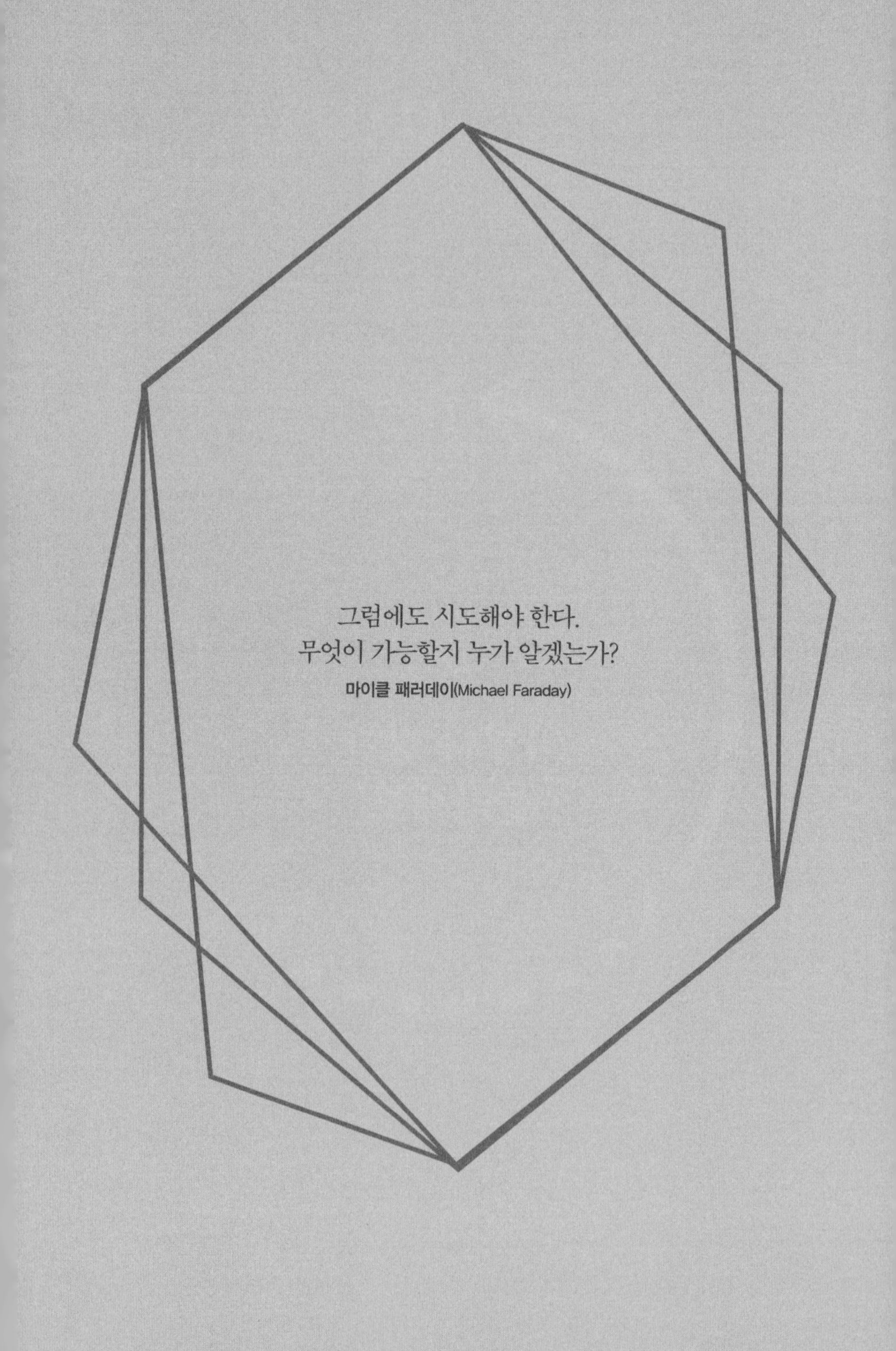

그럼에도 시도해야 한다.
무엇이 가능할지 누가 알겠는가?

마이클 패러데이(Michael Faraday)

플라세보를 주제로 하는 연구들을 고려하면 심신일체에 대한 내 주장은 새로운 차원으로 도약한다. 많은 사람이 아는 플라세보는 무해한 설탕 알약으로, 어떤 약물이 위약보다 효과가 뛰어난지 알아보기 위해 진짜 약을 섭취하는 집단과 위약을 섭취하는 집단을 비교하는 연구에서 쓰인다. 오래전에는 치료 효과를 내는 다른 비활성 물질들을 사용했었다. 1794년 라니에리 게르비(Ranieri Gerbi)는 벌레의 분비물을 치통을 앓는 환자의 치아에 문질러 치료했는데 이후 1년 동안 치통을 느끼지 않은 환자들이 60퍼센트 이상이었다.[1] 역사적으로 말린 여우의 폐, 두꺼비의 눈, 수은, 거머리, 전류가 효과적인 치료제로 쓰였다.

미국 제3대 대통령이었던 토머스 제퍼슨은 저명한 의사였던 자신의 주치의가 환자들에게 플라세보를 처방했으며 질병이란 심리적 작용이 크다고 믿는 사람이었다고 기록했다.[2] 20세기 초반 가장 유명했다고 볼 수 있는 미국의 내과 의사 리처드 캐벗(Richard Cabot)은 이런 말을 남겼다. "다른 내과 의사들도 그렇겠지만 나는 … 환자의 증상을 그의 마음에서부터 다뤄 … 플라세보를 쓰라는 가르침을 받았다."[3]

이제는 특이하게 여겨지는 다른 여러 치료법들도 과거에는 플라세보 역할을 했다. 1800년대 초에 의사였던 프란츠 메스머(Franz Mesmer)는 에너지가 생물과 무생물을 오가며 전이될 수 있다고 믿었다.[4] 그의 발자취를 따라 메스머주의자들은 표면적으로는 '불균형을 바로 잡는다'며 자석과 신체적 터치, 자화수(magnetized water, 자성을 지닌 물-옮긴이)로 사람들을 치유했다. 문헌에서 내가 찾은 가장 끔찍한 사례는 여성이 "경련을 일으킬" 때까지 자석으로 질에 압력을 가한 것이었다. 이때 경련은 치료가 효과적임을 드러내는 신호였다.

1784년의 한 연구에서는 메스머주의를 '과학적으로' 조사했다. 연구진은 자성을 띤 나무 한 그루를 소개하며 환자들에게 그 나무 앞에 서면 치료 효과를 볼 것이라 설명했다. 그런데 연구진은 환자들을 다른 나무 앞으로 데려갔고 놀랍게도 환자들은 증상이 나아졌다. 자성이 아니라 이들의 믿음이 치유의 진짜 이유였다. 과거의 치료법에 관한 이야기를 접하며 이상함을 느끼는 것처럼, 어쩌면 훗날에도 지금의 치료법을 두고 비슷한 감정을 느낄지도 모른다.

플라세보와 관련해 특히 주의해야 할 사안이 두 가지 있다. 첫째로 플라세보는 무해해야 한다. 자성이 없는 나무 앞에 서는 것과 온몸에 거머리를 올리는 것은 사뭇 다른 일이다. 둘째는 인과귀인(因果歸仁, attributions of causality. 타인의 행동과 자신에게 일어난 일들을 이해하기 위해 원인을 찾는 것-옮긴이)과 관련된 것이다. 플라세보는 신체가 치유되도록, 좀 더 정확히 말하자면 몸과 마음이 치유되도록 단순히 정신을 유도하는 도구라는 점을 명심해야 한다. 하지만 부적절한 플라세보가 인정을 받는 경우가 너무도 많다.

한 예로 동종요법에서는 천연 물질을 극도로 희석한 혼합물로 질병을 치료한다. 그 혼합물은 물질을 수천 번 이상 희석해 만든 것이다. 이 자체로는 문제 될 게 없으며, 이 물을 마시는 것은 일반 물을 마시는 것과 크게 다르지 않다. 오히려 신체 반응을 이끌어낼 수 있는 설탕 알약보다 나을 수도 있다. 하지만 동종요법이 효과가 있다면 그건 혼합물이 아니라 환자 덕분으로 보는 편이 안전할 것이다. 치유를 가능케 한 것은 인간의 신체다.

이런 주의 사항을 염두에 두지 않는다면 어리석은 순환 오류에 빠질지도 모른다. 동종요법 치료가 좋은 결과로 이어졌는가? 훌륭하다. 동종요법이 효과가 있다는 증거다. 동종요법 효과가 없었는가? 그럼 치료가 부족했다는 뜻일 테니 용량을 늘려야 한다라는 식이다. 플라세보로 물을 마시는 것이라면 비교적 무해하지만 위의 논리가 거머리에도 적용된다면 너무 많은 사람의 몸에 너무 많은 거머리를 올리는 결말에 이를 수 있다. 두 상황 모두 증상이 나아지지 않는다면 아무 의식 없이 실패한 방식을 계속 따르기보다는 의식을 기울여 추가적인 대안을 살피고 탐험해야 할 것이다.

《블랙박스 시크릿》에서 매슈 사이드는 더 많은 거머리를 올리면 될 거라는 식의 사고를 두고 '폐쇄회로 사고(closed-loop thinking)'

라고 불렀다. 이는 의식을 기울이지 않는 안타까운 사고 프로세스로, 아무리 많은 데이터나 증거가 있어도 새로운 결론에 이를 수 없다고 그는 설명한다.[5]

플라세보의 힘은 어디서 오는 걸까

설탕 알약이든, 식염수 주사든, 위약 수술이든 그 치료법이 효과가 있을 거라고 믿으면 실제로 치료가 되는 경우가 많다. 대단히 놀라운 사례 하나는 한 환자에게 구토를 멈추는 데 토근(중앙아메리카와 브라질에서 자라는 관목으로 뿌리가 약으로 쓰인다-옮긴이)이 효과가 있다는 것이다. 실제로 구토가 멈추기도 하지만 사실 토근은 구토를 유발하는 약재다.[6]

바이러스성 인후염으로 항생제를 처방받는 환자들이 많다. 하지만 항생제는—세균성 감염증에는 강력한 효과를 보이지만—바이러스성 감염에는 의학적 효과가 알려진 바 없다. 정신과 의사 어빙 커시(Irving Kirsch)가 진행한 한 흥미로운 연구를 보면 사람들은 카페인 섭취와 더불어 자신이 카페인을 섭취했다는 사실을 인식할 때만 신경과민 증상을 보였다.[7]

또한 우리는 치료법이 고생스러울수록 효과가 좋을 거라고 생각한다. 따라서 알약보다 주사가, 주사보다 위약 수술이 효과가 높다. 위약 수술에 관련한 데이터는 놀라울 정도다. 1959년 심장외과 의사인 레너드 코브(Leonard Cobb)는 흉통을 줄이기 위해 혈관을 수축시키는 수술인 내유동맥 결찰술을 받을 환자들을 관찰했다.[8] 그리고 실제로 수술을 받은 환자들과 위약 수술을 받은 환자들 간에 아무런 차이가 없다는 사실을 발견했다. 양측 모두 즉각 흉통이 완화되었다고 보고했고, 양측 모두 통증 완화 효과는 최소 3개월간 지속되었다.

효과 면에서 위약 수술이 전통적인 수술과 다름없는지를 시험하는 여러 연구가 진행되었다(참가자들에게 플라세보 집단에 속할 수도 있다는 사실을 고지하고 동의서에 서명을 받았다). 그중 한 연구에서는 파킨슨병 환자들에게 두개골 내 태아신경세포 이식의 효력을 살폈다.[9] 위약 수술 집단에 속한 환자들 역시 마취한 뒤 이들이 진짜 수술을 받았다고 믿도록 외과 의사가 머리에 구멍을 뚫었지만 실제로 신경세포를 이식하지는 않았다. 효과는 실제 수술과 같았다.

또 다른 연구에서는 절개는 이뤄졌지만 실제 수술은 진행되지 않은 위약 수술과 실제 무릎 수술을 비교했다.[10] 관절경 수술은 위약 수술과 비교해 별다른 효과를 발휘하지 못했다. 환자들을 2년간 지켜보며 통증은 어떤지, 잘 걸을 수 있는지를 살핀 결과였다.

이런 위약 수술이나 시술을 받았던 사람들은 소수겠지만, 저침습적 플라세보의 효과를 밝힌 연구는 셀 수 없이 많다. 한 연구에서는 피부에 생긴 사마귀에 밝은색을 칠한 뒤 색이 지워지면 사마귀도 사라질 거라고 환자들에게 설명했다.[11] 그리고 정말로 색과 함께 사마귀가 사라졌다. 또한 천식 환자들에게 기관지 확장제를 흡입하면 기도가 넓어질 거라고 설명하고 흡입하게 하자 실제로 놀라울 정도로 증상이 완화되었다. 하지만 이들이 사용한 천식 흡입기에는 활성 약물이 들어 있지 않았다.[12]

사랑니 발치로 통증을 호소하는 환자들에게 가짜 초음파 검사를 했을 때는 진짜 초음파 검사를 한 사람들만큼 환자들의 증상이 완화되었다.[13] 플라세보 치료를 받은 대장염 환자의 52퍼센트가 증상 완화를 보고했고 이 중 환자의 50퍼센트는 S상결장경 검사상에도 염증이 생긴 장이 나아진 모습을 보였다.[14]

행동경제학자 댄 애리얼리와 동료들은 우리가 약값을 많이 지불할수록 약효 또한 좋아지는 경향이 있다는 점을 발견했다.[15] 한 번 생각해보자. 두 사람이 똑같은 약을 다른 가격에 복용했을 때(또는 비싸게 산 약을 한 번 섭취한 후 다음번에는 같은 약을 저렴하게 구매했을 때) 건강에 차이가 발생하는 현상을 어떻게 설명할 수 있을까? 어떤 이유에서인지 치료비용에 따라 건강이 좋아질 거라는 예측이 놀라운 개선 효과로 이어진 것이다. 스스로 건강을 낫게 할 수 있다면 왜 우리는 굳이 약을 섭취하는 것일까? 아마도 기술이 발달하면서 우리가 약과 의료적 치료에 의존하게 되었고 스스로가 나을 기회를 주지 못한 게 이유일 것이다.

다른 연구에서는 학생들에게 감기 증상의 변화와 증상 완화를 위해 먹는 약물 및 약의 효과를 기록하도록 주문했다. 그 결과 할인

된 가격이 아니라 정가를 주고 감기약을 구매한 학생들이 가장 빨리 나았다.[16] 이 연구진은 또 다른 연구에서 더 비싼 에너지 드링크를 마신 학생들이 피로를 덜 느끼고 인지력을 활용한 애너그램(단어의 문자를 재배열해 다른 단어로 만드는 퍼즐-옮긴이) 과제에서 더 나은 성과를 보이는 것을 발견했다.[17] 윤리적 쟁점을 불러일으킬 수 있는 사안이다. 나는 더 건강한 삶에 대한 답이 더 높은 비용이라고는 생각하지 않는다. 다만 이 연구 결과들이 중요한 지점은 우리의 믿음이 건강에 필수적이라는 생각을 뒷받침한다는 것이다.

우리는 심지어 섭취하는 알약의 색깔에도 나름의 기대를 품는다. 연구를 통해 노란색 알약이 우울증에 가장 효과가 좋고,[18] 초록색 알약은 불안에 좋으며, 흰색 알약은 락토오스만 함유되어 있다 해도(이 물질은 궤양 치료에 효과적이지 않다) 궤양에 좋고, 빨간 알약은 에너지를 높이는 데 좋다는 사실이 드러났다.[19]

특정한 말이 플라세보처럼 작용하기도 한다. 이런 말들의 힘은 그 말이 지극히 단순한 덕분에 삼키기 수월한 알약처럼 타인이 쉽게 받아들이는 데 있다. 플라세보가 신체적 반응을 좌우하듯 말이 행동 또는 반응에 영향을 미치는 경우가 많다.

내가 아주 초창기에 진행한 일부 연구에 따르면 '왜냐하면(because)'이라는 단어 하나만으로 새로운 정보를 제시하지 않아도 사람들에게 행동을 유도할 수 있다.[20] 이 연구에서 우리는 복사기를 사용하기 위해 길게 형성된 줄의 제일 앞사람에게 다가가 "제록스

(Xerox) 기계를 사용해도 될까요?" 또는 "제록스 기계를 사용해도 될까요? 왜냐하면 제가 복사를 좀 해야 해서요"라고 물었다. 여기서 복사기를 사용해야만 하는 특별한 이유를 제시하지 않았다는 점을 유념하길 바란다. 그럼에도 많은 사람이 '왜냐하면'을 말한 사람에게 자신보다 먼저 복사기를 사용하게 해주었다.

유니버시티 칼리지 런던의 수학과 교수 앨런 소칼(Alan Sokal)은 이와 유사한 방법으로 말의 힘을 시험했다.[21] 그는 한 학술지에 양자 중력은 사회적 및 언어적 구성체라는 내용의 터무니없는 논문을 투고했다. 대체로 '양자 중력' 같은 단어들이 지닌 무게감 때문에 아무런 문제 없이 통과되는 경우가 많은데, 소칼의 논문 역시 출판 허가를 받았다. 그것이 가능했던 이유를 두고 그는 "첫째, 그럴듯해 보이기 때문이다. 둘째, 편집자들의 이념적 고정관념에 힘을 실어주는 난센스로 듬뿍 버무려진 덕분이었다"라고 말했다.

철학자 피터 버고지언(Peter Boghossian), 수학자 제임스 린지(James Lindsay), 작가이자 영국의 문화비평가 헬렌 플럭로즈(Helen Pluckrose)가 진행한 '불만 연구(grievance studies)'는[22] 그들에게 너무도 충격적으로 느껴지는 사안을 주제로 20편의 글을 써 학술지에 투고한 것이다. 예를 들면 강간 문화에 사용되는 개들, 페미니스트의 언어로 다시 쓰인 히틀러의 《나의 투쟁》 등이 그 주제였다. 이들의 목적은 학술지 출판계에서 학문적 엄격함이 사라지는 현상과 부조리한 주제들마저도 그 출처가 괜찮은 자격을 갖춘 이들이라면 빛을 보는 현실을 알리는 것이었다. 놀랍게도 이들의 글 중 여섯 편만이 거절당했다. 네 편은 출판되었고 세 편이 출판 허가를 받았으며, 일곱 편은 이들의 농간이 드러나 심사가 진행되었다.

이처럼 우리는 알약과 언어에 강한 기대감을 품는다. 마치 폴 사이먼의 가사처럼 "원하는 것만 듣고 나머지는 무시"하는 것이다.

두뇌가 통증을 인식하는 법

제약 회사들은 약을 출시하려면 무작위 대조 임상시험에서 해당 약물이 플라세보보다 더 효과적이라는 사실을 연구로 보여주어야 한다. 다만 많은 사람이 모르는 사실은 플라세보가 이 약만큼, 심지어 그보다 더 나은 효과를 보여준다는 연구가 셀 수 없이 많다는 것이다. 이런 연구들은 출판 허가를 받지 못해 사람들에게 알려지지 않았다.

우리가 이런 연구들을 통해 깨우쳐야 할 점은 특정 약이 효과가 없다는 게 아니라 플라세보가 얼마나 효과적일 수 있는지, 약물은 보통 부작용이 있지만 플라세보는 대체로 부작용이 없는 사실까지 고려하면 그 효과가 얼마나 대단한지 깨닫는 것이다. 이런 점에서 나는 플라세보가 가장 효과적인 약이라고 생각한다.

약물의 부작용을 예상한 연구 참가자가 기대와 달리 부작용을 경험하지 못했을 때 이들은 자신이 플라세보 집단에 속했다고 짐작하고 증상의 개선을 기대하지 않거나 경험하지 않을 수 있다. 반대로 실제 약물 집단에 속한 참가자들이 부작용을 경험한다면 이들은 자신이 진짜 약물을 받는 집단에 있다고 결론짓고 효과를 기대할 수도 있다. 부작용이 클수록 자신이 약물 집단에 속했다는 믿음 또한 커진다. 따라서 약물이 플라세보를 능가한다고 해도 여기에는 개인의 믿음이 작용했을 수 있다.

2009년에 진행된 한 연구에는 오렌지만 한 크기의 악성 종양이 겨드랑이와 사타구니, 가슴, 복부에 생긴 남성 환자의 사례가 등장한다.[23] 주치의는 그에게 남은 시간이 2주도 채 되지 않을 거라고 판단했다. 그러던 중 환자에게 새로운 실험 약이 투여되었고 종양들이 사라졌다. 이후 임상시험을 통해 해당 약물이 효과가 없다는 점이 밝혀졌고, 이 사실을 환자에게 알리자 종양들이 재발했다. 다시 환자에게 약을 하나 처방하며 '두 배로 강력'하다고 설명하자— 사실 플라세보였다— 이후 종양들이 다시 한번 사라졌다. 두 달 동안 아무런 증상 없이 지내던 환자는 이 약 또한 아무런 효과가 없다는 사실을 알게 되었다. 그는 며칠 후 사망했다.

참가자들이 증상의 가변성을 민감하게 인식하도록 조성된 환경 때문에 임상시험 결과가 긍정적으로 나오기도 한다. 약을 먹고 효과가 있기를 기대하다 보면 기분 변화의 미묘한 차이도 인식하게 된다. 증상이란 그 양상이 일정하지 않은 탓에 호전되는 순간도 자주 경험하게 되는데, 이때 약효에 대한 우리의 믿음이 커질 수 있는 것이다. 여러 항우울제 연구도 이런 관점을 뒷받침하는데, 즉 플라세보 연구에 대해 알고 있으면 그 효과를 크게 느낄 확률이 높다는 것이다. 참가자들이 개선을 기대하자 증상이 개선되었다.[24] 그뿐만 아니라 플라세보 효과가 크게 나타나는 사람에게는 실제 약물의 효과 또한 커진다는 증거도 있다. 이 이야기는 다음 장에서 좀 더 자세하게 다룰 예정이다.

그럼에도 일반 사람들 다수는 플라세보가 효과적이지 않다는 오해를 자주 한다. 이런 오해를 하는 사람 중에는 신경과학을 굳게 믿는 이들이 많은데, 이들의 논리는 두뇌에서 어떤 반응이 일어난다면 그 효과를 믿을 수 있다는 것이다. 하지만 연구를 통해 두뇌는 플라세보에도 실제 약물과 똑같이 반응한다는 것이 드러났다. 의사이자 작가인 제롬 그루프먼(Jerome Groopman)은 이렇게 적었다. "뇌에 대해 많은 사실을 알게 될수록 마음과 몸이 분리되어 있다는 사실을 무시하게 될 것이다."

다트머스 대학교의 신경과학자 토어 웨이저(Tor Wager)와 동료들은 본인이 모르는 상태에서 플라세보를 섭취했을 때 뇌에서 어떤 일이 벌어지는지를 살폈다.[25] fMRI를 이용한 연구진은 플라세보 진통제가 "두뇌 속 통증에 민감한 영역(시상부, 섬엽, 전대상피질)의 두뇌 활동을 감소시켰고 통증을 예측하는 전전두엽피질의 활동을 증가시키는 데 관여했다"라는 사실을 발견했다.

특정한 유전적 소인으로 사람에 따라 반응이 달라질 수 있지만 나는 플라세보 효과가 모든 사람에게 적용된다고 생각한다. 의식과 하나 된 몸에서는 어디에서든 변화가 생길 때 그 변화가 전신에 영향을 미친다. 이 사실을 믿는다면 두뇌의 여러 영역에서 플라세보 효과의 증거를 찾는 연구자들이 마음이 두뇌의 반응을 이끌어낸다는 근거를 찾아낼 가능성도 커질 것이다.

가짜 약임을 알아도 몸이 건강해진다면

어느 날 테니스를 치는데 플레이가 엉망이었다. 함께 치던 프로 선수에게 내 라켓 스트링을 교체해야 하느냐고 물었다. 그녀는 언제 교체했느냐고 물었고, 나는 언제였는지 기억이 나지 않았다. 우리는 바로 교체하는 편이 현명하겠다고 판단했다. 이후 새로 스트링을 교체한 라켓으로 테니스를 치자 원래만큼의, 아니 그 어느 때보다도 멋진 경기력이 나왔다. 라켓 덕분이었을까, 아니면 내 기대감이 경기 집중력을 높였던 걸까? 후자라면 경기력을 통제하는 것은 나 자신이었다. 전자라면 라켓이었다.

플라세보와 같은 맥락이다. 자신도 모르는 새 플라세보로 치료가 된 사람들이 많다. 플라세보였지만 증상이 완화되거나 치유된 것이 처방된 알약 덕분이라고 여긴다면 우리는 약에 의존하게 된다. 사실 우리가 처방받은 약물이 플라세보라는 사실을 알게 된다면 우리의 삶이 얼마나 나아질까? 같은 증상이 또 나타날 때 자신의 건강을 스스로 통제하기 위해 더욱 노력하게 될까?

의사들은 플라세보를 처방했다는 사실을 알려주지 않으려 하지만, 플라세보 처방이라는 암묵적인 방침이 자신에게 적용되었을 수 있다는 의심을 품어봐야 한다. 내가 아무것도 모르는 상황에서 약을 먹었더니 병이 나아졌다면—그리고 이것이 플라세보 효과 덕분이라면—무엇이 나를 치료한 걸까? 알약이 비활성 물질이었다면 내가 스스로 내 몸을 치유한 게 분명하다. 그렇다면 의사가 플라세보에 대해 알려주고 나 스스로 치유했다는 사실을 깨닫게 한다면 향후 내 건강을 스스로 통제할 힘이 생기지 않을까?

하지만 의사는 플라세보였다는 이야기를 하지 않을 것이다. 그 이야기를 했다가는 이후 의사가 쓰는 처방전을 환자가 의심스럽게 여길 것이기 때문이다. 이는 두 가지 사안이 상충하는 문제다. 플라세보였다는 의사의 설명으로 내 건강에 대한 통제력이 높아지는 것 그리고 약의 효능을 더는 믿지 못할 위험을 감수하는 것, 이 두 가지 문제가 상충한다. 그러면 자신에 대한 믿음이 커지는 편이 나을까, 아니면 약물에 대한 믿음이 커지는 편이 나을까?

오픈 라벨 플라세보(open-label placebo, 가짜 약임을 환자에게 공개하는 플라세보-옮긴이)에 관한 연구가 점차 많아지고 있다. 1965년에도 플라세보임을 밝히고 위약을 제공했을 때의 효과를 실험하는 연구가 있었다.[26] 연구진은 정보의 투명성이 위약의 효과를 무효화하지 못한다는 사실을 발견했다. 즉 플라세보인 걸 알고 섭취해도 증상이 완화될 수 있다. 보다 최근에는 암 생존자들을 대상으로 오픈 라벨 플라세보의 효과를 실험한 일도 있었다.[27] 이 연구에서 몇몇 환자들은 암이 사라졌지만 암으로 인해 몸이 피로한 증상은 여전히 지속되었다.

또 다른 연구에서 과학자들은 피로를 경험하는 암 생존자들을 대상으로 플라세보와 기존 치료의 효과를 비교했다.[28] 3주 동안 어떤 참가자들에게는 플라세보라고 적힌 알약을 제공했고, 다른 참가자들에게는 기존과 동일한 치료를 제공했다. 플라세보라고 명시되어 있음에도 해당 알약은 여전히 긍정적인 효과를 발휘했다. 이런 결과를 보면 환자들이 긍정적인 기대를 품도록 유도하면 오픈 라벨 플라세보 접근법도 효과가 있다고 할 수 있다.

병이 저절로 나았다?

서문에서 밝혔듯이 어머니의 암 투병 과정을 보며 나는 수많은 질문을 품게 되었다. 어머니의 팔 아래 종양이 발견되자 의료진이 상황을 주도하기 시작했다. 의료진은 종양의 원발 부위가 유방이었는지 검사하기 위해 생체 검사 일정을 잡았다. 나는 유방이 원발 부위라면 향후 계획이 어떻게 되는지 의료진에게 물었다. 의료진은 근치유방절제술을 할 계획이라고 답했다. 만약 유방이 원발 부위가 아니라면 앞으로 어떻게 할 예정인지도 묻자, 그들은 근치유방절제술을 하겠다고 이야기했다. 어느 쪽이든 근치유방절제술을 할 생각이라면 굳이 어머니에게 생체 검사를 또 진행할 필요가 있을까? 당시 아직 어렸던 나는 그 상황에 어떤 영향력도 행사하지 못하고 의료진에게 귀찮은 질문만 해댔다.

어머니는 수술을 받고 퇴원 후 얼마간 집에서 지냈지만 이후 진행한 CT에서 종양이 더 많이 발견되었다. 스스로 통제력을 가져야 한다는 사실을 인식해야 한다는 걸 알면서도 어느 순간부터인가 내가 어머니의 삶에 통제력을 발휘하기 시작했다. 어머니를 너무 안쓰러워 하거나 비관적인 사람들은 병문안을 못 오게 막았다. 나는 암을 회복한 사람들의 놀라운 사연을 어머니에게 들려주었고, 그중 한 명이 검사를 받으러 병원에 들렀을 때는 어머니를 한번 만나달라고 부탁하기도 했다. 어머니를 만난 이 여성은 의사에게서 6개월밖에 남지 않았다는 이야기를 들었다고 전했다. 의사의 말을 믿은 그녀는 재산을 거의 다 써버렸다. 18개월 후, 그녀는 여전히 살아 있었지만 삶을 즐길 경제력은 없었다.

어머니는 항암 화학치료를 받을 당시 구역감에 시달렸고 머리카락이 빠졌지만 정작 치료 효과는 전혀 없는 것처럼 보였다. 이후 이어진 정밀 검사에서 암이 췌장으로 전이된 것을 확인했다. 의사들은 어머니에게 몇 달도 남지 않았다고 전했다. 그러다 암이 사라졌다. 스캔상 암의 흔적이 전혀 보이지 않았다. 그냥, 갑자기 사라졌다. 저절로 나은 것이었다.

표본이 하나뿐인 경우라—비교 집단이 없이—어머니에게 어떤 일이 벌어진 것인지 정확히 파악할 방법은 당시에도 그리고 지금도 없다. 다만 그 일 이후로 자연 관해(자연 치료)에 대한 관심이 생겼다.

자연 관해는 실제로 있는 일이며, 의료계에서는 이 현상을 설명할 훌륭한 답변이 없는 처지다. 그러니 자연 관해가 나타나면 이제 환자는 암이 없는 상태고 암 환자라는 이름표를 벗어던질 수 있다고 생각할지도 모른다. 하지만 안타깝게도 그렇지 않다.

물론 요즘 의사들은 (우리 어머니에게 그랬던 것처럼) 자연 관해가 나타난 뒤 "암이 다시 생길 겁니다"라고 대놓고 말하지는 않지만, 이들의 입장에서는 가능성을 생각하지 않기가 어려울 것이다. 자연 관해가 나타난 환자들이 질병이 재발하는 경우를 봤을 것이기 때문이다. 이들은 영구적으로 치유된 환자들을 거의 보지 못했기에 대부분 자연 관해는 결국 실패한다고 예측한다. 하지만 대부분 자연 관해가 성공하는지 실패하는지 우리로서는 알 수가 없다.

환자의 입장에서 보면 병이 호전되었다는 소식을 듣는 건 대단히 중요하고도 소중한 순간이다. 이 멋진 소식을 마음을 담아 환자들에게 전달하도록 의사들을 교육할 방법이야 많을 것이다. 그저 기적이라거나, 설명할 수 없는 현상이라고 말하며 다음 검진 일자를 잡는 의사의 행동은 기뻐야 할 분위기에 무심하고도 비관적인 암운을 드리운다.

만일 의사들이 환자들에게 정신력에 대해 일깨워주고 몸과 마음이 연결되어 있다는 점을 상기시키면 어떨까? 아직 연구가 진행 중이고 암에 관해 알려지지 않은 것들이 많지만 자연적이고 영구적인 관해가 실제로 있는 현상이라고 말해준다면? 이 정도면 병이 완전히 나은 상태로 볼 수 있으며, 보통의 건강한 사람과 비슷한 수준으로 건강 상태를 살피기만 하면 된다고 말해준다면? "매년 크리스마스에 카드를 보내주세요", "이제 퇴원하셔도 되지만 환자분이 그리울 것 같군요. 두 달에 한 번씩 제게 안부 전화를 해주실 수 있나요?" 같은 퇴원 인사가 "한 달에 한 번 혈액 검사를 진행하겠습니다"보다는 훨씬 나은 인사일 것이다.

의료적 개입 없이 치유가 진행되는 상황이 의료계 입장에서는 분명 불가사의하게 느껴질 것이다. 하지만 자연 관해 현상은 심신일체를 뒷받침하는 또 하나의 증거다. 몸이 건강하다고 마음으로 확신한다면 그에 따라 신체에도 분명 변화가 생길 수 있다. 하지만 두려운 질병을 진단받고 나면 마음이 몸의 변화를 이끌 수 있을지 의심하지 않기가 무척이나 어려워진다.

"과학은 자연 관해 현상을 무시할 때가 많은데, 이는 통계적인 평균을 구하기에만 급급하기 때문이다." 조지타운 의과대학교의 교수이자 의학 박사 제임스 고든(James Gordon)은 이렇게 설명했다. "그것은 좋은 과학이 아니라 그저 편리한 과학이다. 거의 일어나지 않는 일이라 해도 이런 기적들은 지배적인 패러다임의 이례적인 현상으로, 필시 새로운 연구의 지평을 열어줄 것이다."[29]

자연 관해가 흔히 벌어지는 일이 아닌 것처럼 보이지만 실제로 어느 정도로 희귀한 일인지는 잘 모르겠다. 사실 아파도 병원을 찾지 않은 사람들이 많은 만큼 자신이 질병에 걸렸어도 걸린 줄 모르고 자연 관해를 경험한 사람들이 얼마나 될지 알 방법은 없다. 그리고 예상보다 더 오래 산 사람들이 있다는 것은 다들 아는 사실이다. 이런 사람들의 상당수는 아마도 주치의에게 자신이 아직 살아 있다고 알리지 않았을 것이고, 공식적인 의학 통계에 수치로 잡히지 않았을 것이다.

칼턴 대학교의 게리 샬리(Gary Challis) 박사와 캘거리 대학교의 헨드리커스 스탬(Henderikus Stam) 박사는 자연 관해 사례를 검토한 뒤, 이 현상을 설명할 데이터는 거의 없지만 생존자들의 믿음에서 나온 행동 패턴과 일화적 증거가 자연 관해 현상에 영향을 미쳤다고 결론지었다.[30] 캘리포니아 대학교 버클리 캠퍼스의 연구자 켈리 앤 터너(Kelly Ann Turner)는 11개국의 암 생존자들을 인터뷰한 결과 유사한 행동 패턴을 발견했는데, 그중 일부는 더 긍정적이고 타인을 잘 신뢰하며 영적이고 비타민을 섭취한다는 점이었다.[31]

물론 이런 특징이 생존 후의 반응인지, 아니면 생존에 영향을 미친 요인인지는 알 수 없다. 다른 연구자들도 암 생존자 다수가 자신의 몸을 치유해줄 신을 믿었다는 사실을 발견했는데, 이는 우리의 생각이 몸에 중요한 영향을 미친다는 점을 시사한다.

암 진단을 받은 후에는 스스로가 건강하다고 생각하기가 어렵다.

그럼에도 우리 어머니의 암이 사라진 일이 있었던 1978년부터 지금까지 나는 우리의 마음이 진정으로 건강하다면 우리의 몸도 건강해질 것이라고 믿어왔다. 그래서 어쩌면 심리학이 자연 관해라는 수수께끼의 답을 줄 수 있을지도 모른다고 생각한다. 시간과 연구가 알려줄 것이다. 다만 지금으로서는 이런 믿음 때문에 의료 행위를 거부하는 것이 아니라면, 마음의 건강이 신체의 건강에 영향을 미친다는 믿음이 주는 단점은 아주 적다고 말할 수 있다. 한 가지 오해를 불러올 수는 있지만 말이다.

내 생각이 옳다면, 그러니까 대다수 사람이 상상하는 것보다 더 정신이 몸에 큰 통제력을 미친다면, 좋지 않은 건강 상태와 질병에 시달리는 사람들은 본인의 잘못으로 그리되었다는 의미일까? 물론 아니다. 우리가 태어난 문화에서 정신과 몸은 별개의 독립체라고 줄곧 가르침을 받은 이상, 이 둘이 서로 다르다고 믿는 것도 놀랄 일은 아니다.

이는 학교에서 배운 지식이 알고 보니 틀리는 상황과 마찬가지다. '1+1=2'라고 배운 사람들이 이 수식을 그대로 믿는다고 해서 잘못이 있다고 할 수 없다. 하지만 구름 하나에 구름 하나를 더해도 구름은 하나다. 빨래 더미 하나에 빨래 더미 하나를 더해도 빨래 더미는 하나다. 씹던 껌 하나에 껌 하나를 더해도 하나다. 따라서 '1+1'이 항상 '2'인 것은 아니다. 실로 십진법이 아니라 이진법을 쓴다면 '1+1'은 '10'이 된다. 우리 연구소와 다른 연구소에서 진행한 심신일체 연구 결과들이 계속 쌓이다 보면 언젠가 마음과 하나 된 몸을 만드는 법을 배울 날이 올지도 모른다. 현재로서는 이 연구 결과들을 유리하게 활용해 더 젊고 건강한 몸을 만드는 방법을 찾을 뿐이다.

아웃라이어의 역습

대학생 때 스트레스 심리학에 관한 책을 읽기 시작하면서 나는 심장병과 암보다 스트레스가 더 치명적이라고 믿게 되었다. 그리고 이후 건강에 관련한 연구를 진행할 때마다 스트레스의 유해성에 더욱 확신하게 되었다.

나는 질병에 스트레스가 어떤 영향을 미치는지 연구를 진행하기 위해 먼저 해당 분야에서 선도적인 역할을 하는 종양학자 몇몇에게 연락을 취했다. 스트레스의 정도를 측정한다면 질병의 경과를 예측할 수 있지 않나는 내 질문에 여러 학자가 흥미를 보였다. 막 암 진단을 받은 사람들의 스트레스 지수를 안다면 이들의 스트레스 반응으로 최초 진단보다 더 정확하게 향후 질병의 추이와 사망 확률을 파악할 수 있을까?

이 연구를 위한 데이터를 수집하는 일은 어려울 것이었다. 내 가설이 옳을 수 있다는 데 동의한 의사들도 저마다 예상되는 문제점들을 언급했다. 끔찍한 병에 걸렸다는 걸 알게 된 사람들은 연구에 참여하고 싶어 하지 않을 터였다. 이후에는 스트레스를 제외하고 모든 조건이 동일한 환자들을 찾기가 어려울 것이며, 질병이 진행될수록 스트레스 지수 또한 달라질 것이었다. 또 연구를 설계했다 해도 누가 자금을 지원해줄까? 의료 연구 자금을 지원해주는 측에서는 이 연구가 심리학에 속하며 영역 외 분야라고 여길 수 있었다. 마찬가지로 심리학 연구 자금 제공자들도 이 연구가 관심사 밖의 주제로 보일 수 있었다.

하지만 매년 특정 질병을 연구하는 사람들은 결국 해당 질병에 스트레스가 영향을 미친다는 같은 결론에 도달한다. 더불어 스트레스의 역할은 점점 더 분명해져만 가고, 수많은 비약적 아이디어가 그랬듯 언젠가는 스트레스의 영향력 또한 너무도 당연한 사실이 되어 실험이 필요하지 않을지도 모른다.

하지만 심신일체는 스트레스가 건강에 미치는 부정적인 영향 이상의 것을 설명해준다. 학생들과 함께 나는 당뇨와 면역 기능, 다양한 만성질환을 대상으로 여러 연구를 진행하며 심신일체 가설을 시험했다.[32] 우리는 당뇨병이 인지 기능에 미치는 영향에 관한 연구라고 설명하고 제2형 당뇨병 환자들을 모집했다. 혈당지수를 측정한 후 참가자들은 책상 위에 시계를 확인하며 간단한 비디오게임을 했다. 우리는 이들에게 15분 정도마다 다른 게임으로 전환해달라고 해서 참가자들이 시간을 확인하도록 했다.

제2형 당뇨가 있는 사람들은 생리 작용으로 몇 시간마다 혈당치가 달라진다는 것을 스스로도 잘 알고 있다. 다만 본인의 생각에 따라 혈당치가 달라질 수 있다는 사실을 믿는 사람은 있다 하더라도 극히 드물다. 하지만 나는 그렇게 믿는다. 2002년 처음으로 크리스피 크림 도넛을 먹었을 때 떠올린 생각이었다. 도넛을 눈으로 보고 냄새도 맡고 먹는 상상을 한다면—실제로 섭취하는 것만 빼고 무엇이든 한다면—혈당이 올라갈까? 마침내 이를 확인해볼 기회가 찾아온 것이다.

우리는 실험 참가자들을 세 조건 중 하나에 무작위로 배정했다. 시계가 원래 속도로 가는 집단과 시계가 실제보다 두 배 빠르게 가는 집단 그리고 시계가 0.5배속으로 흘러가는 집단이었다. 우리의 질문은 과연 혈당이 실제 시간에 따라 달라지는가, 아니면 개인이 인식한 시간의 흐름에 따라 달라지는가였다. 참가자들이 과제를 수행한 후 측정한 바에 따르면 실제 시간보다 개인이 인식한 시간의 흐름이 더 중요하다는 사실이 드러났다. 그리고 다양한 측정을 통해 스트레스나 즐거움이 연구 결과에 대안적 설명을 제시하지 못하는 것을 확인했다.

두 번째 연구에서 우리는 당뇨 대사 작용에 심리적 요인이 어떤 영향을 미치는지 검사했는데, 이 생리적 프로세스는 주관적 인식이라는 특이성에 영향을 받지 않는 것으로 널리 알려져 있다. 구체적으로 우리는 설탕 섭취량을 인식하는 정도의 차이에 따라 제2형 당뇨 환자들의 혈당치가 달라질지 시험했다. 우리의 가설은 실제 설탕 섭취량이 같다고 해도 개인이 인식하는 섭취량이 혈당치에 영향을 미친다는 것이었다.

제2형 당뇨 환자들은 사흘 간격으로 두 차례 방문해 음료를 마셨다. 똑같은 성분의 음료였지만 우리는 실험 세션마다 영양 정보표를 바꿨고 참가자들이 음료에 적힌 영양 정보표를 확인하도록 했다. 참가자들이 음료를 마시기 전과 후의 혈당치를 측정해 어떻게 달라졌는지 확인한 우리는—실제 설탕 섭취량이 아닌—개인이 인식한 섭취량이 혈당치에 반영되었다는 점을 확인했다. 참가자들은 음료의 영양 정보표에 설탕 함량이 높다고 적혀 있는 음료를 마신 후 혈당이 치솟았다.

브로콜리는 제2형 당뇨 환자들의 인슐린 감수성을 높이고 혈당치를 낮추는 데 도움을 준다. 고기를 섭취할 때마다 반복적으로 시각 또는 후각을 자극하자 고기를 보거나 냄새만 맡아도 침을 흘리던 파블로프(Pavlov)의 개를 떠올려보자. 그러면 매번 브로콜리를 먹기 전에 냄새부터 맡는다면 그 냄새에 조건반응이 형성될까? 만약 그렇다면 브로콜리의 냄새를 맡기만 해도 혈당치가 낮아질 것이고 제2형 당뇨 환자들에게 도움이 될 것이다. 결국에는 브로콜리를 먹는 상상만 해도 섭취한 것과 같은 효과를 낼 수 있을지 모른다. 심신일체를 인정하고 나면 온갖 가능성이 머릿속에 떠오른다.

냄새 인식(후각)의 85퍼센트는 향미 지각(flavor perception)이라는 사실은 많은 사람이 알고 있다. 코가 막히면 음식이 지닌 매력이 일부 사라진다. 향이 우리의 식욕을 높이거나 떨어뜨릴 수 있고, 다른 음식을 원하게 될 수 있다는 사실을 보여주는 임상시험 결과들도 있다. 그렇다면 냄새는 우리에게 포만감을 주고 체중을 감량할 기회를 줄 수도 있지 않을까? 크루아상 냄새를 먼저 맡으면 더 많이 먹고 싶어진다. 초콜릿 냄새를 맡으면 역시 더 많이 먹고 싶어진다. 반면 스테이크 냄새를 먼저 맡으면 크루아상이나 초콜릿에 대한 식욕이 떨어진다. 냄새로 체중을 통제할 수 있는 흥미로운 방법들이 있음을 암시하는 현상이다.

하지만 마음챙김으로 냄새의 힘을 이용할 때 바꿀 수 있는 대상은 체중만이 아니다. 프루스트는 고모가 라임꽃으로 만든 차에 작은 마들렌을 적셔 입에 넣는 순간 과거의 기억들에 휩싸이며 자신조차 예상하지 못했던 놀라운 경험을 했다. 이처럼 오래전에 느꼈던 향과 맛은 과거를 생생하게 불러올 수 있는데, 이를 통해 앞에서 언급했던 시계 거꾸로 돌리기 효과를 경험할 수도 있다.

심신일체를 뒷받침하는 증거는 앨리아 크럼과 동료들이 진행한 연구에서도 찾을 수 있다.[33] 아마도 참가자들은 밀크셰이크를 마실 수 있어서 분명 즐거운 실험이었을 것이다. 다만 모두 같은 칼로리의 밀크셰이크였음에도 어떤 참가자들은 자신이 칼로리가 높은(구체적으로는 620칼로리) 밀크셰이크를 마신다고 생각했고, 어떤 참가자들은 저칼로리의(겨우 140칼로리) 밀크셰이크를 마신다고 생각했다. 연구진은 배고픔 호르몬이라고 알려진 그렐린(ghrelin)을 측정했다. 위에서 생성되는 그렐린은 식사 전 우리가 허기를 느낄 때 그 수치가 가장 높다. 살을 많이 찌우는 밀크셰이크를 섭취했다는 믿음은 그렐린의 수치를 급격히 낮췄고 그에 따라 참가자들도 포만감을 느꼈다.

내 대학원생인 피터 엉글은 연구소 연구원들과 함께 지각된 시간과 실제 시간에 따라 상처 치유 과정이 달라지는지를 살폈다.[34] 당연하게도 이 가설을 시험하기 위해 사람들에게 큰 상처를 내는 행위를 연구심의위원회에서 좋아할 리 없었다. 그래서 우리는 부항요법의 효과를 평가하는 연구로 참가자들을 모집했다. 부항 요법은 부항 컵을 몸에 흡착시키는 방식으로 해당 부위의 혈류 흐름을 증가시켜 세포를 재생하고 통증을 낮추며 기, 즉 생명력을 높이는 치료법이다. 컵을 흡착시키는 과정에서 해당 부위에 동그란 모양의 멍이 남는다.

우리의 목적은 부항과 같은 심각하지 않은 상처를 몸에 낸 뒤 참가자들의 예측이 치유 속도와 어떤 관계가 있는지를 살피는 것이었다. 우리는 참가자들에게 몇 분마다 상처 부위를 확인해달라고 요청했다. 참가자들은 세 가지 세션에 참여했는데, 한 세션에서는 참가자들이 확인하는 시계가 실제 시간보다 두 배 빠르게 흘러가도록 조작되었다. 다른 세션은 시계가 실제 시간의 0.5배속으로 흘렀다. 또 다른 세션에서는 시계가 실제 시간을 나타냈다. 세 가지 세션을 경험하는 순서는 체계적으로 변화를 주었다.

실험 결과 상처의 치유는 실제 시간을 따랐을까, 아니면 지각된 시간을 따랐을까? 놀랍게도 상처는 실제 시간이 아니라 지각된 시간을 따라 치유되었다. 다시 말해 실제 시간과 비교해 상처는 시계 속도가 빠르게 조작되었을 때는 빠르게, 속도가 느리게 조작되었을 때는 느리게 치유되었다.

이 외에도 현재 진행 중인 연구들에서는 면역과 감기 증상 및 면역 기능에서의 '노세보 효과'를 주제로 한다.[35] 노세보는 플라세보의 반대 개념으로, 위약 치료 후 부정적인 결과가 나타날 거라고 기대하는 현상을 뜻한다. 이 연구에서 우리는 감기 바이러스에 노출되지 않아도 개인의 생각만으로도 감기에 걸릴지 확인하고 싶었다. 감기 바이러스가 들어오지 않아도 감기에 걸렸다고 믿는다면 감기 증상이 나타날 확률이 증가하는지 확인하기 위해 우리는 두 가지 연구를 진행했다.

우리는 노세보 마인드셋을 설정하기 위해 두 가지 개입을 활용했다. 먼저 참가자들에게 감기에 걸린 사람처럼 행동해달라고 했고 이후 이들에게 감기 초기 단계에 있다고 알렸다. 자기유도와 마인드셋 유도, 두 가지 모두 감기 증상을 키웠고 연구 세션이 끝날 즈음 실제로 감기에 걸릴 확률 또한 높였다. 우리는 바이러스 및 박테리아에 맞서 싸우고 점막을 보호하는 항체인 면역 글로불린에도 변화가 생겼음을 확인했다.

실험 방식은 다음과 같았다. 참가자들이 도착하면 연구자들이 이들의 침을 채취해 면역 글로불린 A(IgA)의 샘플을 수집했다. 감기 바이러스가 몸 안에 들어오면 IgA 수치가 증가하므로, 개입을 통해 감기를 유도하는 데 성공했는지를 해당 수치로 확인할 수 있었다. 또한 전신 증상, 비염 증상, 인후염 증상, 흉부 증상, 이렇게 네 가지 영역에서 증상을 평가하는 감기 설문지로 증상을 측정했다. 참가자 절반에게는 감기에 걸린 것처럼 행동해줄 것을 주문했고, 이들은 휴지와 치킨 수프, 바셀린과 같이 감기와 관련된 자극에 둘러싸여 감기 증상을 상상했다. 이들은 사람들이 기침과 재채기를 하는 영상도 시청했다.

실험 집단이 된 비교 집단은 같은 설문지를 받았지만 뜨개질이라는 중립적인 영상을 시청했다. 6일 후 두 집단의 참가자들에게 모두 연락해 감기에 걸렸느냐고 물었다. 감기에 걸렸다는 생각이 유도된 참가자들은 38퍼센트가 실제로 감기에 걸렸고, 비교 집단은 겨우 5퍼센트만이 감기에 걸렸다.

감기 진단을 듣는 것은 설사 그 진단이 우리가 의사라고 믿는 사람의 입에서 나온다고 해도 우리에게는 수동적인 상황이다. 하지만 만약 우리가 감기에 걸린 상황을 능동적으로 상상한다면 어떻게 될까? 한편으로는 수동적인 믿음을 잃고 감기에 걸렸다고 말하는 의사를 신뢰하지 않을 것이고, 다른 한편으로는 더욱 능동적인 정신적 프로세스를 발휘할 것이다. 둘 중 어느 쪽이 더 힘이 셀까? 우리가 발견한 바로는 후자였다. 사람들은 능동적으로 감기에 걸린 상황을 상상했을 때 감기와 유사한 증상이 훨씬 많이 일어났다. 즉 능동적 상상은 외부 정보의 수동적 수용보다 더욱 직접적인 효과를 미쳤다.

다만 시간이 흐르자 그 효과의 양상이 달라졌다. 수동적 환경에 놓인 참가자들은 일주일 후에 감기에 걸렸다고 보고하는 경향이 더 컸다. 어쩌면 상상은 더 빠르게 작용하지만 더 빠르게 효과가 사라지는 한편, 감기 진단을 받을 때는 해당 정보가 며칠 동안 두뇌 속에서 이리저리 돌아다니며 신뢰성을 쌓아나가는 식인지도 모른다.

이 초기 연구에서 가장 강력한 힘을 발휘했던 것은 이중 장치를 설정한 것이었다. 참가자들은 먼저 감기가 걸렸다는 상상을 적극적으로 해야 했고 이후에는 의사에게서 실제로 감기가 걸렸다는 이야기를 들었다. 이 집단은 스스로 감기에 걸렸다는 자기 보고가 가장 많았다. 즉 자신이 감기에 걸렸다고 가장 확신한 이들이었다. 하지만 이들이 정말 감기에 걸렸을까? 해당 참가자들의 IgA가 상승한 것을 보면 몸이 실제로 감기를 물리치려 싸우고 있다는 뜻이었기에 감기에 걸렸다고 봐야 했다.

이 모든 이야기는 감기 바이러스가 몸 안에 들어오지 않고도 감기에 걸릴 가능성이 있다는 사실을 시사한다. 물론 감기가 반드시 아무 근거도 없이 발생한 것은 아닐 수도 있다. 어쩌면 두 연구 상황 모두에서 잠복 바이러스가 있었을 수도 있다. 다만 참가자들의 생각이 잠복해 있던 바이러스를 활성화한 것이라면, 생각으로 활성화된 바이러스를 차단하거나 완화하는 것 또한 가능하리라는 것도 비현실적인 상상은 아니다.

의학 학자가 이런 결과들을 접한다면 당연히 놀라워하거나 의심할 거라고 생각할 것이다. 그러나 연구 결과가 정리된 논문을 검토한 의사들의 반응은 정반대였다. 한 검토자는 우리가 이미 당뇨 연구에 관한 논문을 발표했으므로 해당 논문은 독창적이지 않다고 일축했다. 이제 다들 심신일체를 믿고 있고, 따라서 추가적인 연구는 필요하지 않다고 말이다. 의사들은 바이러스에 전혀 노출되지 않고도 바이러스 증상을 경험하는 것은 당연하다는 기조였다. 그렇다면 그 반대의 경우도 사실일 것이고, 감기 증상을 완화하는 제약 업계는 문을 닫아야 할지도 모른다.

쇼펜하우어가 남긴 것으로 알려진 말처럼 "모든 연구는 세 단계를 거친다. 첫 번째는 조롱을 당하고, 그다음에는 극심한 반대에 부딪히며, 세 번째는 자명한 사실로 받아들여진다." 그러니 사람들의 사고방식을 바꾸기가 어렵다는 문제가 아니다. 사고방식이 달라지고 나면 사람들은 진작부터 알고 있었다는 듯이 행동한다. 우리의 논문을 승인한 학술지 에디터는 아직 세 번째 단계에 진입하지 않은 것이 분명했다.

안타깝게도 심신이원론에 대한 믿음은 여전히 강력하게 형성되어 있다. 히스테리증 같은 심인성 장애는 논외로 하더라도—일반적인 감기부터 암까지—대다수 질병을 향한 가장 보편적인 믿음은 박테리아나 바이러스가 있어야만 병에 걸린다는 것이다. 그럼에도 우리 연구소와 다른 심리학자들의 연구실에서는 이런 시각에 의문을 제기하는 연구들을 발표하고 있다. 일반적인 감기조차도 생각에서 빚어진 산물일지도 모른다.

우리의 마음챙김 연구는 건강과 웰빙을 제한하는 여러 근거 없는 한계에 이의를 제기하고 있다. 우리가 이름표를 수동적으로 수용하는 태도를 극복하고, 비관적인 기대보다 긍정적인 기대를 품고, 플라세보의 힘을 인정한다면 건강과 웰빙 모두에서 수많은 가능성을 확대할 수 있다. 지금껏 나와 다른 학자들이 진행한 연구만으로도, 너무 오랜 시간 동안 우리가 가장 건강한 자신의 모습을 회복하지 못하도록 가로막았던 무의식적인 제약들을 잠재우기에 충분하다고 생각한다.

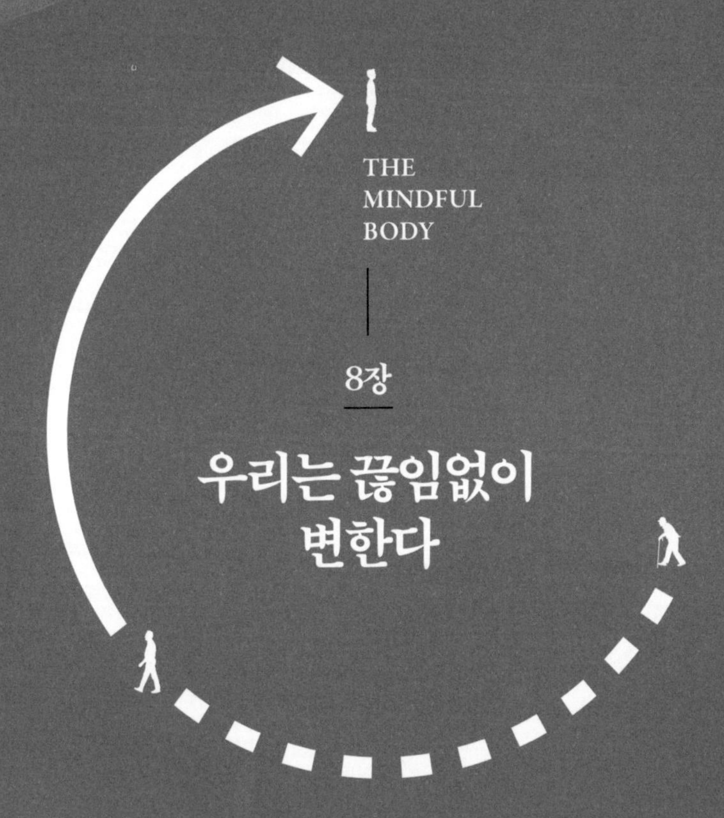

THE
MINDFUL
BODY

8장

우리는 끊임없이 변한다

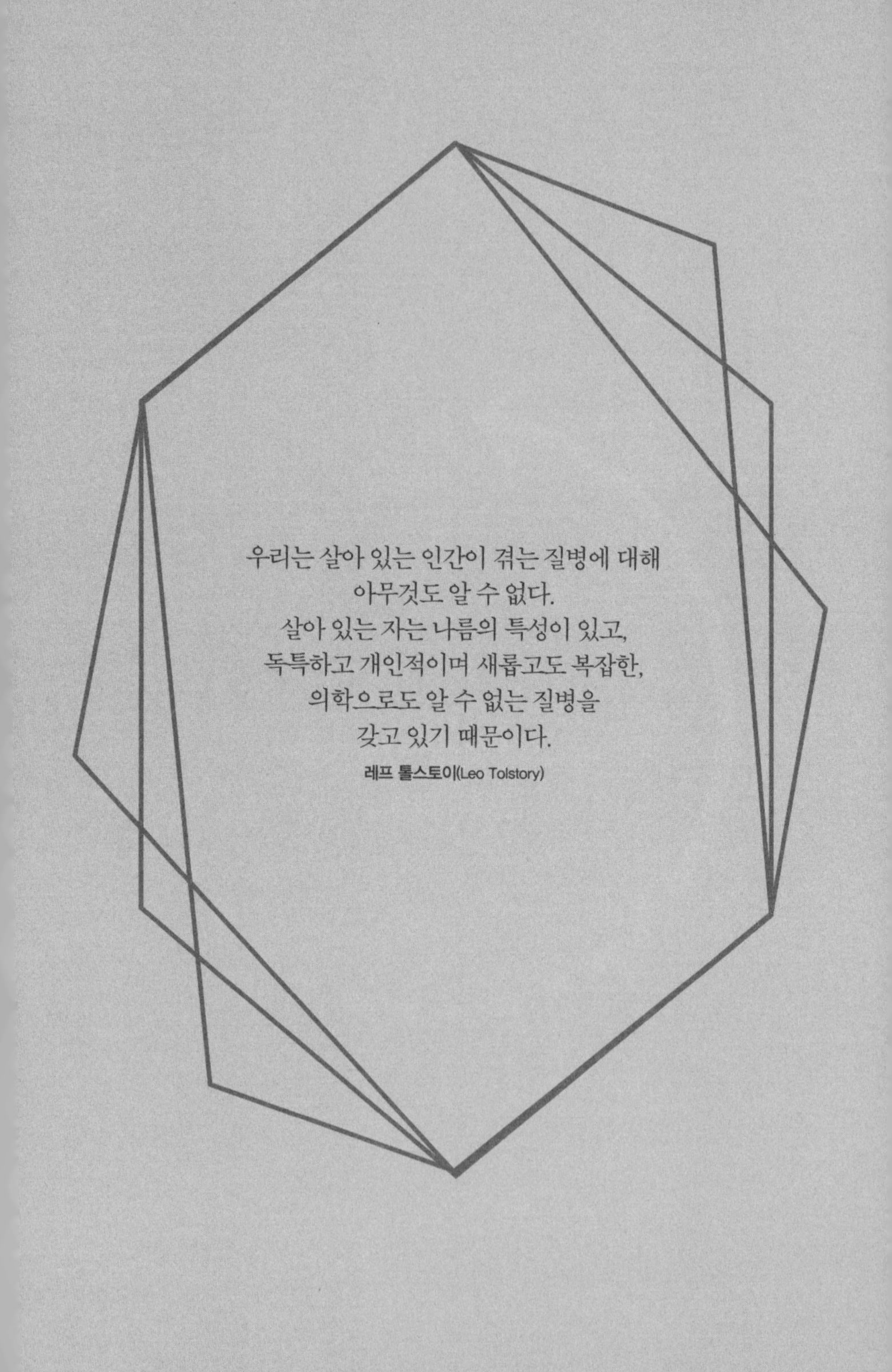

우리는 살아 있는 인간이 겪는 질병에 대해
아무것도 알 수 없다.
살아 있는 자는 나름의 특성이 있고,
독특하고 개인적이며 새롭고도 복잡한,
의학으로도 알 수 없는 질병을
갖고 있기 때문이다.

레프 톨스토이(Leo Tolstory)

삶은—좀 더 일반적으로 현실은—불확실하며 계속해서 변화한다. 좋았던 무언가가 나쁘게 변하는 상황은 쉽게 인식할 수 있어(나빴던 무언가가 좋게 변하는 상황은 잘 알아채지 못하지만) 우리는 삶이 불확실하고 늘 달라진다는 사실을 어렴풋이는 알고 있다. 그런데 의학적 진단에서만큼은 불확실성을 잘 인정하지 않는다. 의료적 개입이나 치료가 되었다는 의사의 말이 없는 한 진단도 그대로이고 증상도 그대로이며, 증상에 대한 우리의 반응도 변함이 없을 거라고 간주한다. 특히 만성질환이 있다는 사실을 알게 되면 이런 경향은 더욱 두드러진다. 바로 만성이라는 이름 때문에 우리는 아무 의식 없이 증상은 여전하거나 어쩌면 더 악화되었을 거라고 예상한다.

건강 또는 증상의 변화가 미미하다고 해도 세심한 주의를 기울이면 그 변화가 좋은 쪽인지 나쁜 쪽인지 알 수 있다. 나는 건강을 통제하는 비결은 이런 미묘한 변화를 알아차리는 데 있다고 생각한다. 미묘한 변화를 알아차리고 그 변화가 생겨난 이유를 묻고, 가정을 시험하는 태도는 모든 질병에 극적인 영향을 줄 수 있다. 어떤 현상이 늘 그대로일 거라거나 더 안 좋아질 거라고 짐작하고 넘어간다면 질병을 변화시킬 수 있는 우리의 통제력을 포기하는 것이다.

간단한 질문 하나를 고민해보자. 어떤 병을 진단받았지만 하루를 보내던 중 어느 순간엔가 증상을 경험하지 않는다면 진단받은 그 질병을 앓고 있다고 봐야 할까? 우리가 병원을 방문하는 행위는 어느 한 시점에 벌어진 일이다. 병원에서 수집하는 정보들은—콜레스테롤 수치, 시력, 혈압, 통증의 정도, 맥박 등—건강의 스냅 사진처럼 의료 파일에 기록되지만, 이런 정보들은 '병원에 방문한 그날'의 상태다. 여러 수치와 건강 지표들은 고정적이지 않고 매일, 매주, 매달 달라진다.

하지만 우리는 이런 가변성을 깨닫지 못하고 아무 의식 없이 이런 수치들이 고정적이라고 여긴다. 병을 진단받고 난 후에도 마찬가지다. 우리는 증상이 변하지 않을 거라고 생각하지만 사실 증상은 계속해서 변한다. 통증이 심할 때가 있고 덜할 때도 있다. 앞의 질문으로 돌아가 보자. 증상이 없어도 병에 걸린 걸까?

나는 이런 주제로 강연하는 자리에서 청중에게 자신의 콜레스테롤 수치를 알고 있는지 묻곤 한다. 자신이 있는 사람은 곧장 손을 들고 본인의 수치를 밝힌다. 그러면 나는 언제 측정한 수치인지 묻는다. 보통은 6개월 이상 되었다는 답변을 듣지만 설령 어제라고 답해도 나는 질문을 이어간다. "그 후에는 음식을 먹거나 운동을 한 적이 없나요?" 상대가 이 질문의 의미를 파악하지 못하면 나는 이렇게 덧붙인다. "다시 측정하지 않는다면 건강한 사람으로 사망할 겁니다."

한편 병의 증상을 '기대'할 때는 무엇이든 그 증상 때문이라고 생각하고 다른 설명이 있을 거라고는 인식하지 못한다. 가령 관절염이 있다면 어느 날 아침에 눈을 떠 어깨가 유독 시큰하다고 해도 그리 놀라지 않을 것이다. 하지만 생각해보자. 그 통증이 관절염 때문일까, 잠을 푹 자지 못해서일까, 아니면 전날 밤 몇 시간이나 이상한 자세로 TV를 본 탓일까? 원인이 침대나 소파라면 어깨의 통증을 더는 경험하지 않도록 할 수 있는 일들이 있다. 하지만 자신의 병에 동화된 나머지 시도해볼 수 있는 여러 해결책에는 계속해서 무지한 상태로 살아간다.

그렇다면 정확히 우리가 해야 하는 일은 무엇일까? 우리는 증상이 있을 때만이 아니라 증상이 없는 순간도, 증상의 정도가 달라질 때도 인식해야 한다. 증상의 가변성에 주의를 기울여야 한다. 그런 후 증상이 좋아지거나 악화되는 이유를 항상 자신에게 물어야 한다.

가변성 그리고 불확실성에 주목하라

전문 의료인으로서 건강과 질병의 복잡함을 간단하게 전달할 수 있는 용어들을—환자의 암을 3기, 4기로 표현하는 것처럼—사용할 수밖에 없다고 하더라도, 대부분 의사는 환자를 개개인으로 대한다. 이들은 가능한 한 모든 환자에게 똑같은 치료법을 쓰는 일은 피한다. 하지만 우리는 여러 의미에서 타인과 다를 뿐 아니라 자기 자신과도 계속해서 달라지고 있다. 즉 '우리라는 집단에 속하는 사람은 아무도 없다.' 우리의 몸을 구성하는 원자들은 매 순간 변한다. 실제로 7~10년 주기로 신체의 원자들은 사실상 100퍼센트 교체된다.

이 사실이 약물에서 어떤 의미를 지니는지 잠시 살펴보자. 약은 유전적으로 동일한 사람들을 대상으로 실험하는 것이 아니다. 테스트 대상에는 키가 큰 사람도, 작은 사람도, 체중이 많이 나가거나 적게 나가는 사람도, 대사가 빠르거나 느린 사람도 포함되어 있다. 적어도 몸무게를 고려해 복용량을 계산한 뒤 약이 처방되는 것은 맞지만, 그렇다고 해도 약이 바로 우리를 위한 맞춤형으로 만들어졌다는 듯 아무 의식 없이 약을 먹는 경우가 너무 많다. 우리가 섭취하는 것이 무엇이든 우리의 몸에 어떻게 작용하는지 이해하고 몸에 미치는 미묘한 영향을 인식해야 한다. 이렇게 할 때 약을 늘릴 것인지 줄일 것인지, 심지어 전반적인 효과를 높이기 위해 약을 중단할 것인지도 의료진과 상의할 수 있다.

의사들은 사람에 따라 증상이 달라질 수 있다는 점은 이해하지만 특정 증상이 개인에 따라서도 달라질 수 있다는 사실에는 무감한 편이다. 물론 어떤 증상이 늘 한결같이 지속되는지 묻는다면 의사들은 '아니요'라고 답하겠지만 미묘한 차이에는 그리 관심을 기울이지 않는다. 의료 기관에서 시력이나 혈압, 맥박, 체온, 혈액 검사를 매시간은 고사하고 매일 진행하길 기대할 순 없다. 하지만 우리 안의 모든 것은 끊임없이 변하고 있다.

질병 또한 고정적인 대상이 아니다. 질병이 항상 일정할 것이라는 생각은 건강이라는 대가를 치러야 할지도 모르는 착각이다. 오랜 시간에 걸쳐 자기 자신을 바라본다면 변화가 보일 것이다. 또한 미시적인 수준으로 자신을 바라봐도 변화가 보일 것이다. 하지만 우리는 일상에서 경험하는 미묘한 변동에는 둔감하다.

수많은 감각이 증상으로 여겨진다. 하지만 증상을 얼마나 많이 경험해야 '질병'이라고 불릴 자격을 얻을까? 그건 누가 정하는 걸까? 질병이라는 이름표를 받아들인 후에는 그 질병이 아니라고 말하는 모든 사실을 못 본 체하며, 진단이 정확할 뿐만 아니라 영구적이라는 믿음에 갇힌다. 하지만 가변성에 주목하면 고통과 통증이 질병 때문이라고 짐작하는 경향을 줄일 수 있고, 관절이 뻣뻣하게 느껴질 때조차 관절염 때문이 아니라 너무 오랜 시간 정원 일을 한 탓이라고 생각할 수 있다.

이 점을 좀 더 명확하게 전달하기 위해 내가 청중들에게 하는 또 하나의 질문이 있다. 나는 청중 가운데 안경을 쓴 사람에게 언제부터 안경을 쓰기 시작했는지, 안경을 벗어본 적이 있는지, 안경을 쓰지 않고 시력을 테스트해본 적이 있는지 묻는다. 그러면 글자가 안 보여 안경을 쓰게 되었다는 사람들이 대단히 많다. 이들은 글자 크기가 커도, 자신에게 익숙한 내용이라고 해도 늘 안경을 쓴다고 했다. 이중 초점, 삼중 초점 안경을 쓰는 이들은 순간순간 자신에게 무엇이 필요한지에는 의식을 기울이지 않고 항상 안경을 쓴다.

나는 이들에게 시력은 변할 수 있다는 사실을 의식해야 한다고 말한다. 사실 '목발' 없이 지내는 편이 더욱 낫지 않을까(여기서 목발은 비유적인 표현으로, 지나치게 의지하게 되는 것을 뜻한다-옮긴이)? 안경 없이 생활해본다면 아침보다 오후에 시력이 좀 더 떨어진다는 사실을 깨달을 수도 있다. 이 경우 에너지 바나 낮잠이 안경의 대안이 될 수도 있다. 물론 시력이 대단히 안 좋은 사람이라면 늘 안경을 쓰는 게 맞다. 하지만 그렇지 않은 경우라면 시력을 개선할 수 있다. 그리고 이 가능성이 어쩌면 지금껏 달라질 수 없다고 생각했던 여러 변화의 가능성을 일깨우는 계기가 될 수 있다.

보청기도 마찬가지인데, 보청기는 쉽게 꼈다 뺐다 할 수 있는 만큼 의사의 도움 없이도 청력을 시험해볼 수 있다. 변비약을 먹을 때도 사고방식을 달리해볼 수 있다. 가끔 한 번씩 변비약이 필요한 경우라면 걱정할 일은 없다. 하지만 매일 변비약을 먹는다면 보조제가 있어야만 장을 움직일 수 있다고 몸에 가르치는 셈이다. 변비약에 의존하는 것이다. 이는 안경과 보청기에 지나치게 의존하는 것과 다르지 않다.

한번은 친구에게 먹고 있는 약이 무엇인지 물었는데, 그녀는 처방전 없이 살 수 있는 대변 연화제라고 답했다. 나는 친구에게 그 약을 얼마나 자주 먹는지 물었다. 친구는 매일 먹는다고 말했다. 매일같이 대변 연화제가 필요할 정도라면 자신이 섭취하는 음식의 종류나 양을 고민해봐야 하는 게 아닐까? 과일, 채소와 치즈, 팝콘은 차이가 크니까. 음식을 너무 적게 먹는 것과 미식축구 선수가 배부름을 느낄 정도로 먹는 것도, 수분을 많이 함유한 식단과 적게 함유한 식단도 차이가 크다. 어쩌면 먹고 있는 또 다른 약 때문에 변비가 유발되는 것일지도 모른다.

오늘 내가 먹는 약에 변화를 생각해봐야 하지 않을까? 우리는 이런 질문들은—떠올리기라도 할지 모르지만—머릿속 한편으로 밀어두고 매일 먹는 약을 별생각 없이 삼킨다. 변비약이 언제 필요하고 또 언제 필요하지 않을지 항시 의식을 기울여야 한다. 의사들이 해줄 수 없는 일이다. 의사들은 좋은 컨설턴트가 되어주지만 주도권은 우리가 가져야 한다.

원인 불명의 갑상선염 진단을 받고 의사에게서 근본적으로 할 수 있는 일이 없다는 이야기를 들은 내 친구는 이 책의 초안을 읽고 가변성에 주목해야 한다는 내용에 큰 도움을 받았다. 그는 증상의 변화에 관심을 기울이기 시작한 후 아침 일찍 격렬한 운동을 하면 컨디션이 나아지는 것 같다는 사실을 깨달았다. 운동으로 얼마간의 증상을 '태워버리는' 것 같았고 덕분에 증상을 감당하기가 훨씬 수월해졌다. 아마 당시 내 친구에겐 아무리 대단한 선의를 지닌 의사라도 효과 있는 방법을 찾아줄 수는 없었을 것이다. 어쩌면 아침 운동은 다른 환자들에게는 아무런 효과가 없었을지도 모른다. 이런 이유로 스스로 방법을 찾고 확인해야 한다. 가변성에 주목하는 데서 나오는 힘이 바로 여기에 있다.

이 책의 초안을 읽은 또 다른 독자도 가변성에 주목하기 전략을 어떻게 사용했는지 내게 말해주었다.

"지난 몇 달간 한 번씩 현기증에 시달렸어요. 이전 주에도 한밤중에 깼는데 현기증이 덮쳐왔죠. 세상이 빙글빙글 돌고 땀은 쏟아지고, 구토를 참으려고 애를 썼어요. 다음 날 병원에 가서 '조정 치료'를 받고는(의료진이 어지럼증을 유도해 이석을 원래 자리로 돌려놓는 과정이에요) 나아졌어요. 그런데 어젯밤 다시 안 좋아져서 몇 시간이나 침대에 가만히 누워서는 최악의 현기증에 시달리며 두려움에 떨었죠. 그러길 한 시간쯤 되었을까, 증상의 가변성에 의식해야 한다는 당신의 말이 떠올라서 그때부터는 간밤의 증상과 지난주의 증상을 비교하고 또 10분마다 느낌이 어떻게 달라지는지 비교하기 시작했어요. 예상하셨겠지만, 점차 증상의 강도가 심해질 때와 그렇지 않을 때를 인식할 수 있었고 지난주 '공격'보다는 훨씬 덜하다는 점도 깨달았죠. 눈이 인식하기에는 제가 추락하거나 빙글빙글 돌고 있는 것 같았지만 사실 그렇지 않다는 점을 머리가 이해하기 시작했고, 속도 지난주처럼 울렁거리지 않았어요. 제 두뇌가 현재 상황을 인지하기 시작한 거죠. 덕분에 한결 차분해진 상태로 괜찮아질 거라는 희망이 생겼고, 결국에는 세상이 빙빙 도는 증상을 멈출 수 있었어요."

당연한 말이지만, 가변성에 주목하는 요법은 누구나 시도할 수 있다.

음주 문제를 예로 들어보자. 술을 얼마나 마셔야 음주 문제가 있다고 볼 수 있으며, 그 기준은 누가 정하는 것일까? 가변성에 주목한다는 개념을 음주 문제에 다음과 같이 적용해볼 수 있다. 두 시간에 한 번씩 '술을 마시고 싶었다', '술을 마시고 싶지 않았다', '술을 마셨다', '술을 마시지 않았다', 이렇게 네 가지 범주 중 하나로 자신의 상황을 기록하는 것이다. 그리고 일주일 후에 각 범주에 따라 기록을 확인해보자. 그러면 딱히 마시고 싶지 않았지만 술을 한잔했을 때도 있었을 것이고, 술을 마시고 싶었지만 마시지 않았을 때도 있었을 것이다.

이렇게 접근하면 음주 문제를 지닌 사람 중 대부분이 사로잡힌 생각, 즉 알코올 섭취를 통제할 수 없다는 믿음과는 사뭇 다른 그림을 볼 수 있다. 술을 마시고 싶지 않았거나 술을 마시고 싶었지만 스스로 거부했던 때는 어떤 상황이었는가? 이런 상황이 어떻게 다른지 그 차이에 주목한다면 우리에게 통제력이 있다는 사실을 깨달을 수 있다. 또한 '외부적' 가변성과 '내부적' 가변성 간에 뚜렷한 차이가 없다는 사실 또한 깨닫기 시작한다. 이를 통해 사실상 모든 것이, 즉 증상과 감각의 강도, 지속성은 물론 그 증상이 발현하는 위치까지 달라진다는 사실을 깨우치게 된다.

초기 연구에서 우리는 가변성을 인지할 때 사람들이 자신의 심박동수를 조절할 수 있다는 점을 발견했다. 당시 나는 내 학생이었던 로라 델리조나(Laura Delizonna), 라이언 윌리엄스(Ryan Williams)

와 함께 참가자들에게 일주일간 매일 심박동수를 기록해달라고 요청했다. 그리고 심박을 기록하는 시간과 활동을 각기 다르게 배정했다.[1] 가변성에 주목한 집단은 세 시간에 한 번씩 심박동수를 쟀으며 당시 어떤 활동을 했고 이전 측정 때보다 심박이 상승했는지 저하되었는지에 주목했다. 덕분에 이들은 가변성을 더욱 의식하게 되었다.

심박동수 모니터링을 마치고 일주일 후 연구소로 모인 모든 참가자에게 우리는 따로 방법은 알려주지 않은 채 심박동수를 높이거나 낮춰달라고 요청했다. 가변성에 주목한 집단은 해당 과제를 더욱 잘 수행했다. 그뿐만 아니라 마음챙김에서 높은 점수를 받은 사람들은 심박수를 조절하는 데 더 나은 모습을 보였고, 이는 참가자들이 어떤 실험 조건에 놓여 있는지와는 무관했다.

또 다른 실험에서 이스라엘 동료인 시갈 질카-마노(Sigal Zilcha-Mano)와 나는 가변성에 대한 주목이 임신에 미치는 영향을 시험했다.[2] 우리는 임신 25~30주차의 참가 여성들에게 감각의 가변성(긍정적이거나 부정적인 감각 모두)에 주의를 기울여달라고 요청했다. 그 결과 임신한 여성이 자신이 경험하는 감각이 어떻게 달라지는지에 주의를 기울일 때 임신 기간을 더욱 수월하게 보냈다. 의료진이 아기의 건강을 측정하는 데 사용하는 다양한 검사를—아프가(Apgar) 점수—진행한 결과 아기도 더욱 건강한 것으로 밝혀졌다.

아프가 점수는 아기가 탄생하고 1분 후와 5분 후 신생아의 임상적 상태를 빠르게 평가하기 위해 전 세계적으로 분만실 의료진이 활용하는 방법이다. 심박수, 호흡, 근긴장, 반사, 피부색, 이렇게 다섯 가지 기준으로 신생아를 검사한다. 우리 실험에서는 임신 기간에 자신이 느끼는 감각에 의식을 기울인 임산부 집단이 더욱 높은 아프가 점수를 받았다.

체내에서 벌어지는 감각, 강도, 지속성 및 시간과 같은 외부적 신호의 변화를 인식할 때 경험과 감정에 대해 더욱 많은 것을 알아차릴 수 있다. 신체의 어느 부분이 가장 많이 또는 가장 덜 불편한가? 그 감각은 시간이 지날수록 어떻게 달라지는가? 이런 변화는 행동에 어떤 영향을 미치는가? 이 변화들을 알아차리는 것으로 건강에 대한 통제력을 회복할 수 있다. 그리고 증상은 전보다 좀 더 수월하게 느껴질 것이다.

갱년기에도 이와 비슷한 접근법을 적용해볼 수 있다. 갱년기에 접어들며 피부에 열이 오르는 증상이 매일 밤, 밤새도록 지속되는가? 아마도 아닐 것이다. 가변성에 의식을 기울인다면 홍조 현상이 특정 시간대에 좀 더 심하게 나타난다는 사실을 알게 될 것이고, 이런 변화를 알아차리는 것만으로도 도움이 될 수 있다.

아이러니하게도 정작 나는 이런 이점을 누리지 못했다. 수년 전 나는 친구에게 홍조가 심하다고 불평을 터뜨렸다. 평소에 나는 툴툴거리는 일이 거의 없는 편이라 친구는 놀라워하며 이렇게 말했다. "내가 홍조로 불평했다면 너는 나한테 장점이 뭔지 생각해보라고 했을 텐데. 칼로리 소모 같은 장점 말이야." 순간 다이어트 없이도 체중을 감량할 수 있는 새로운 프로그램을 찾은 것만 같아 기뻤다. 그러고는 이상하고도 애석하게도 그날 이후로는 홍조가 한 번도 나타나지 않았다.

쉽게 말하면 가변성에 의식을 기울일 때 증상이 언제 나타나고 사라지는지, 어떤 상황과 환경에서 증상이 변하는지를 파악할 수 있게 되어 증상에 어느 정도의 통제력을 발휘해볼 수 있다. 통제력이 커지면 달리 찾을 수 없었던 해결책들을 발견하는 것은 물론 낙관적인 마음이 더욱 커지고 스트레스는 줄어 건강이 전반적으로 증진된다.

우리는 건강에 대해 생각할 때 스트레스에 사로잡힐 필요가 없음에도 스트레스가 큰 비중을 차지할 때가 많다. 건강에 위기가 찾아오지 않을 거라고 확신하다가 위기를 맞으면 머리를 세게 한 대 맞은 듯한 기분을 느낀다. 또한 질병이나 부상을 경험할 거라고 확신할 때는 몸에 어떤 증상이라도 생기면 두려움이 커진다. 건강 상태를 확신하지 못하는 와중에 해당 증상을 경험한 지 얼마나 되었느냐는 의사의 질문을 받을 때처럼, 스스로 건강 상태를 확실하게 파악하고 있어야 한다는 생각에 사로잡히면 이 또한 스트레스를 높인다.

하지만 우리에게는 네 번째 선택지가 있다. 이 선택지야말로 위에서 언급한 통제력을 확보할 수 있다. 바로 사고방식을 바꿔 불확실성을 인정하되 자신감을 잃지 않는 것이다. 불확실성이 스트레스를 줄 때가 많다는 점은 사실이지만, 변화를 기본값으로 인정할 때 우리는 불확실성의 힘을 마음껏 이용할 수 있다. 어떤 일이든 확실히 아는 사람이 없다는 사실을—모든 것은 끊임없이 변하고, 무엇이든 관점에 따라 다르게 보일 수 있으므로 누구도 확실히 알 수 없다는 사실을—이해한다면 무지함에서 오는 스트레스를 덜 받을 수 있다.

우리는 모든 문제의 답은 알지 못해도 어떤 행동이든 실행할 의지가 있다면 자신감 있게 행동할 수 있다. 대개 사람들은 불확실성 때문에 아무 행동도 취하지 못할 때가 많다. 이렇게 해야 할까? 저렇게 해야 할까? 확실히 알 수 없으니 아무것도 하지 못하는 식이다. 하지만 모든 것이 불확실하다는 사실을 인정하고 나면 불확실성은 우리 일상에 반드시 존재하는 일부가 되고, 이것이 우리를 가로막는 일은 없어진다. 자신감이 넘치면 우리는 더 많은 것을 직접 해보고자 하고 그 결과에 더욱 만족할 수 있다. 또한 자기 자신을 더욱 자랑스럽게 여길 수도 있다.

불확실성에 편안함을 느끼면 새로운 정보를 열린 마음으로 받아들이고, 실수에서 배울 기회도 늘어난다. 무엇보다 중요한 것은 확신이 없어야만 타인의 조언과 생각을 더욱 열린 마음으로 수용할 수 있다.

확신이 없을 때 우리는 우리 자신에게 그 이유가 무엇인지 묻기도 한다. 이 불확실성은 어디서 오는 것인가? 내가 모르기 때문인가, 아니면 알 수 없는 문제이기 때문인가? 첫 번째 관점은 불확실성의 원인을 개인에게서 찾는 것이다. 이때 우리는 스스로에게 문제가 있다고 생각하고 더 큰 확신을 얻기 위해, 자신이 없다는 느낌을 지우기 위해 애쓴다. 하지만 좀 더 이성적인 관점은 아무도 모른다고 생각하는 것이다. 이는 불확실성을 보편적인 현상으로 보는 시각이다. '그래, 내가 잘 모르는 것도 맞지만 당신도 모르고, 모두가 모르는 것이다'라고 말이다. 즉 내가 구하고자 하는 지식은 확실히는 알 수 없는 대상이라고 생각하는 것이다.

반대로 '불확실성의 원인을 개인에게서 찾을 때', 즉 '나는 모르지만 다른 사람은 알 거야'라고 말할 때 우리는 체면을 잃지 않으려고 아는 척을 할 수도 있고 이 과정에서 스트레스를 받기도 한다. 그러나 불확실성이 보편적인 현상이라고 믿을 때는 타인이 아무리 확신에 차 보여도 그들과 우리 사이에 아무런 차이가 없다는 사실을 깨닫는다. 결국 확실성이란 환상에 불과하기 때문이다. 이 사실을 깨달으면 자신감은 있지만 확신은 없는 상태가 될 수 있다.

불확실성이야말로 건강의 비결일지 모른다. 이를 받아들일 때 불확실성을 우리에게 이롭게 활용할 수 있으며 가변성을 피하기보다는 그 안에 담긴 이점을 찾아낼 수 있다. 마음과 하나 된 몸은 변화를 인식하면서 더욱 건강해진다.

기억력과 만성질환을 관리하는 법

많은 노인이 기억이 깜박하는 증상에 시달린다. 이런 일이 벌어질 때면 이들은 얼마 지나지 않아 아무것도 기억하지 못하는 신세가 될까 봐 염려한다. 가족 안에서도 그런 믿음이 공유되면서 노인을 점점 더 연약한 사람으로, 아무것도 모르는 사람으로 대한다. 노인에 대한 정보가 필요한 사람들도 정작 노인인 당사자는 무시한 채 노인의 보호자에게 정보를 묻는 경우를 드물지 않게 목격한다.

나 또한 아버지가 돌아가시기 전 마지막 1년 동안 비슷하게 아버지를 오해했다는 사실을 깨닫고 부끄러움을 느꼈다. 아버지는 경도 인지 장애를 앓았다. 하루는 아버지와 진 루미 카드 게임을 하다가 나는 아버지가 게임 중 버린 카드들을 기억하지 못할 거라고 생각했다. 아버지를 이겨야 할지, 일부러 져야 할지 고민하는데, 아버지가 자신의 패를 내려놓으며 의기양양하게 진을 외쳤다. 나는 멋쩍어하며 내 실수를 깨달았다. 경도 인지 장애로 기억을 조금 잃었을 수는 있지만 아버지가 기억하고 있는 것들도 분명 있었다.

수년 후 나는 내 대학원생이었던 캐서린 버코비츠(Katherine Bercovitz)와 박사후 연구원인 캐린 거닛-셔벌과 함께 노인들의 기억력을 주제로 더 공식적인 연구를 진행했다.[3] 우리는 기억력 감퇴를 걱정하는 65~80세의 노인들에게 일주일 동안 기억력 변화 양상에 주의를 기울여달라고 요청했다. 그리고 문자 메시지를 보내 참가자들에게 하루에 두 번씩 자신의 기억력을 평가하며 기억력이 어떻게 달라지는지, 기억력의 가변성을 경험하는 이유가 무엇인지 스스로 생각해보도록 했다.

우리의 예상대로 개입은 긍정적인 효과를 발휘했다. 기억력 변화에 주의를 기울인 집단은 개입이 있기 전보다 후에 기억력 감퇴 현상이 훨씬 줄었고 기억력에 대한 통제감을 더욱 느끼는 것으로 드러났다. 반면 (기억력 변동 양상이 아닌) 단순히 기억 수행에 주의를 기울여달라고 요청한 집단은 자신의 기억력을 향상시킬 수 있다는 자신감이 부족하다고 보고했다.

위 연구에서와 유사한 개입을 만성 통증을 앓는 환자들에게도 적용한 우리는 일주일 동안 하루에 두 차례 참가자들에게 문자를 보내 통증의 정도를 의식하고 통증의 변동 양상을 일깨웠다. 참가자들이 통증의 강도가 달라진다는 사실에 주목하자 통증이 일상생활을 불편하게 하는 정도가 크게 줄었다는 반응을 포함해 여러 긍정적인 변화가 생겼다. 또한 이렇게 가변성에 주목하는 개입 요법은 참가자들이 통증을 일상에서 뗄 수 없는 영구적인 대상으로 인식하는 경향을 줄이고 증상에 대해 의사와 소통하는 기쁨을 누리게 해주었다.

나는 이스라엘 동료 노가 추르(Noga Tsur)와 루스 데프린(Ruth Defrin) 그리고 우리 연구소의 연구원들과 함께 또 다른 통증 연구를 추르와 데프린의 이스라엘 연구소에서 진행했다.[4] 치과에서 마취 주사를 맞아봤다면 의사가 주사를 놓으며 입안의 다른 부위에도 압력을 가했던 경험을 한 적이 있을 것이다. 전혀 필요 없는 행동 같지만 효과가 있는 것이, 통증이 두 곳에서 발생하면 그 강도가 완화되기 때문이다. 다시 말해 건강한 사람이라면 치과 의사가 입안 다른 부위에 압력을 가할 때, 그렇지 않을 때보다 마취 주삿바늘로 인한 통증을 덜 느낀다. 하지만 만성 통증이 있는 몇몇 사람들은 안타깝게도 그렇지 않다. 이들은 통증이 감소하지 않고 주사만 단독으로 맞을 때와 똑같은 고통을 느낀다.

우리는 가변성에 주목하는 요법으로 만성 통증 환자들도 통증을 덜 느낄 수 있을지, 이들이 건강한 사람이 된 것 같은 기분을 느낄 수 있을지 궁금했다. 또한 통증과 무관한 시각적 이미지를 능동적으로 알아차리는 보편적인 마음챙김 요법의 효과 또한 시험하고자 했다.

이 연구에서 통증 가변성에 주목하는 법을 배운 집단, 의식을 기울여 알아차리기를 훈련한 집단, 아무런 요법도 배우지 않은 통제 집단으로 나뉜 참가자들은 굉장히 뜨거운 물에 손을 담갔다. 연구 절차는 복잡했지만 결과는 그렇지 않았다. 가변성에 주목하기와 보편적인 마음챙김 요법은 놀라울 정도의 효과를 발휘했지만 통제 집단은 계속해서 통증을 느꼈다.

하버드의 우리 연구소에서는 몇 년 전부터 치료가 어렵다고 여겨지는 질병에서 심신일체의 영향력을 연구하고 있다. 연구원인 프란체스코 파그니니, 데버라 필립스, 콜린 보스마(Colin Bosma), 앤드루 리스(Andrew Reece)와 나는 ALS(루게릭병) 환자들에 대한 데이터를 수집했다. 진행성 신경계 질환인 ALS는 근육을 약하게 만들고 신경세포를 파괴하는 병으로 의학적 치료법이 아직 밝혀지지 않았다.[5] 우리는 랭거 마음챙김 지수(Langer Mindfulness Scale)를 ALS 환자들에게 시행했고, 마음챙김 지수가 높은 환자들이 기능 소실 속도가 느린 것을 확인했다.

ALS 환자들에게서 기능 소실과 마음챙김 간의 상관관계가 있음을 확인한 우리는 환자들이 증상의 가변성을 더욱 능동적으로 알아차리도록 했다. 참가자들은 마음챙김의 본질에 관한 짧은 강의 영상을 시청했다. 여기에는 불확실성의 이해, 증상의 가변성을 알아차리는 것의 중요성, 새로운 사실 발견하기, 좋고 나쁘다는 평가는 외부 세계가 아니라 우리의 머릿속에서 일어나는 판단이라는 점 인식하기와 같은 내용이 포함되어 있었다. 이들은 각각의 내용을 직접 실천해보는 훈련도 했다.

그중 하나로 휠체어 조종 훈련이 있었다. 우리는 ALS 환자들이 세부적인 움직임에 집중하길 바랐다. 무엇보다 참가자들에게 휠을 어떻게 잡는지, 어떤 근육을 쓰는지, 휠체어를 멈출 때와 움직일 때 쓰는 근육이 어떻게 달라지는지에 집중해달라고 요청했다. 멈춰 있을 때는 휠체어의 어느 부분을 잡는지, 손의 어느 부위와 어느 손가락을 쓰는지 말이다.

참가자들은 일상 속 사소한 변화를 알아차리는 마음챙김 훈련 두 가지를 5주간 받았다. 통제 집단도 있었는데, 이들에게는 ALS에 대한 교육적 정보를 전달했고 실험 집단을 대상으로 측정했던 모든 항목을 똑같이 측정했다. ALS 환자들이 불안과 우울을 자주 경험한다는 사실은 그리 놀랄 만한 일이 아니므로, 우리는 처음 연구를 시작할 당시는 물론 마음챙김 개입 요법을 적용한 후와 3개월 후, 6개월 후에도 참가자들의 불안과 우울증을 평가했다.

그 결과 참가자의 집중을 비교적 단기간 요하고 실천하기도 쉬운 마음챙김 개입 요법과 ALS 환자들의 심리적 건강 향상 간에 연관성이 있다는 사실을 발견했다. 통제 집단에 비해 마음챙김 훈련을 받은 환자들은 우울과 불안이 크게 낮아졌다. 현재 우리는 신체적 증상과 전반적인 웰빙을 살펴보는 후속 연구를 진행하고 있다.

연구원들과 나는 ALS를 겪는 새로운 환자들과 사후 관리 중인 환자들을 비롯해 당뇨, 파킨슨, 경도 인지 장애, 다발성 경화증, 뇌졸중, 우울증 등 수많은 만성질환의 연구도 함께 진행하고 있다. 연구마다 우리는 환자들에게—가능하거나 적절한 경우에는 돌봄 보호자들에게도—증상의 가변성에 주의를 기울이도록 교육해 마음챙김 접근법으로 각 질병의 영향력을 통제할 수 있도록 한다. 그 결과 MS(다발성경화증)와[6] 뇌졸중,[7] 파킨슨에서 상당히 긍정적인 예비 연구 결과를 얻었다.

신체적 장애가 있는 사람들은 다른 대안적 능력이 있고, 장애 때문에 할 수 없다고 여기는 일들마저도 몇 가지는 해낼 능력이 있다. 다리가 하나인 사람들은 미식축구를 할 수 없다고 생각하며 비장애인과 자신이 다르다고 여기지만, 다리가 두 개인 사람들 가운데서도 미식축구를 못 하는 사람들이 많다는 걸 생각해볼 수 있다. 실제로, 집단 외 편견을 줄이는 접근법 중 하나는 집단 내에서 차별화되는 것이다. '우리라는 집단에 속하는 사람은 아무도 없다'는 사실을 깨달으면 그들과 우리가 그리 다르게 느껴지지 않는다.

우리의 신체 부위는 다양한 기능을 수행한다. 어디가 제 기능을 하지 못한다는 말은 너무도 포괄적인 표현이다. 우리는 가진 것이 아닌 우리에게 부족한 점에 초점을 맞춰 자신을 정의할 때가 너무 많다. 의식을 기울일수록, 더욱 열린 마음으로 변화에 주의를 기울일수록 회복력은 더욱 커진다. 무력한 사람은 모든 상황을 똑같이 이해한다. 반면에 의식을 기울이는 사람은 차이를 발견하고 그 덕분에 더욱 회복력을 발휘할 수 있다. 아주 단순하게 설명하자면, 장애 판정을 받아 이를 증명하는 장애인 주차증까지 발급받았다고 해도 장애인 구역에 주차할 필요가 없을 때도 있다.

마음과 몸을 하나로 간주하는 심신일체의 개념에서는 신체적 건강에 적용되는 것은 정신적 건강에도 적용된다고 본다. 가령 가변성에 주목하는 요법은 임상적 우울증을 앓는 사람에게도 효과적일 수 있다. 우울증을 앓는 사람들이 품은 부동의 신념 중 하나는 자신의 상태가 나아지지 않을 거라는 생각이다. 터널의 끝에 빛이 없다고 여긴다. 하지만 누구도 우울 증상이 매 순간, 매일 똑같을 수는 없다. 기분이 작게나마 나아지는 것을 알아차리다 보면 신체적 증상에서와 마찬가지로 우울증을 해결할 방법을 찾을 수도 있다.

가변성에 주목하는 요법은 의료계에서 난치로 보는 정신 질환에도 도움이 될 수 있다. 조현병과 같은 심각한 질환에서는 증상에 시달리는 환자 본인이 증상의 가변성에 주의를 기울이기를 기대하기보다는 임상의가 모니터링을 대신 하는 방법도 있다.

가변성에 주목하는 전략은 만성질환만이 아니라 흡연이나 음주, 섭취를 줄이는 행동에도 적용할 수 있다. 음주를 심하게 하는 사람과 줄담배를 태우는 사람, 폭식을 하는 사람은 자신이 항상 술이나 담배, 초코바를 원하는지 생각해볼 수 있다. 위에서 소개했듯이 어떤 대상을 원하는지 원치 않는지, 그것을 취했는지 실제로 취하지 않았는지 규칙적으로 기록하다 보면 생각과는 달리 자신이 그것을 항상 원하는 건 아니라는 사실을 깨달을 수 있다. 더 중요하게는 술이나 담배, 케이크가 아니라 우리에게 주도권이 있다는 사실을 알게 된다는 점이다.

변화를 알아차릴 때 치유가 시작된다

입원한 어머니 곁을 지키는 동안 나는 상당히 긴 시간을 무력감에 빠져 지냈다. 어머니의 증상이 어떻게 달라지는지 인식할 수 있는 환경이 조성되었다면, 어머니 스스로 증상이 달라진다는 사실을 알아차릴 수 있도록 도왔다면 마음이 좀 더 나았을 것 같다.

질병의 유형과 관계없이 우리가 진행한 상당수의 연구에 걸쳐 발견한 사실은, 연구진이 마음챙김의 수준을 전반적으로 높이고, 증상의 가변성에 주의를 기울이고, 그 과정에 돌봄 보호자를 동행시키자 사람들이 의미 있는 성장을 보여줬다는 것이다. 수년간 내가 발표한 데이터 상당 부분에 따르면 마음챙김 접근법은 건강과 질병에만 도움을 주는 것이 아니라 행복감 또한 준다.

그렇다면 요양원 의료진이 거주자 각각의 상태가 어떻게 달라졌는지 매일같이 기록한다면 어떨까? 이 일이 가능하려면 의료진은 거주자에게 전과는 다른 종류의 관심을 쏟아야 한다. 업무 목록에 거주자의 차이를 파악하는 일이 추가되는 걸 바라지 않는 사람도 있겠지만, 나는 오히려 일이 더욱 흥미로워질 거라고 생각한다.

오늘날 많은 간병인이 번아웃을 겪고 있고, 병원과 요양원의 이직률은 문제가 될 정도다. 의료진의 마음챙김 수준을 높인다면 돌봄 업무의 단조로움과 부담감, 이로 인해 발생하는 스트레스를 낮출 수 있을 것이다. 그뿐만 아니라 환자들의 신체적 변화를 알아차릴 때 간병인은 환자의 정서적 상태에도 더욱 주의를 기울일 수 있을 것이다.

간병인이 이렇듯 의식을 기울인 알아차림을 행한다면 환자들은 자신이 관심을 받고 있다는 기분을 느낄 것이고, 의료진과의 관계를 더욱 깊이 누릴 것이다. 수십 년간의 연구를 통해 마음챙김이 건강을 향상시킨다는 점이 밝혀졌다. 그리고 병원 환자들과 요양원 거주자들에게 더욱 세심한 관심을 쏟는 행위는 거꾸로 의료진의 건강에도 유익하게 작용한다.

리타 샤론 박사의 저서 《서사의학이란 무엇인가》에는 심신일체 접근법과 유사한 의학계의 움직임이 등장한다.[8] 의사들은 환자의 이야기를 들으며 한 사람, 한 사람이 유일한 존재라는 사실을 깨닫는다. 이런 유일성을 인식하는 것이 마음챙김의 한 가지 특징이다. 각 환자의 독특한 특성을 능동적으로 알아차리면서 의사들은 관심을 기울이고 몰입할 수 있다. 그리고 환자들은 의사가 마음을 기울여 자신에게 신경을 쓰고 있음을 느낄 때 관심을 받는 기분이 들고 스트레스가 줄어들면서 치유가 시작된다. 샤론 박사는 이렇게 적었다. "가끔 의사와 환자는 외계 행성들 같다. 길을 잃은 빛과 낯선 물질의 흔적으로만 서로의 궤도를 파악하는 것이다."

신체적 증상이 환자에게 어떤 의미인지 탐구하려 들지 않고 단순히 진단만 한다면 해당 증상을 치료할 수많은 기회를 놓치고 만다. 경청은 치료의 가능성을 확장한다. 한 예로 샤론 박사의 89세 환자 한 사람은 검사 결과와 진단명으로는 설명되지 않는 수많은 통증을 느꼈다. 나중에 샤론은 그 환자가 어린 시절 강간을 당했고 이 일을 누구에게도 발설하지 않았다는 사실을 알게 되었다. 환자가 마침내 그 일을 털어놓자 통증이 사라지고 건강이 회복되었다.

흔히 의료적 장애가 있으면 고통과 통증은 전부 해당 질병에서 비롯된다고 생각한다. 그러나 적어도 신체적 문제 일부는 다른 대안적 설명이 있을 수 있다. 의료 전문인이 아무 의식 없이 모든 증상이 환자가 진단받은 또는 현재 치료 중인 질병 때문이라고 단정한다면 해당 질병의 양상에 영향을 미칠 가능성을 버리는 것이다. 진단은 유용하지만 인생 경험의 극히 일부에만 집중한다. 신체적 반응에 영향을 미치는 것은 맥락이다.

우리는 생각은 거시적으로 하지만 행동은 단편적으로 한다. 예를 들면 막연히 살을 빼고 싶어 하지만 눈앞에 있는 초콜릿 바를 집어 드는 식이다. 때로는 포괄적인 일반화에 갇혀 그에 반하는 사례들을 보지 못한다. 우울할 때는 우울감이 너무 깊어서, 덜 우울했을 때나 전혀 우울하지 않았던 특정한 순간들을 인식하지 못하는 것이다.

가변성에 주목한다면 이 문제를 해결할 수 있다. 어떤 변화에 주의를 기울일 때 어쩌면 새로운 증상을 더욱 빠르게 알아차릴 수도 있다. 가변성에 주목하면 그 변화가 우리의 상태에 어떤 영향을 미치는지 깨달을 수 있고 문제의 핵심을 파악할 수 있다.

물론 가변성에 주목하기 시작하는 첫 단계는 나아질 가능성을 인정하는 것이다. 여러 차례 말했지만, 절대로 나아질 수 없다고 확신할 수는 없다. 과학은 우리가 나아질 수 있다거나, 결과를 알 수 없다거나 둘 중 하나를 말할 뿐이다. 만일 결과를 알 수 없다는 말을 믿는다면, 우리에게 위기가 찾아오고 좋은 성과를 경험하지 못했을 때 그리고 험프티 덤프티(Humpty-Dumpty, 영국의 자장가 '마더 구스'에 등장하는 캐릭터로 한번 부서지면 되돌릴 수 없는 것의 상징으로 쓰인다-옮긴이)처럼 왕의 모든 말로도, 모든 신하로도 우리를 원래대로 되돌릴 수 없을 때 우리는 무력감에 빠질 것이다.

어쩌면 많은 사람에게 진정으로 필요한 것은 나아질 수 있다는 이야기를 듣는 것인지도 모른다. 그렇게 우리는 나아지기 위해 어떻게 해야 할지 그 방법을 찾아나가는 여정을 시작할 수 있다. 일단 시작은 약/치료 요법/기대감이 효과를 발휘하는지 그 징후에 귀를 기울이는 것이다. 이 과정에서 언제 효과가 있고 없는지 각각의 상황을 파악하게 되고, 이 정보를 바탕으로 치유에 다가갈 수 있다. 플라세보가 효과를 발휘하는 이유도 이 때문인지도 모른다. 플라세보를 먹고 난 후 나아지기를 기대하는 심리가 효과를 발휘하는 것이다.

통증이 달라지는 양상을 파악하는 일이 쉽지 않을 때도 있다. 그럼에도 통증의 추이에 주의를 기울이는 과정은 시간을 들일 가치가 있다고 나는 믿는다. 이런 접근법들은 의학계에서 질병을 진단하고 치료하는 과정에 충분히 적용될 수 있다.

가변성을 의식해야 한다는 이야기는 질병을 고정적인 개념이 아니라 유동적으로 볼 때 더욱 잘 이해할 수 있고 파악할 수 있다는 의미다. 가변성에 주목하면 순간순간 변하는 질병의 성질을 감안하지 않고 내려지는 진단은 더 많은 데이터를 수집하는 데 좋은 시작점이 될 수 있지만 최종 결과가 될 수는 없다는 점을 깨닫게 된다. 그리고 돌봄의 대상인 환자의 미묘한 차이에 관심을 기울일 때 간병인이 더 나은 돌봄을 행할 수 있다는 점, 가장 유의미하게는 사람들이 자신의 질병을 다른 방식으로 경험하는 방법을 배울 수 있다는 점을 알게 된다.

가변성에 주목하는 개념에 관한 이 모든 연구가 말하고자 하는 바는 결국 변화를 알아차리는 단순한 행위가 우리의 건강에 굉장한 결과를 가져올 수 있다는 것이다. 실로 생존하는 종은 가장 강한 종이 아니라 변화에 가장 민감한 종일 것이다.

자신이 겪고 있는 증상의 가변성을 인지하면 네 가지 일이 발생한다. 첫째, 생각과 달리 우리가 같은 정도의 통증을 계속해서 경험하지는 않는다는 사실을 알게 되고, 이 깨달음으로 컨디션이 한결 나아진다. 둘째, 변화를 인식하는 행위는 의식을 기울인다는 것인데, 이런 마음챙김이 우리의 건강에 유익하다는 사실은 수십 년간의 연구를 통해 밝혀졌다. 셋째, 무력함에 빠져 자신에게는 방법이 없을 거라고 단정 짓기보다는 방법을 구하려 하고, 이럴 때 해결책을 찾을 가능성이 커진다. 넷째, 자신의 삶을 통제할 수 있다는 감각이 더 잘 느껴지기 시작한다.

장기간 맥락을 고려해 변화를 추적하면서 우리는 가변성에 대한 의식을 키울 수 있다. 몸의 여러 부분에서—감각, 감정, 생각, 환경—변화를 인식하는 행위는 우리에게 주도권을 선사한다. 모든 사람은 제각기 나름의 요인으로 평균에서 벗어나기 마련이다. 과학은 이런 차이들을 평균이란 미명하에 무시하고 잡음으로 여긴다. 하지만 이 잡음이야말로 건강의 핵심일지도 모른다. 그뿐만 아니라 규범적인 반응보다는 평균에서 벗어난 이런 아웃라이어들이야말로 지극히 중요할지 모른다. 이런 질문을 하는 것이 중요하다. 왜 이 사람은 규범에서 벗어난 거지?

미래는 과거와 다를 것이다. 이런 불확실성을 어떻게 해야 하는 걸까? 지금 당장 벌어지고 있는 일을 알아차리면 된다.

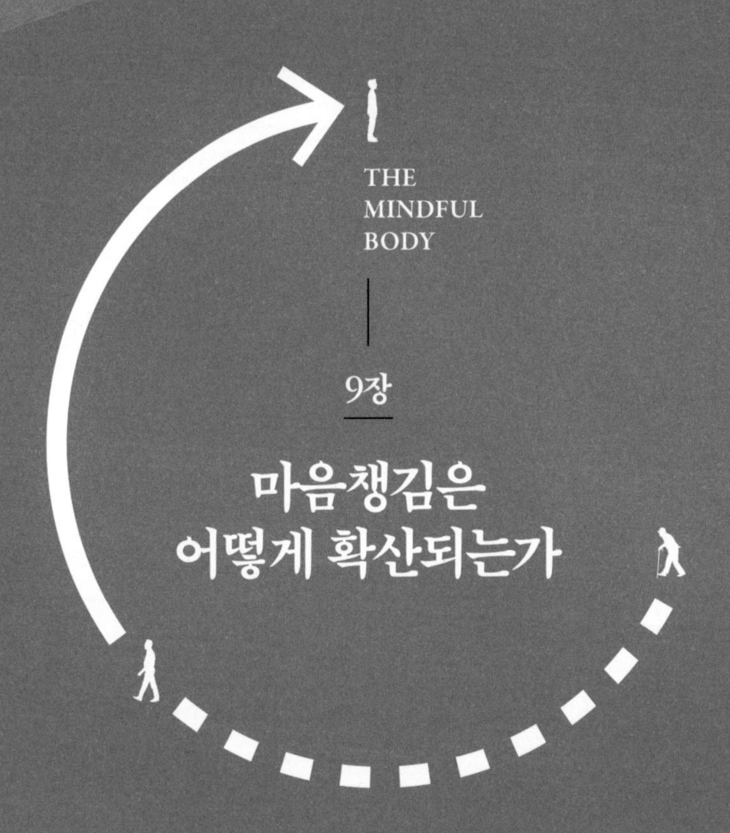

THE
MINDFUL
BODY

9장

마음챙김은 어떻게 확산되는가

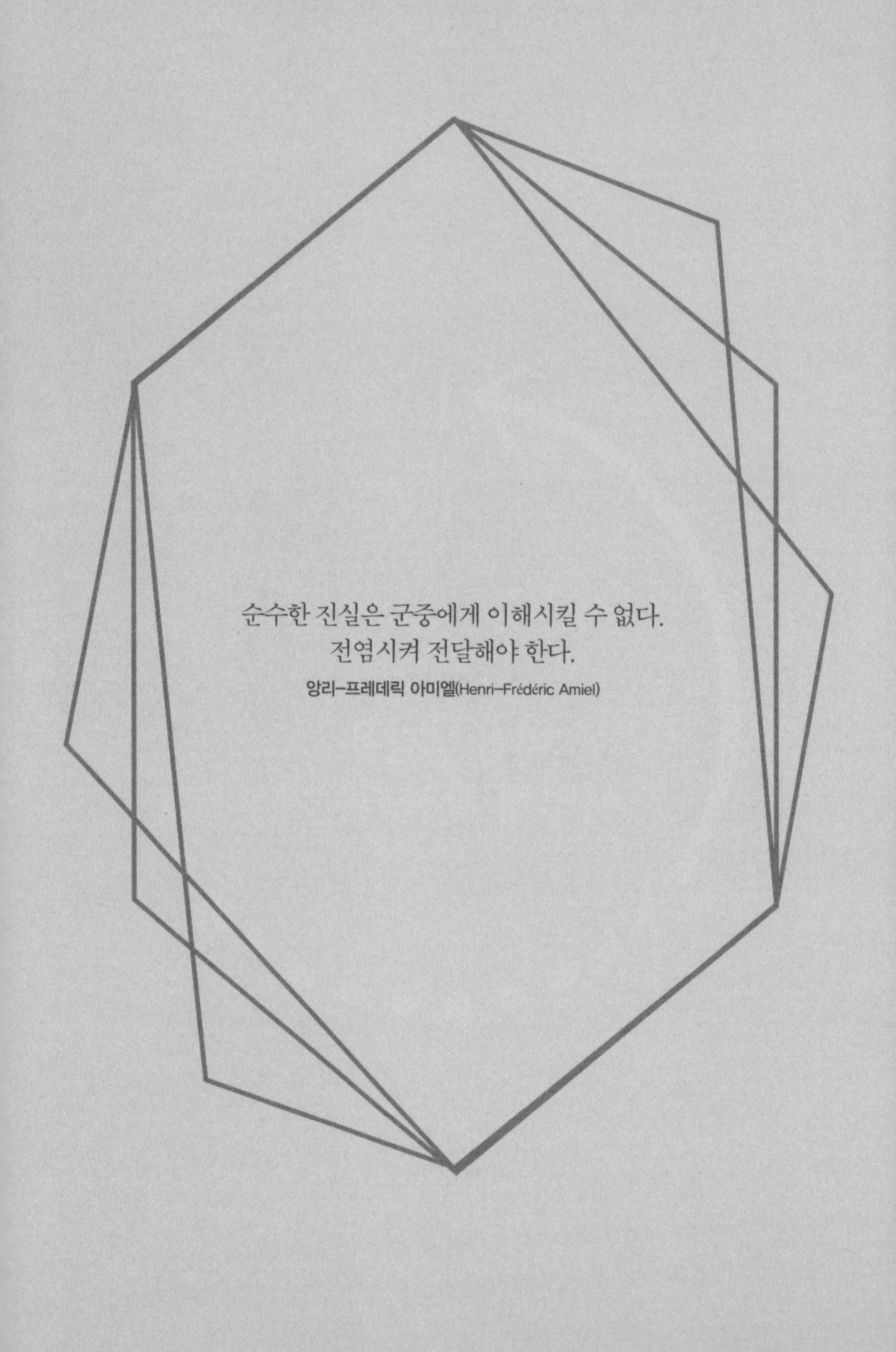

순수한 진실은 군중에게 이해시킬 수 없다.
전염시켜 전달해야 한다.

앙리-프레데릭 아미엘(Henri-Frédéric Amiel)

딱히 이유를 꼬집을 수는 없지만 누군가에게 마음이 끌리는 경험을 누구나 해본 적이 있을 것이다. 유달리 매력적이고 마음을 끄는, 형용할 수 없는 특별한 무언가를 가진 듯한 사람들이 있다. 반면, 마치 로봇처럼 보이는 사람에게 흥미를 잃어본 경험도 있을 것이다. 이런 경험들을 떠올려보면 우리는 자신도 모르게 상대가 의식을 기울이는지 또는 기울이지 않는지에 반응하는 것인지도 모른다는 생각이 든다.

나는 의식을 기울이는 사람과 함께 있는 편을 확실히 선호하는 사람이다. 그래서인지 문득 마음챙김을 행하는 사람과 그저 함께 있는 것만으로도 마음챙김을 행하게 되는 게 아닐까 하는 생각을 하게 되었다. 하지만 마음챙김의 전염성이 어느 정도일지 실험하기 전에 대다수 사람이 실제로 마음챙김을 행하는 사람에게 끌리는 것인지부터 확인하고 싶었다.

수년 전 하버드 경영대학원에서 한 학기 동안 있었을 때 동료였던 존 스비오클라(John Sviokla)와 이 주제에 관해 이야기를 나눈 적이 있었다. 우리는 잡지 영업사원들을 대상으로 시험해보기로 하고, 참가자들을 모아 무작위로 두 집단으로 나누었다.[1]

첫 번째 집단의 영업사원들은 새로운 고객에게 똑같은 방식으로 접근하고 새로운 잠재고객들에게도 정확히 똑같은 홍보 멘트를 사용해야 했다. 두 번째 집단의 영업사원들은 홍보 멘트를 다양하게 하고 마음챙김을 행하는 접근법을 사용했다. 우리는 이들에게 새로운 고객을 만날 때마다 홍보 멘트를 미묘하게 다르게 해달라고 요청했다. 마음챙김을 바탕으로 한 홍보 멘트를 들은 고객들은 영업사원이 카리스마가 있는 사람이라고 묘사했다. 이들은 마음놓침에 기반한 홍보 멘트를 들은 고객들보다 더 많이 잡지를 구매했다. 이 연구 결과는 마음챙김은 타인이 쉽게 감지하며 그 결과 타인의 행동에도 영향을 미친다는 초기 증거가 되었다.

그렇다면 동물도 사람과 상호작용을 하는 과정에서 마음챙김을 인지할 수 있을까? 내가 처음 시도한 연구는 우리 집 반려견들을 대상으로 했다. 나는 반려견들을 연구소로 데려가 어떤 연구원들에게는 마음놓침을 행하도록[동요 〈메리에게 작은 양 한 마리가 있어요(Mary had a little lamb)〉를 마음속으로 부르는 것같이 지극히 익숙하고 판에 박힌 생각을 반복하도록] 하고, 다른 연구원들에게는 마음챙김을 행하도록('메리가 학교에 양이 아니라 여우를 데려갔다면 어땠을까?'와 같이 참신한 생각을 하도록) 했다. 그런 다음 반려견들이 누구와 더 함께 있고 싶어 하는지를 살폈다.

놀랍게도 반려견들은 마음챙김을 행한 사람에게 더욱 관심을 보였다. 하지만 대상은 우리 집 반려견들이었고 다른 요인들이 작용했을 수 있다는 점 또한 알고 있었다. 만약 개들이 어떤 연구원에게서 나, 즉 간식과 밥을 주는 사람과 비슷한 느낌을 받아 가까워지려 한 것이라면 마음챙김과는 별 관련이 없을 것이었다.

나는 단념하지 않고 집을 비운 견주들이 개를 맡기는 보호소로 실험 장소를 옮겼다. 의욕이 넘쳤던 보호소 직원들은 인간의 마음챙김을 개들이 인식할 수 있을지 살피는 실험을 도와주었다. 나는 직원들을 두 집단으로 나누어 한 집단에게는 개들과 함께 있을 때 동요에 관한 참신한 생각을 해달라고 요청했고, 다른 집단에게는 동요 하나를 마음속으로 반복해서 불러달라고 요청했다.

이 생각의 차이가 개가 누구를 선호하는지에 영향을 미쳤을까? 그랬던 것 같지만 안타깝게도 보호소가 너무 정신없는 환경이라—개들이 짖고 끊임없이 움직이는 탓에—확실한 결론을 도출하기가 불가능했다. 나는 개들이 인간의 마음챙김을 감지하는지 아닌지 여부보다 우리가 타인에게서 이를 인식하는지에 더욱 관심이 크다는 생각이 들었다. 따라서 다음에는 개들보다는 얌전할 아이들을 대상으로 시험해보기로 했다. 적어도 쉴 새 없이 짖어대는 소리는 없을 터였다.

학년말이었기에 우리는 남아 여름 캠프에서 연구를 진행하기로 했다.[2] 먼저 아이들을 무작위로 두 집단으로 나누었고, 연구자들이 다른 캠프에서 온 코치로 분해 각 집단의 아이들을 인터뷰하기로 계획을 세웠다. 첫 번째 집단을 인터뷰하는 연구자들에게는 인터뷰

동안 아이의 변화를—언어적, 비언어적 모두—세심하게 알아차리며 마음챙김을 행하도록 지시했다. 두 번째 집단을 인터뷰하는 연구자들은 아이에게서 답변을 듣는 데만 관심이 있는 척하며 마음놓침을 행하도록 했다. 두 집단 모두 인터뷰는 긍정적인 분위기에서 진행되어야 한다고 연구자들에게 전했다.

인터뷰 후 아이들은 자존감을 평가하는 검사를 받았고 캠프에서의 경험이 어떤지 질문을 받았다. 참가자를 어떤 집단에 무작위로 배정하는 실험을 진행할 때는 실험 시작 시점에서 두 집단 참가자의 특성이 동일하다고 간주한다. 하지만 이 실험 후 아이들은 사뭇 다른 양상을 보였다. 마음놓침을 행한 성인과 상호작용한 아이들은 마음챙김을 행한 성인과 상호작용한 아이들에 비해 자존감 점수가 현저히 낮았고 캠프와 인터뷰 진행자를 향해 반감을 표현했다. 반면에 마음챙김을 행한 성인과의 상호작용은 아이들에게 긍정적인 영향을 미쳤다. 이 아이들은 자존감이 높았을 뿐 아니라 캠프에 대한 호감도 컸으며, 더 행복감을 느꼈고 인터뷰 진행자가 본인을 좋아한다고 생각하기도 했다.

끌림은 우연이 아닌 필연

앞에서 언급했듯이 유독 사람을 강하게 끄는 것 같은 누군가와 교류해본 경험이 다들 있을 것이다. 어딘가 매력적인 존재감 같은 것이 있는 사람 말이다. 그런 사람의 모습과 행동 이면에 자리한 힘은 과연 마음챙김일까?

우리는 마음챙김의 전염성을 알아보는 시범 연구를 먼저 연구소에서 진행했다. 준비된 방으로 들어온 실험 참가자는 옆자리 학생과 어깨가 닿을 정도로 가깝게 자리하도록 안내를 받았는데, 사실 이 옆자리 학생은 연구 조수이자 우리 팀의 일원이었다. 이 실험자(옆자리 학생)는 해당 공간에서 달라진 게 무엇인지 마음속으로 찾아보라는 지시를 사전에 받았다. 한편 실험의 나머지 절반에서 이 실험자는 숫자를 100까지 세는 데만 집중했다.

1, 2분 후 실험 참가자는 익숙한 문구지만 작은 오류가 포함된 인덱스카드를 받았다. '메리에게 작은 양 한 마리가 있어요(Mary had a little lamb)'가 아니라 '메리에게 작은 양 한 한 마리가 있어요(Mary had a a little lamb)'라고 적힌 카드였다. 참가자들은 카드를 확인하고 반납한 뒤 어떤 문장이 적혀 있었는지 말해야 했다.

거의 모든 참가자가 중복 인쇄된 오자를 보지 못하고 메리에게 작은 양 한 마리가 있다고 말했다. 단어 수를 물었을 때는 모두 여섯 개라고 답했다. 하지만 마음챙김을 행하는 사람과 근접하게 앉았던 참가자들은 똑같은 글자가 두 번 찍혔다는 사실을 알아차릴 확률이 높았다. 알아차림을 시험하는 이 테스트는 간단하지만 마음챙김의 정도를 파악하는 효과적인 방법이다. 익숙한 문장에 작은 변화가 더해진 사실을 놓치는 것이 일반적이지만, 수십 년 전 막 명상을 마치고 나온 사람들에게 해당 카드를 제시했을 때는 하나같이 카드에 적힌 문장을 그대로 읊었다.

코로나 팬데믹 직전, 베이징 한의과대학의 다오닝 장(Daoning Zhang) 박사가 우리 연구소를 방문한 일이 있었다. 마음챙김의 전염성에 관한 연구가 중국의 기라는 개념과 잘 맞을 것 같다고 생각한 그녀는 중국으로 돌아간 후 해당 연구를 재현하고자 했다. 중국팀은 마음챙김의 전염성을 고주파 테라헤르츠의 뇌파로 측정할 수 있을지에 관심을 가졌다. 뇌파에 대해서는 전혀 아는 바가 없던 연구소 매니저 크리스 니콜스와 나는 우리가 앞서 밝혔던 마음챙김과 알아차림의 연구 결과가 재현될 수 있을지 더욱 궁금해졌다.

장 박사의 보조 연구원들은 실험 참가자들의 두뇌 활동을 측정할 때 참가자의 손을 바라보며—손에 주름이 졌는지, 굳은살이 있는지, 피부가 붉어진 부분이 있는지 등—미묘한 디테일에 의식을 기울여 알아차리거나, 아무런 의식을 기울이지 않고 그저 집중했다. 두뇌 활동 측정을 마친 직후 장 박사는 참가자들에게 중국 속담이 적힌 색인 카드를 제시하고는 읽어달라고 요청했다. 이번에도 역시 카드에는 같은 글자가 두 번 인쇄된 오자가 있었다.

연구 결과, 보조 연구원들의 마음챙김이 실제로 전염되었다. 장 박사가 내게 전한 바에 따르면 연구원이 의식을 기울여 참가자의 손에 집중했던 25명 중 24명은 두 번 찍힌 글자까지 읽어냈고, 이 참가자들의 뇌파 활동이 전반적으로 향상되는 현상도 발견되었다.

마음놓침 집단에 속한 참가자들은 70명 중 11명만이 카드의 오류를 발견했다.

다른 것도 아니고 누군가 자신의 손에 의식을 기울인 것만으로 인식 수준이 높아진다니 논리적 비약처럼 느껴질 수 있다. 하지만 나는 마음챙김의 전염이란 개념이 별로 이상하게 느껴지지 않는다. 심지어는 이런 생각도 든다. 만약 이 현상이 진짜라면, 오자를 발견하는 것 너머 그 이상의 혜택을 누릴 방법도 있지 않을까?

마음의 신호에 민감한 사람들

마음챙김의 전염성이 실재한다 해도 마음챙김에 노출되었을 때 반드시 모든 사람이 동일하게 영향을 받는 것은 아닐 것이다. 타인에게서 전달되는 마음챙김과 마음놓침의 차이를 더욱 민감하게 느끼는 사람이 있을 것이고, 마음챙김의 전염성을 임상적으로 활용할 방법이 있을지도 모른다.

이를 확인하기 위해 연구소 연구원들과 나는 정신을 둔화시키려는 목적으로 술을 마시는 사람들이 음주하는 일부 이유 또는 모든 이유가 대인관계에서 마음놓침이 전달되는 신호들을 과민하게 감지하기 때문인지를 확인했다. 마음놓침을 행하는 사람과 함께 있기란 불편한 일이다. 어쩌면 술은 그 부정적인 영향력을 낮추기 위해 택한 한 가지 방법일지도 모른다.

우리 연구소 연구원인 존 올먼(John Allman), 크리스 니콜스와 나는 먼저 간접적인 방식으로 이를 테스트했다. 매사추세츠주 케임브리지에서 열린 '익명의 알코올중독자들(Alcoholics Anonymous, AA)' 오픈 모임에서 문제성 음주자라고 스스로 밝힌 성인 40명을 모집했다. 오픈 모임은 문제성 음주를 극복하는 AA 프로그램에 관심이 있는 사람이라면 누구나 참석할 수 있는 자리다. 총무가 모임 후 연구가 있을 예정이고 연구는 자발성과 비밀 유지가 엄수된다고 알렸다. 우리는 AA 모임의 자원자에 더해 대조 집단으로 알코올 남용을 경험한 적이 없는 지원자 40명을 추가로 모집했다.

먼저 우리는 참가자 80명에게 '대인 지각(person perception)' 연구에 참여하는 것이라 알렸고, 각 참가자는 보조 연구원과 짧은 대화를 나눴다. 보조 연구원들은 참가자들에게 몇 가지 질문을 했는데 "오늘 좋은 하루를 보냈나요, 나쁜 하루를 보냈나요?", "다른 사람들과 함께 나쁜 습관을 고치는 일의 장단점은 무엇이 있을까요?" 같은 질문이 있었다.

보조 연구원 절반은 마음챙김의 자세로 세 가지 질문을 하고 각 참가자의 특징(눈 색깔, 예상되는 사회경제적 지위, 외형, 행동 등)에 관심을 기울이도록 지시받았다. 이들에게는 "모든 참가자가 각기 다르다는 점을 명심하고 이 차이점을 파악할 때 참가자가 어떤 관점을 지녔는지 중요한 정보를 배울 수 있습니다"라고 전했다.

나머지 절반에게는 마음놓침의 태도로 참가자의 답변에만 관심이 있는 것처럼 행동하라고 지시했다. 이들에게는 "참가자들은 거의 비슷한 사람들이지만 이들의 답변에 관심이 있는 척 행동해주세요"라고 전했다. 이들과 마음챙김을 행하는 보조 연구원들이 인터뷰 때 하는 말은 동일했다. 그저 대화에 몰입하는 정도가 낮을 뿐이었다. 주어진 질문을 다 하지 못해도 5분이 지나면 보조 연구원들은 인터뷰를 마무리했다. 하지만 인터뷰를 끝내기 전, 마지막 질문 하나는 반드시 해야 했다. "우리 연구에 계속해서 참가하고 싶습니까?"라는 질문이었다.

마음놓침을 행한 연구원과 인터뷰를 진행한 참가자는 연구에 참여하고자 하는 마음이 덜할 것이라는 게 우리의 가설이었고, 예상은 정확했다. 타인의 마음놓침은 누구에게나 영향을 미치지만 더욱 영향을 받는 사람들이 있었다. 마음놓침의 자세로 답변에 그리 관심을 보이지 않았던 보조 연구원과 인터뷰한 참가자들 가운데 연구를 계속하고 싶다고 말한 사람의 비율은 술을 마시지 않는 집단보다 AA 집단이 낮았다. 술을 많이 마시는 사람이 주변인들의 마음놓침에 더욱 민감하게 반응할지도 모른다는 첫 번째 징후였다. 음주와 이런 민감함의 연관성이 유전적인 건지, 아니면 학습에서 기인하는지는 분명히 밝혀지지 않았다. 하지만 그보다 내 관심사는 '음주자들이 타인의 마음놓침에 민감하게 반응하는가?'였다.

존과 크리스, 나는 이 질문에 답을 찾기 위해 연구를 계속했다. 우리는 마음놓침을 행한 실험자와 소통한 사람들이 술을 마시고 싶어

하는 경향이 클지 실험했는데, 이번에는 하버드 대학교 인근 지역과 보스턴 메트로폴리탄 지역의 성인 60명을 모집했다. 참가자들에게는 와인 시음에 감정이 미치는 영향력을 평가하는 연구라고 설명했다. 그리고 실험 한 시간 전에는 아무것도 마시지 말아달라고 요청했다.

이후 우리는 실험자인 척하는 공모자 집단을 모집했다. 연구진의 가정에 대해서는 아는 바가 없는 공모자들을 무작위로 마음챙김 또는 마음놓침을 행하는 집단으로 배정했다. 마음챙김 실험자들에게는 참가자를 한 명의 개인으로 바라보는 방법을 자세히 교육했고, 참가자의 옷과 머리, 키, 무엇보다 연구에 참여하는 동안 해당 참가자가 어떤 변화를 보이는지 등을 인식하도록 했다. 마음놓침 실험자들에게는 미소를 띠고 참가자들에게 친절하게 대하되 정해진 대본을 따라달라고 요청했다.

연구를 시작하기에 앞서 우리는 참가자들을 대상으로 두 가지를 측정했다. 랭어 마음챙김 지수로 이들의 마음챙김 정도를 평가했고, 알코올 소비를 스스로 평가하는 세계보건기구(WHO)의 알코올 사용장애 선별검사(Alcohol Use Disorder Identification Test)도 진행했다. 두 질문지를 마친 후 참가자들은 마음챙김 또는 마음놓침 실험자와 인터뷰를 가졌다. 인터뷰에서는 와인 시음 과제에 대한 기분과 태도를 묻는 전반적인 질문이 오갔다. 인터뷰 대본은 앞서 언급한 AA 연구와 유사했다.

인터뷰를 마친 후 우리는 참가자들에게 와인 시음 실험에 참여할 것이라 알렸다. 실험자는 참가자들에게 원하는 대로 와인을 마음껏 마셔도 된다고 전했고, 이후 맛 평가 설문지에 답해달라고 했다. 우리의 관심사는 참가자들이 마시는 와인의 양이었지만 참가자들에게는 단순한 와인 시음 연구였다. 우리는 참가자들에게 와인 점수를 10점 만점 기준으로 평가하고 해당 와인 한 병의 예상 가격도 생각해달라고 요청했다. 또한 와인에서 어떤 풍미나 맛이 느껴지는지도 기록해달라고 했다.

실험 결과, 우리의 가정이 사실임이 밝혀졌다. 마음챙김 실험자와 함께했던 참가자들은 그렇지 않은 참가자들에 비해 와인 소비량이 절반이었다. 마음놓침 실험자와 소통한 참가자들은 4온스(약 118밀리리터)를 마신 반면, 마음챙김 실험자와 함께했던 참가자들은 겨우 2온스(약 59밀리리터)를 마셨다. 자신이 어떤 평가를 받을지 신경이 쓰이기 마련인 이런 환경에서 참가자들이 보여준 차이는 의미심장했다.

이 결과는 음주가 마음챙김과 거리가 있는 행위임을 보여주기 위한 데이터가 아니라, 과도한 음주의 원인 중 하나가 현실에서의 도피인 만큼 마음챙김을 행할 때 현실에서 도피할 필요성을 덜 느낀다는 점을 보여준다. 따라서 연구 결과는 마음챙김에 전염성이 있고 이를 행하는 사람과 상호작용할 때 우리의 마음챙김 수준 또한 높아진다는 사실을 시사한다.

이후 나는 자폐 스펙트럼 장애 아동들을 대상으로 한 연구를 통해 마음챙김의 전염성을 탐구했다. 자폐아동이 술을 많이 마시는 사람들과 유사하게 반응하는지, 타인의 마음챙김 또는 마음놓침에 좀 더 민감한지 확인하고 싶었다. 대다수 사람이 대체로 마음놓침을 행하며 마음놓침은 대인관계에서 불편하게 작용한다. 그렇다면 자폐를 앓는 사람들이 대인관계에서 겪는 어려움의 얼마간을 마음챙김에 대한 민감성이 설명해줄 수 있지 않을까?

나는 자폐로 인해 이런 민감성이 생기는 것인지, 이 민감성이 자폐로 인한 여러 요인이 결합한 결과물인지를 파헤치고자 하는 게 아니었다. 내 관심사는 마음챙김/마음놓침에 대한 민감성과 자폐 스펙트럼 간에 관계성이 있는지만을 확인하는 것이었다.

나는 박사후 연구원인 프란체스코 파그니니와 데버라 필립스, 이탈리아 연구원들과 함께 이탈리아인 공동체를 대상으로 이를 시험했다. 우리는 마음놓침 또는 마음챙김의 태도를 지닌 성인들과 교류한 자폐 아동들의 행동을 주의 깊게 관찰하고자 했다. 먼저 자폐 스펙트럼 내에서 인지 기능 수준이 비슷한 아동 여덟 명과 연구를 도와줄 성인 조력자 여섯 명을 선발했다. 그리고 아동과 성인을 무작위로 짝을 지어 어떤 아이들은 마음챙김을 행하는 성인과 교류하고, 어떤 아이들은 마음챙김의 태도를 덜 보이는 성인과 상호작용을 하도록 했다. 30분간의 세션 동안 아이들에게 성인 실험자와 함께 할 수 있는 게임 세 가지를 제공했다. 우리는 해당 세션을 녹화

했고, 이후 독립적인 평가자들이 아이들의 언어적, 비언어적 상호작용 행동을 분석했다.

낮은 수준의 마음챙김을 발휘해야 하는 성인들에게는 아이들의 행동에 관심을 보이고 아이들에게 긍정적인 말을 하지만 진심을 담지 않도록 지시했다. 어떻게 행동해야 할지는 따로 지시를 내리지 않았다. 높은 수준의 마음챙김을 발휘하는 성인들에게도 같은 지시 내용을 전달하는 것에 더해, 아이의 행동이 어떻게 달라지는지, 아이의 감정 표현에서 새로운 요소들이 등장하는지에 집중해달라고 추가로 요청했다. 즉 이들은 아이의 보디랭귀지와 어조, 인터뷰 동안 아이의 전반적인 상태를 관찰하고, 게임을 하는 동안 아이들에게 어떤 변화가 있는지 또는 어떤 모습이 동일하게 유지되었는지를 염두에 두어야 했다. 마치 그림을 분석하다 보면 그 그림을 그린 화가에 대한 힌트를 얻을 수 있는 것처럼, 실험자는 아이를 면밀히 살피면서 아이의 내적 상태를 파악해야 했다.

실험 결과, 마음챙김을 행하는 성인과 교류할 때 아이들은 '재밌는 행동'을 훨씬 많이 보여주었다. 실험자와 더욱 교류했고 회피 행동은 덜 보여주었다. 협력적 행동은 늘었고 상동 행동(같은 행동을 반복하는 것-옮긴이)은 줄었다. 성인의 마음챙김이 아이들을 더욱 마음챙김에 가깝도록 이끈 듯 보였고(마음챙김의 전염성을 의미한다) 이는 아이들이 상대와 더욱 친밀한 상호작용을 하는 결과로 이어졌다.

과거에 자폐증을 연구한 과학자들은 자폐 아동이 성인의 비언어적인 정서적 행동을 읽어내는 데 어려움을 겪는다고 속단했다. 관련 연구 대부분은 상대의 눈을 통해 정보를 알아낼 수 있다는 사실에 기반한다. 가령 상대에게 매력을 느낄 때 동공이 확장된다는 이론 같은 것 말이다. 하지만 최근 연구를 통해 자폐 스펙트럼에 있는 아이들이 제대로 평가받지 못하고 있었다는 사실이 드러났다. 상대의 전신을 볼 수 있는 상황에서 아이들은 보디랭귀지를 능숙하게 읽어낸다. 이탈리아에서 진행한 우리 연구는 아이들이 상대의 마음 상태를 읽어내는 데도 능숙할지 모른다는 사실을 암시한다.

자폐 스펙트럼 아동들과 교류할 때 많은 성인이 경험하는 문제 일부는 어쩌면 아이가 아니라 성인들에게서 기인한 것이 아닐지 의문을 가져볼 만하다는 생각도 들었다. 성인이 자폐 아동들이 보이는 신호를 읽어내는 데 어려움이 있는 것일 수도 있고, 아니면 자신의 편견 때문에 아이의 신호를 읽어보려는 노력을 기울이지 않는 것일 수도 있다. 보다 높은 수준의 마음챙김을 행한다면 아이들이 내보이는 신호를 더욱 민감하게 느낄 것이고 아이들과도 좀 더 친밀한 교류가 가능할 것이다.

마음챙김의 전염성과 건강

40년 이상의 연구에서 볼 수 있었던 것처럼, 마음챙김은 우리의 건강에 유익하게 작용한다. 마음챙김 전염성에 관한 연구는 마음챙김을 행할 때 상대의 마음챙김 수준 또한 높아질 수 있다는 사실을 보여준다. 그렇다면 우리가 교류하는 주변 사람들이 실제로 우리의 건강에 좋은 영향을 끼칠 수도 있지 않을까?

나는 스위스에서 진행한 한 연구에서 박사후 연구원인 키아라 할러(Chiara Haller)와 함께 심각한 외상성 뇌손상을 앓는 환자 176명과 이들의 주 돌봄 보호자인 가족들을 연구했다.[3] 우리는 돌봄 보호자의 마음챙김 수준과 환자의 인지 기능 간에 상관관계가 있음을 발견했다. 한 가지 설명은 아마도 마음챙김을 행하는 보호자라면 자신이 돌보는 환자의 증상 변화와 반응에 주의를 기울일 확률이 높다는 것이다. 나는 마음챙김의 전염성 또한 작용했다고 생각한다. 돌봄 보호자의 마음챙김이 환자의 마음챙김 수준을 높였을 수 있다.

이런 연구 결과는 만성질환 환자나 기억력 문제를 지닌 노인을 돌보는 보호자의 건강이 상하는 경우가 잦은 것과도 연관이 있다. 나는 간병인의 질병이 마음놓침과 환자의 증상이 나빠지기만 할 거라는 고정된 시각에서 오는 스트레스 때문이라고 생각한다. 부정적인 마인드셋에 갇힌 이들은 계속해서 베풀기만 하다가 결국 공허함을 느낀다.

하지만 돌봄 보호자들이 환자의 증상에서 사소한 변화를 인식하기 시작할 때 여러 가지 일들이 벌어진다. 사소한 변화를 알아차린다는 것은 더욱 마음챙김을 행하게 된다는 것인데, 앞에서 봤듯이 마음챙김은 이들의 건강에도 유익하게 작용한다. 간병인이 자기 일에 더욱 몰입하고 낙관적으로 임한다면 일도 더욱 수월해질 것이고, 번아웃을 경험할 일은 줄어들 것이다.

이 연구 결과는 경도 인지 장애를 겪는 사람들에게도 의미하는 바가 있다. 예를 들어 중증 기억력 손실을 앓는 환자를 돌보는 상황이라고 생각해보자. 무언가 질문을 하는 환자에게 당신은 답을 해주지만 잠시 후 환자는 같은 것을 다시 물어본다. 그럼 당신은 다시 한번 대답해준다. 당신의 좌절감은 시시각각 깊어질 것이다. 환자가 의도적으로 자꾸 잊어버리는 것이 아니라는 사실을 마음에 새기기가 어렵다. 하지만 사랑하는 가족이 모든 것을 잊은 건 아니라는 사실을 깨닫는 순간, 기회의 문이 열린다. 왜 어떤 일은 잊고 또 어떤 일은 기억하는 걸까? 그 답을 찾아가는 과정은 환자에게도, 돌봄 보호자에게도 이롭게 작용한다.

이런 사고방식은 다른 질환에도 적용된다. 난독증을 생각해보자. 난독증이 있는 사람이 어떤 글자나 단어의 경우는 순서와 위치를 제대로 인식할 때도 있다는 사실을 깨닫고 그것이 어떤 단어인지, 어떤 이유로 잘 읽히는 것인지 파악한다면 좌절감에서 벗어나 재밌는 수수께끼를 풀듯 접근할 수 있다. 예를 들면 '다른 글에서는 괜찮았는데 왜 이 문맥에서는 같은 단어가 읽히지 않는 것일까?'라고 질문하는 것이다.

부정적인 마인드셋은 우리를 부정적인 일에만 몰두하게 만든다.

사실은 한 페이지에 적힌 글 대다수를 정확하게 읽을 때가 많을 것이다. 오류가 발생하는 경우가 적다는 사실을 깨달을 때 스스로를 비난하거나 타인의 탓을 하는 경향도 낮아진다. 무언가 잘못된 경우만 알아차리기보다는 대체로 잘하고 있다고 보는 편이 훨씬 이롭다. 결국 거시적인 사고방식에서(모든 것, 항상) 단편적인 사건으로(어떤 단어들, 가끔씩) 시각을 달리하는 것이다. 이럴 때 해결책이 좀 더 쉽게 눈에 들어온다.

나이가 들수록 감각은 퇴화되는가

시각 장애인은 시력이 온전한 사람들에 비해 청각이 더 예민하고 예리하다. 청각 장애인에게는 시각이 중요한 만큼 시력이 더 발달되어 있다. 실제로 이들은 주변시마저도 고도로 발달했다. 이런 사실로 미루어보면 어떤 기준을 들어 능력의 유무를 측정하기보다는 특정한 면에서 우리보다 우수한 사람들을 분석해서, 이들에게서 무엇을 배울 수 있을지 파악하는 쪽이 나을 것 같다는 생각이 들었다. 골자는 누군가 어떤 일을 해낼 수 있다면, 좀 더딜 수는 있지만 자신 또한 해낼 수 있다는 것이다. 아인슈타인과 모차르트를—또는 시각 장애인과 청각 장애인을—아웃라이어라고 여길 게 아니라 불가능이 아닌 가능의 영역을 더욱 확장한 인물이라고 이해해야 한다.

많은 사람이 나이를 먹을수록 시력도 청력도 나빠지는 이유가 무엇인지 궁금해한다. 나는 노화에 대한 부정적인 마인드셋이 강력하게 형성된 탓이라고 생각한다. 이런 마인드셋으로 우리는 나이가 들수록 감각이 저하되는 게 당연하다고 확신한다. 부정적이라는 점에서는 같을지라도 노화와 관련된 부정적 마인드셋과, 청각 장애인이 시력을 향상시킬 수 없다거나 시각 장애인이 청력을 발달시킬 수 없다는 식의 부정적인 마인드셋은 서로 다르다.

우리를 가장 나약하게 만드는 마인드셋 중 하나는 나이가 들수록 기억력이 감퇴할 거라고 예상하는 것이다. 하지만 모든 사람이 기억력 감퇴를 경험하는 건 아니며, 이런 마인드셋을 품고 있지 않은 사람들 중에는 기억력이 전혀 나빠지지 않는 이들도 있다. 예일 대학교의 심리학자 베카 레비(Becca Levy)가 하버드 대학원생으로 있을 당시 나와 함께 이 사실을 밝혀냈다.[4] 우리는 나이에 대한 편견이 있었던 참가자들과, 나이를 먹으면서 기억력이 나빠지는 것은 아니라고 생각했던 참가자들을 대상으로 연구를 진행했다. 우리의 가정은 나이가 들수록 기억력 문제가 커질 거라는 믿음이 기억력에 문제를 불러온다는 것이었다.

우리는 중국인 노년층과 청년층 참가자들을 연구에 포함시켰는데, 그 이유는 보통 중국인은 미국인보다 나이가 많은 사람들을 존경하는 태도를 지녔기 때문이었다. 이런 태도로 인해 세월이 갈수록 기억력이 악화된다고 생각할 경향이 낮을 것이라는 판단이었다.

또한 청각 장애를 지닌 사람들은 소리를 들을 수 있는 이들이 지배하는 세상을 살아가며 감당해야 할 일이 벅차도록 많은 바, 노화에 관한 부정적인 마인드셋에까지 휩쓸리지 않았으리라는 생각에 노년층과 청년층의 청각 장애인들도 연구에 포함시켰다.

연구 결과, 청력이 온전한 미국인 참가자들은 기억력 테스트에서 젊은 사람들이 나이 든 사람보다 더 나은 결과를 보였다. 이는 대부분 미국인이 생각하는 노화의 불가피한 현상과 일치했다. 그런데 이 결과는 청각 장애인과 중국인 참가자들에게는 해당되지 않았다. 이 노인들의 기억력은 젊은이들만큼 훌륭했다.

개들은 교육을 통해 사람 몸에 있는 암의 냄새를 맡을 수 있다는 탄탄한 증거가 있다. 헤더 준키에라(Heather Junqueira)와 동료들은 비글 네 마리에게 건강한 사람들과 폐암 환자들의 혈액 샘플을 가려내는 훈련을 시켰다.[5] 그중 한 마리는 이 연구의 중요성을 전혀 개의치 않았던 것 같지만, 나머지 세 마리는 97퍼센트의 확률로 폐암 환자를 정확히 찾아냈다. 우리도 이 정도로 후각을 발달시킬 수 있을까? 그게 가능하다면 자신의 몸이나 다른 사람의 몸에 생긴 암을 빨리 감지해 목숨을 살릴 수 있을 것이다.

비둘기나 개, 개미, 악어는 생물학적으로 예민한 감각을 타고났지만 우리로서는 그런 수준의 감각을 습득하는 것이 불가능하다고 말하는 사람도 있을 것이다. 이에 나는 그럴 수도 있지만 그렇지 않을 수도 있다고 말하고 싶다. 150파운드(약 68킬로그램)의 역기를 든다고 해서 이 무게를 드는 데 전신의 모든 근력이 총동원되는 건 아니듯 말이다.

개의 후각 수용체가 인간보다 다섯 배 많다고 해서 암의 냄새를 맡는 데 3억 개의 수용체가 모두 필요한 것은 아니다. 개들은 새로운 대상을 좋아한다고 알려져 있고, 그래서 새로운 냄새에 더욱 끌리는 반면 인간은 익숙한 냄새를 더욱 좋아하는 경향이 있다. 하지만 그렇다고 해서 우리가 마음챙김을 행하는 법을 배우지 못한다는 것도, 익숙하지 않은 냄새를 알아차리지 못한다는 것도 아니다.

반대론자들에게 굴하지 않는 우리 연구소 연구원들과 나는 인간의 후각을 발달시킬 수 있을지, 만일 가능하다면 어떤 사람이 암에 걸렸는지 여부를 후각으로 알아낼 수 있을지 궁금해졌다. 놀랍게도 이 가설은 처음 느꼈던 만큼 그리 터무니없는 이야기가 아닐 수도 있었다.

연구를 설계한 뒤 나는 파킨슨병을 후각으로 알아냈던 조이 밀른(Joy Milne)이란 여성의 기사를 우연히 접했다.[6] 한 실험에서 그녀는 파킨슨병을 앓는 환자와 그렇지 않은 사람의 티셔츠 냄새를 맡고 정확히 구분해냈다. 그녀는 단 한 건의 실수만 했는데, 실험 당시 파킨슨병이 없다고 여겨졌던 남성을 파킨슨병 환자로 짚어낸 것이었다. 몇 개월 후 그 남성은 파킨슨병 진단을 받았다. 물론 암과 파킨슨병은 다른 질병이지만 인간이 후각으로 질병을 알아낼 수 있다는 것은 분명 가능한 일이다.

이제 막 연구하기 시작한 사안이라 사람의 후각을 훈련으로 발달시켜 질병을 발견할 수 있을지 그 결과가 등장하기까지는 시간이 좀 필요할 것이다. 우리의 계획은 암 환자와 그 배우자들(통제 집단)에게 잠옷으로 입을 티셔츠를 제공하는 것이다. 다음 날 아침 이들은 티셔츠를 서로 다른 지퍼백에 넣어 우리에게 돌려준다. 그런 뒤 우연이 아니라 냄새로 암 환자가 입은 티셔츠를 구분할 정도로 훈련해서 후각을 발달시키는 일이 가능한지 실험 참가자들을 대상으로 확인하는 것이다. 하지만 훈련이 실패한다고 해서 가설이 틀렸다고 할 수는 없다. 더 많은 훈련 또는 다른 방식의 훈련이 필요한 것일 수도 있기 때문이다.

끝없는 가능성의 세상에서 산다는 건 그 누구도 한 적 없고 어느 사회에서도 행해진 적 없는 일들을 시도할 수 있다는 것이다. 즉 '도전'이 아주 흔한 일상이 된다는 의미다. 흔치 않은 일들, 세상이 적극적으로 독려하지 않는 일들, 불문율에 가로막힌 일들을 막상 들여다보면 처음 느꼈던 만큼 그리 도전적이지 않다.

도전이라고 하면 괴로움과 실패의 가능성을 떠올리는 사람이 많다. 하지만 이제는 관점을 바꿔, 무엇인가를 성공한 뒤 숨을 고르고 나면 어떤 기분이 드는지 자기 자신에게 물어야 한다. 우리는 보통 이런 질문에 사로잡힌다. '그럼 이제 어쩌지?'

나는 골프라는 도전 의식을 자극하는 게임을 예시로 드는 것을 좋아한다. 골프채를 휘두를 때마다 홀인원을 하는 날이 마침내 온다면 골프가 더는 재미있지 않을 것이다. 우리는 어떤 일을 마음챙김으로 완벽하지 않게 하거나 마음놓침으로 완벽하게 하거나 둘 뿐이다. 우리가 마음놓침을 행할 때는 공허한 경험을 하게 된다. 따라서 실패는 불완전한 성공으로 이해하는 것이 옳겠다. 포기하지 않는 한 실패란 없다.

오래전 뉴스 프로그램에서 내 첫 요양원 연구를 한 꼭지로 보도한 일이 있었다. 나는 제작진에게 도전이 없는 삶, 모든 것이 제공되는 삶을 원하는지 시청자들에게 질문하면서 시작하는 오프닝을 제안했다. 그런 뒤 요양원의 모습을 보여주는 것으로 말이다. 제작진은 내 제안대로 하지 않았다. 당시 내 연구는 마음놓침을 독려하는 환경보다는 요양원에서의 생활이 좀 더 도전 의식을 자극하는 방향으로 나아가야 한다는 내용이었음에도 말이다.

수년 전, 구조되어 우리 집으로 온 반려견 페소가 손님용으로 거실에 내놓은 음식을 훔쳐 먹었다. 보통은 얌전하고 점잖았지만 그날 저녁만큼은 뭐랄까, 개답게 행동했다. 동반자와 나는 곧장 페소를 혼냈고, 동반자는 페소를 훈련소에 보낼 생각을 했다. 페소에게서 완벽함을 기대했던 것인지 묻는다면 우리는 바로 "물론 아니죠"라고 답할 것이다. 90퍼센트 정도라면 모를까, 결코 완벽을 원하지는 않는다. 한편 모든 사람이 그렇겠지만 우리는 잘못된 행동이 나머지 10퍼센트에 해당한다고 생각하지 못한다. 대신 그저 실패라고만 여긴다.

이는 노인들을 대할 때도 마찬가지다. 부모님이나 조부모님이 열쇠로 문을 열지 못하고 헤맬 때 우리는 즉시 손을 뻗어 열쇠를 돌리면서 잠금장치로 고생한 적이 한 번도 없었던 사람처럼 군다. 그리고 부모님이나 조부모님이 넘어지면 얼른 달려가 돕는 것으로(이는 좋은 행동이 될 수 있다) 끝나지 않고 다시는 그런 일이 벌어지지 않도록 신경을 쓴다(이는 좋지 않은 행동이 될 수 있다). 또한 우리가 기억에 남을 만한 일이라고 여기는 무언가를 부모님이나 조부모님이 잊으면 우리는 치매를 의심하며 징후를 살피고, 이후부터는 사소한 무언가를 잊을 때마다 치매가 왔다는 증거라고 여긴다.

물론 반려견을 케이지에 가두거나 노인들을 반(半) 혼수상태로 유도한다면 잘못된 행동이 다시는 벌어지지 않도록 만들 수 있다. 실패도, 넘어짐도, 건망증도 없을 것이다. 그러나 추하든 아름답든 살아 있다는 것은 불완전하다는 것, 도전과 불확실성을 환영한다는 것이다. 이는 나이를 불문하고 누구에게든 당연한 일로 여겨져야 한다.

어린 시절 엘리베이터 버튼을 누르는 것이 얼마나 어려운 일이었는지 기억하는가? 다 자라 키가 커진 지금, 그 버튼을 누르며 신나는 기분을 느낀 적이 얼마나 되는가? 틱택토(tic-tac-toe, 오목과 유사한 게임-옮긴이)의 재미는 매번 승리하는 법이나 무승부를 만드는 법을 배우고 나면 끝이 난다. 어제 성공적으로 완성한 십자말풀이의 답을 전부 또는 거의 다 기억한다면 같은 게임을 다시 하며 재밌다고 여기지 못할 것이다. 골프채를 휘두를 때마다 홀인원에 성공한다면 게임이 아예 성사되지 않을 것이다. 어떤 게임이든 늘 이기고만 싶다면 어린아이들을 상대로 하면 된다. 사실 우리는 보장된 성공보다 도전을 선호한다. 분투하는 과정이 재미를 주기 때문이다.

도전을 마주하는 일이 벅차게 느껴질 수 있지만 작은 한 걸음씩 나아가며 대처해갈 수 있다. 커다란 도토리들만이 거대한 오크나무로 자라는 것은 아니다. 내 연구 거의 대부분도 작은 변화가 막대한 영향력을 발휘할 수 있음을 보여준다. 노년층을 대상으로 한 내 첫 연구에서는 요양원 거주자들에게 사소하고도 일상적인 선택권을 제공했더니 수명이 길어지는 결과로 이어졌다.[7]

또 다른 초기 연구에서 우리는 요양원 거주자들에게 간호사들의 이름 등을 묻고 이들이 정확히 대답하면 보상으로 칩을 제공해서 우호적인 환경에서 기억력을 발휘할 수 있도록 했다.[8] 그렇게 매주 기억력 과제의 난도를 높였다. 기억력은 시간이 갈수록 나빠진다는 통설과는 달리 요양원 거주자들은 기억력이 향상되었다. 40년이 넘는 여러 연구를 통해 우리는 사고방식과 기대를 조금만 달리하는 것으로도 건강과 능력, 낙관성, 삶의 활력을 좀먹는 뿌리 깊은 행동들을 변화시킬 수 있다는 사실을 발견했다.

점점 더 많은 사람이 불확실성의 힘을 인정하고 활용하기 시작하는 만큼 어쩌면 사람들이 생각하는 것보다 마음챙김의 유토피아는 훨씬 더 가까이에 있을지도 모른다. 우리의 발목을 잡는 것은 지난

날 아무 의식 없이 행했던 선택들일 뿐이라는 사실을 깨닫는다면, 과거가 현재와 미래를 결정하는 세상에서 벗어나 현재 우리의 욕구에 더욱 걸맞은 세계를 설계할 수 있다. 이렇게 할 때 이전에는 불가능이라 여겼던 일들이 가능성이라는 새로운 시각 앞에 무릎을 꿇을 것이다.

마음은 흔적을 남긴다

많은 사람이 모여 있고 마음챙김이 유발되기 쉬운 장소가 따로 있을까? 조경이 아름다운 녹지 공간이나 멋진 음악을 듣는 콘서트홀, 성스러운 공간에서 이런 효과를 개인적으로 경험한 사람들이 많을 것이다. 이런 환경에서 우리는 마음의 여유를 갖고 눈앞에 펼쳐진 아름다움을 온전히 받아들인다. 그렇다면 이런 장소에는 우리의 마음챙김 수준을 높이는 무언가가 있는 것일까, 아니면 우리가 의식해야 하는 중요한 무언가가 있다고 기대하기 때문에 집중하는 것일까?

사람들이 실제로 이런 경험을 한 적이 있는지, 그렇다면 어떤 맥락에서 이런 경험을 했는지 확인하는 건 쉽다. 사람들에게 물어보면 된다. 다만 그 경험이 어떤 장소의 힘에서 비롯된 것이라면 이를 설명할 방법을 찾는 것은 또 다른 문제다. 현재 우리가 이해하는 과학은 어떤 물리적인 환경에 감돌고 있을지 모를 '느낌'을 설명해줄 만족스러운 메커니즘을 내놓지 못하고 있다. 그럼에도 독특하긴 하지만 중요한 연구 분야가 될 수도 있다.

클레이튼 매클린톡(Clayton McClintock)이 하버드 대학교 학생이자 내 연구소의 연구원이었을 때, 나는 그와 함께 이 독특한 길을 향한 대담한 발걸음을 내디디며 '감도는 기운(Something in the Air)'이라고 이름 붙인 연구를 진행했다. 우리는 명상가들이 명상 수행을 마친 공간에서 과제를 수행한 참가자들이, 비어 있던 공간에서 같은 과제를 수행한 참가자들보다 더 나은 성과를 낼지 궁금했다. 참가자들의 성과에 영향을 미치는 기운이라는 게 과연 있을까?

실험은 12명이 넉넉하게 자리할 수 있는 회의용 테이블이 마련된 작은 교실에서 이뤄졌다. 참가자 세 집단은 모두 실험 전 간단한 인지 테스트를 받았다. 실험 조건은 명상가들이 조금 전에 통찰 명상 수행을 마친 공간에 참가자들을 자리하도록 하는 것이었다. 통찰 명상은 특정한 생각과 감각에 초점을 맞추지 않은 채 의식 안에서 일어나는 생각과 감각을 인식하는 명상법이다. 약 45분간의 명상을 마친 뒤 명상가들은 연구자의 신호에 따라 눈에 띄지 않게 조용히 교실에서 그리고 건물에서 나갔다. 이후 교실의 책상과 의자, 다른 가구들을 원래대로 정리했고 실내 온도도 일정하게 유지했다.

두 비교 집단 중 한 집단은 명상가들이 아니라 일반 사람들이 심한 스트레스를 유발하는 영상 한 편을 시청했다. 해당 영상에는 쓰나미와 신장 수술, 불쾌한 내용이 생생하게 묘사된 고속도로 안전

홍보 영상의 장면이 담겨 있었다. 약 45분간의 시청 후 이들 또한 연구자의 신호에 따라 조용히 교실을 비우고 건물에서 나갔다. 이번에도 마찬가지로 책상과 의자, 다른 가구들은 이들이 교실에 들어오기 이전의 상태로 정리했다.

마지막 비교 집단은 실험 참가자들이 입실하기 전 45분간 비워 두었다.

명상가들이 명상을 하고 비교 집단이 영상을 보는 동안 참가자 68명은 교내 다른 장소에서 소규모 집단으로 모여 설문지에 응했다. 연구진은 참가자들에게 교실 한 군데를 둘러볼 예정이라고 알렸지만 어떤 곳인지 설명은 생략했다. 장소로 이동하기 전 참가자들에게 조용하게 움직이고 그곳에 도착한 후 어떤 느낌이 드는지 의식을 집중해달라고 요청했다. 8~12명으로 구성된 각 집단은 복도를 지나 교실로 입실했다. 참가자는 물론 이들과 함께 있는 연구진도 누군가 사용했던 교실인지 또는 비어 있었던 교실인지는 알지 못했다.

참가자들이 자리에 앉자마자 연구자는 이들에게 10점 만점 척도로 두 가지 질문에 답해달라고 요청했다. '이 공간의 호감도는 어느 정도입니까(0=매우 비호감이다, 10=매우 호감이다)?', '이 공간에서 느껴지는 활력은 어느 정도입니까(0=활기가 전혀 느껴지지 않는다, 10=매우 활기차다)?' 우리는 또한 태블릿 화면 속 동그라미에 불이 들어올 때마다 손으로 두드려야 하는 애플리케이션을 활용해 참가자들의 반응 시간을 측정했다. 탭을 10회 마치면 애플리케이션이 시간을 기록해 참가자들이 얼마나 빠르게 반응했는지 0.01밀리세컨드 단위로 측정했다.

사람들이 영상을 본 교실과 명상가들이 명상 수행을 한 교실에 입실한 참가자들은 텅 비어 있었던 교실에 들어온 참가자들에 비해 공간의 호감도와 활력을 높게 평가했다. 사람들이 좀 전까지 머물던 공간에는 어떤 기운이 감돈다는 사실을 암시하는 결과였다.

더욱 중요한 점은, 태핑 과제의 반응 시간에서 현저한 차이가 나타났다는 것이다. 반응 시간 테스트는 마음챙김을 가장 명확하게 측정하는 방법이다. 우리의 연구에 따르면 차이를 인식하는 행위야말로 마음챙김의 본질이다. 마음챙김을 행할수록 무언가 다른 점을 빠르게 인식하고 반응 시간 또한 빨라진다. 명상가들이 수행한 교실을 쓴 참가자들은 사람들이 영상을 봤거나 비어 있던 공간을 쓴 참가자들에 비해 태블릿 모니터의 색깔 변화에 반응하는 속도가 훨씬 빨랐다. 나머지 두 집단 간에는 의미 있는 차이가 없었다.

이 신기한 결과는 우리가 마음챙김을 행할 때 그 공간에 무언가가 발생하고 그것이 어쩌면 타인의 마음챙김에도 영향을 줄 수 있다는 점을 보여준다. 후속 연구가 이어지지 않았기에 이 실험 결과는 어떤 가능성을 암시하는 정도로 이해해야 할 것이다. 그럼에도 위 상황에서는 공간에 '어떤 기운이 감도는' 것처럼 보이고, 나중에 첨단 기술로 그 정체를 밝혀낼 수 있을지도 모른다. 과거 태아의 성별을 예상하는 일이 직감의 영역으로 보였던 것처럼 말이다. 이제는 초음파를 통해 태아의 성별을 분명히 알 수 있게 되었다. 과거 태아의 성별을 예측하는 모체의 직감은 신체적 느낌이었을 수 있다. 나는 내부적 작용 일체는 냄새나 땀, 에너지의 방출과 같은 외부적 기표(signifier)를 동반한다고 믿는다.

어떤 현상에 따른 설명이 불완전하다고 해서 그 현상이 실제로 일어나지 않은 것은 아니다. 감도는 기운 연구는 어떤 인과 관계를 제시한다. 물론 우리가 그것이 무엇인지 설명하거나 이해할 단계에 이르지 못했다 해도 말이다. 우리는 플라세보가 어떻게 작용하는지 확실히 모르지만 그 영향력은 인정한다. 나는 초자연적 현상의 존재를 믿는 사람도, 믿지 않는 사람도 아니다. 다만 내가 설명할 수 없다고 해서 믿을 수 없다고 여기지는 않는다. 내가 텔레비전을 켜면 뉴욕에 있는 사람이 우리 집에 등장한다. 내가 줌으로 화상 연결을 하면 학생들과 동료들이 내 컴퓨터에 나타난다. 어떻게 가능한 일인지 나는 이해할 수 없지만 그럼에도 받아들인다.

일상적인 일들에 대한 일반적인 설명들 또한 어딘가 부족하게 느껴질 때가 있다. 나는 배가 고프기 때문에 음식을 먹는다. 그렇다면 내부의 프로세스를 이해하고, 분석하고, 명칭을 부여한다는 것은 무슨 의미인가? 일반적으로 우리는 분석의 단계를 달리해 개념을 정의한다. 즉 분석의 아래 단계로 내려가 신경과학적 설명을 구하거나 위로 올라가 행동의 사회학적 또는 철학적 이해를 구한다. 하지만 나는 이런 식으로는 이해에 조금이나마 다가갈 수 있다고 생각하지 않는다. 어떤 설명도 완벽하거나 완전할 수 없다.

우리가 모르는 것이 있다는 사실을 깨닫는 데서 발생하는 힘을 인지할 때, 우리가 모른다는 사실조차 몰랐던 영역의 가능성이 열릴 수 있다. 특이한 현상을 '불가능하다'가 아니라 '밝혀지지 않았다'라고 생각할 때 오늘의 불가능은 내일의 명백한 사실이 될 수 있다. 가능성에 열린 마음을 유지하는 데는 대가가 따르지 않는다. 하지만 설명할 수 없다고 해서 이상한 경험을 일축해버린다면 기회만 잃을 뿐이다.

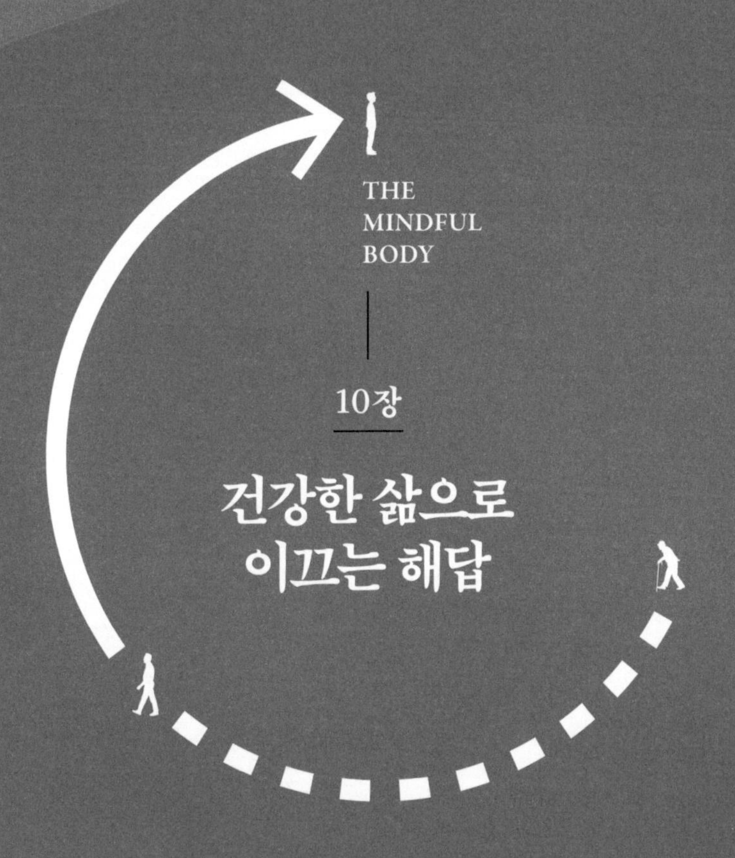

THE MINDFUL BODY

10장

건강한 삶으로 이끄는 해답

생리학은 그와 어떤 관계도 없을 것이다.
전통적인 심리학은 그것을 외면할 것이다.
의학은 그것을 깨끗하게 지워버릴 것이고,
아니면 기껏해야 일화적인 보고 일부를
'상상력의 효과' 정도로만 기록할 것이다.
… 어디를 펼치든 점술, 영감, 악마 같은 힘의 깃듦,
유령, 무아지경의 상태, 황홀경,
질환의 기적적인 치료와 생성,
특정 지역의 사람과 사물에 독특한 개인이 뻗친
오컬트적인 힘이란 이름으로 기록된
이야기들을 발견할 것이다.

윌리엄 제임스(William James)

미국 심리학의 아버지이자 내 커리어의 대부분을 보낸 건물의 이름이기도 한 윌리엄 제임스는 과학이 특이한 현상을 무시하기 때문에 우리를 실망시킬 것이라고 했다.[1] 그는 가능하거나 불가능한 것을 오류라고 속단하는 과학자들의 경향을 목격했고, 평생에 걸쳐 모든 종류의 가능성에 열린 태도를 유지하려 노력했다. 나도 그와 뜻을 같이한다. 나는 효과적인 변화의 비결은 확실성이 자유의지를 가둔다는 사실을 인정하는 것이라고 생각한다.

세상에 권위를 향한 맹목적인 복종에 대한 글은 많지만 대개가 제도의 권위에 관한 것이다. 규칙이나 그 규칙을 만든 자의 정당성을 의심할 생각조차 하지 않는 일상적인 상황 속 권위에 관한 이야기는 없다. 예를 들어 당신이 지원한 대학에서 영웅을 주제로 한 에세이를 요구했다고 상상해보자. 당신은 영웅이라고 생각한 사람이 없거나 단 한 명만 꼽을 수 없는 문제에 봉착했다. 이때 어떻게 하겠는가?

아마 대부분 사람은 이야기를 만들어내거나 선택을 할 것이다. 엘리너 루스벨트(Eleanor Roosevelt, 루스벨트 대통령의 아내이자 정치인, 사회운동가-옮긴이)나 마더 테레사, 에이브러햄 링컨 중에 한 명을 택해서 말이다. 왜 영웅이라고 할 만한 사람이 없는지 또는 왜 단 한 명의 영웅만을 꼽기가 어려운지에 대해 쓴다면 더 나은 에세이가 되겠지만, 이런 대안들은 잘 떠오르지 않는다. 학생 대다수는 주어진 요구에 단순히 응하려 한다.

마찬가지로 우리는 우리의 존경을 받을 사람이 누구인지 배우고 우리에게 주어진 기준을 맹목적으로 받아들이면서 정작 우리 자신에게 중요한 것이 무엇인지는 탐험하지 않는다. 우리는 질문에 내재된 전제를 수용하는 경향이 있다. 이런 점에서 사실 모든 질문이 '유도' 질문인 셈이다. 특히 배타적인 집단의 일원이 되고자 할 때 거쳐야 하는 면접이나 질문인 경우 또는 권력의 불균형이 존재하는 상황에서는 더욱 그렇다.

병원에 존재하는 권력의 불균형을 한번 생각해보자. 의사가 간호사에게 무언가를 지시하지만 간호사가 보기엔 실수인 것 같을 때 어떤 일이 벌어질까? 자신보다 높은 위치의 사람에게 의심을 표하기란 쉽지 않다. 그뿐만 아니라 상대의 말에 순순히 따르다 보니 의문을 가져야 한다는 생각조차 들지 않을 때가 많다. 그 간호사는 처방전에 적힌 약에 가벼운 거부반응이 있으니 다른 약을 처방받아야 할 것 같다고 의사에게 말할 수 있을까? 아니면 하루에 식후 두 번 섭취라는 의사의 지시를 계속해서 따를까? 골절된 다리가 나으려면 6~8주가 걸린다고 설명하는 의사 앞에서 그 기간을 절반으로 단축해보겠다는 생각을 과연 떠올려보기라도 하는가?

만일 평균적인 치료 기간이 어느 정도 된다는 예상치가 아니라 가장 단시간에 치료된 사례를 듣는다면 어떨까? 그러면 우리의 치료 기간도 더욱 짧아질까? 나는 그렇다고 생각한다. 나는 발목이 부러졌을 당시 앞으로 다리를 절 거라는 의사의 말을 다행스럽게도 깜빡 잊고 말았다. 이후 테니스 코트 위에서 공을 받아낼 때도, 놓칠 때도 절룩거림의 징후는 전혀 없었다.

우리가 자유의지를 포기하는 수많은 상황 속에는 아무런 의식 없는 순응이 자리하고 있다. 한 예로 사회심리학에서 유명한 애시(Asch) 순응 실험을 꼽을 수 있다.[2] 사람들에게 길이가 다른 선 세 개와 직선 하나를 보여주고 나중에 제시한 선 하나와 길이가 같은 것을 선 세 개 중에 고르게 한다. 그리고 참가자들 모르게 자리한 실험 공모자는 참가자들이 대답하기 전에 일부러 명백한 오답을 말한다. 실험 결과 참가자들은 대체로 오답을 지적하기보다는 앞 사람이 말한 오답에 순응하고 그대로 따라 하는 경향을 보였다.

이런 상황은 주변에서 너무 자주 접한다. 친구 두 명이 코로나 백신 접종을 거부한다고 생각해보자. 그러면 당신은 백신이 좋을 것 같다고 여기면서도 자신의 판단을 재고하고 접종을 미룰 가능성이 크다. 마찬가지로 백신을 맞을 생각이 별로 없었지만 친한 친구 두 명이 맞았다면? 애시 연구의 참가자들이 자신이 처음 생각한 것이 무엇이든 타인에게 동조했듯이 우리도 순응할 때가 많다.

확실성을 수용하는 자세는 자신의 자유의지를 불필요하게 제한하는 극명한 사례다. 우리는 무언가를 안다고 생각하는 순간, 더 나은 선택지가 될 수 있는 어떤 대안도 생각하지 않는다. '오류는 잦지만 의심은 드물다'라는 표현 그대로다. 확실성을 아무 의식 없이 수용한다면 선택의 자유를 잃는다.

우리는 과학의 법칙이 지배하는 세상에 살고 있다. 이제 과학은 우리 주변의 세상을 측정할 수 있을 정도로 정확성을 갖추고 있지만, 사실 이 정확성 또한 우리의 마음챙김에 따라 유용함이 결정된다. 아무리 객관성을 부여하고자 한다 해도 우리의 기준과 도구는 맥락에 한정되어 있고 주관적일 수밖에 없다. 우리가 정확성과 확실성을 모두 노릴 때 과학은 마음놓침에 가까워진다. 과학적 증거는 확률을 말할 뿐이지만 우리가 이 확률을 절대적인 것으로 바꿔 생각하는 탓에 기본적인 가설에 의구심을 갖는 것이 어려워진다.

오래전 치매에 관해 알려진 바가 거의 없던 시절에 내가 몸소 경험한 일이다. 당시 쓰던 용어를 빌리면 '노망'이란 증상은 지나치게 고착된 환경에서 보이는 마음챙김적 반응일 수 있다는 것이 내 생각이었다. 잘못 읽은 것이 아니다. 노망에도 이점이 있을 수 있다는 이야기다. 다시 말해 노망이 든 사람이 하는 몇몇 이상한 언행은 과하게 반복된 일상 속 마음챙김적인 일탈일지도 모른다. 자동반사적으로 사는 것과 특이하고도 참신한 생각을 품는 것 중 무엇이 더 낫겠는가?

물론 나도 노망은 사회 부적응적인(socially maladaptive) 증상이라는 것을 알고 있다. 주변 사람들을 불편하게 만드는 증상이다. 하지만 마음챙김이 장수와 관련되어 있다는 사실이 밝혀진 상황에서 노망 증상을 보이는 이들의 참신한 생각이 마음챙김의 결과라고 본다면, 그런 말도 안 되는 생각들을 두고 '생물학적 적응(biologically adaptive)'이라고 말할 수도 있다. 그렇다면 노망 진단을 받고 세상을 끊임없이 새로운 시각으로 바라보는 사람들은 실제로 더 장수할 수 있을까?

이 질문의 답을 구하기 위해 오래전 내 학생이었던 펄 벡(Pearl Beck)과 동료 로니 제노프-벌먼(Ronni Janoff-Bulman), 크리스틴 팀코(Christine Timko)와 함께 나는 심장 질환이 있는 환자들을 대상으로 노망이 있는 환자들과 그렇지 않은 환자들에 대한 데이터를 수집했다.[3] 우리는 노망 진단을 받은 사람들이 심장병만 있는 환자들보다 수명이 훨씬 길다는 사실을 발견했다. 1984년의 연구였다. 이 논문을 주요 과학 학술지 한 곳에 제출하자 완전히 거절당했다. 논문이 거절당한 사유는 "학술지는 연구가 진행 중인 논문은 게재하지 않는다"는 것이었다. 즉 이들은 최종적인 답과 숫자로 된 증거를 제시하는 논문들만 출판하고 싶어 했다.

노망에 대한 긍정적인 담론을 제시하는 연구가 이전에 하나도 없었던 터라 학술지 에디터들은 노망에는 이점이 있을 수 없다고 생각했고, 이런 연유로 우리의 연구는 최종적이 아니라 진행 중이라고 판단했던 것이다. 나는 이 같은 반응이 불합리하다고 생각했고 그 생각은 지금도 마찬가지다. 과학의 모든 것은 '진행 중'이다. 최종적인 답이라는 것은 없다. 우리는 마음과 하나 된 몸에 대해 새로운 것들을 계속해서 배워나가고 있다[우리는 해당 논문을 결국 〈심리학 회보(Academic Psychology Bulletin)〉에 게재했다].

세상에는 만성이라는 이름표를 단 질병들이 많고, 만성이라고 하면 흔히들 불치라고 생각한다. 어떤 질병이 불치로 여겨진다면 치료하려고 애쓰는 것은 어리석은 행동일 것이다. 하지만 그 어떤 과학도 불치를 입증할 순 없다. 모든 과학은 어떤 시도가 당시 사람들에게 효과가 없었다는 점만 입증할 순 있을 뿐이다. 즉 어떤 질병이 치료될 수 있을지 없을지는 정확히 규정할 수 없는데, 정확히 규정할 수 없다는 말은 통제할 수 없다는 것과 의미가 상당히 다르다.

또한 자가 치유를 한 사람들은 의학 실험에서 보통 누락되기 마련이다. 앞에서 언급했듯이 애초에 자신이 아픈 줄도 모른 채 자가 치유된 사람들이 많다. 어떤 실험이든 연구자는 연구의 파라미터와 관련해(참가자는 누구이고, 언제 어떤 환경에서 참가자들을 대상으로 실험이 진행될 것이며 독립 변인의 개수 등) 숨겨진 선택을 수없이 내려야 한다. 이런 파라미터들이 드러나지 않으면서 불가능을 말하는 연구 결과들은 달리 설계된 연구보다 좀 더 확실하고 일반적으로 보일 수 있다. 내가 무언가가 불가능하다고 배제하지 않고 무엇이 가능한지를 밝히는 방향으로 연구를 설계하는 것도 이런 이유 때문이다.

사람들은 확실성을 추구하면서도 자신도 모르게 현재의 상태를 수용하는 탓에 변화를 더는 인식하지 못한다. 눈이 잘 보이게 해주는 안경을 항상 쓰고는 안경 없이도 잘 볼 수 있는 상황은 떠올리지 못하는 식이다. 심리치료사를 찾아가 상황을 달리 보는 관점 하나를 배운 뒤에는 수많은 다른 관점이 있다는 사실은 깨닫지 못한 채 치료사가 제안한 관점과 이해를 새로운 현실로 삼는다.

우리는 무언가를 안다고 생각하면 더는 아무런 의심을 하지 않는다. 하지만 의심하지 않는다면 우리에게 아무런 선택권도 주어지지 않는다. 현실은 계속해서 변하고 어떤 일이든 관점에 따라 다르게 보이지만, 우리에게 있는 줄조차 몰랐던 혜택들을 자신도 모르는 새 포기하고 있는 것이다. 그 부정적인 영향력은 광범위하게 번질 수 있다. 현 상황을 의식 없이 수용하는 것은 곧 혁신을 제한하는 것과 같다.

물론 우리가 완벽한 마음놓침의 디스토피아에서 살고 있는 건 아닐 것이다. 그러나 우리는 우리가 인식하는 것보다 마음놓침을 훨씬 많이 경험하고 있다. 그렇다면 마음챙김의 유토피아는 어떻게 다른 걸까? 중요한 차이는 심신일체를 통해 열정의 노예나 중독의 희생자가 되지 않을 수 있고, 주변 환경의 신호나 분위기에 통제당하지 않을 수 있다는 것이다. 우리가 우리 운명의 주인이 되는 것이다. 어떤 의미에서는 건강 또한 그저 생각 하나의 차이일 수도 있다.

마음챙김의 유토피아에서는 속단을 멈추고 어떤 행동이든 행위자의 관점에서는 타당하다는 사실을 깨닫는다. 타인에게 평가를 받을 때 느끼는 불편함은 사라지고 '어떻게 해야만 한다'거나 다른 사람들이 어떻게 하는지를 걱정하지 않고 새로운 일들을 시도할 수 있다. 이때 스트레스도 크게 줄어든다. 스트레스가 줄어들면 건강은 좋아지기 마련이다.

희소의 걱정에 지배되지 않는 삶이란 어떨지 잠시 생각해보자. 풍요의 세상에서 산다면 사회적 비교와 예측, 결정은 하찮아지고 규칙은 별 의미 없는 제약이 될 것이다. 원하는 것을 항상 얻는다면 어떤 선택을 하는지가 중요하지 않고, 선택이 별 의미가 없어지면 예측도 필요하지 않다. 누가 한정적인 자원을 얻을 자격이 있는지 판단하기 위해 사회적 비교를 하는 만큼, 풍요의 세상에서는 사회적 비교 또한 의미가 퇴색된다.

희소의 걱정에서 해방된 이상 엄격한 규칙은 한낱 관습에 그칠 것이다. 모두를 바르게 만드는 규칙들을 우리가 만들어갈 수 있다. 사람들은 보통 자신이 원하는 것을 얻기 위해 규칙을 어긴다. 사람들이 원하는 것을 항상 얻는다면 규칙을 파괴할 필요가 없을 것이다. 가장 희소한 자원으로 여겨지는 대상은 젊엄, 건강관리다. 앞에서 봤듯이 이는 심리에 크게 좌우되므로 누구나 튼튼한 건강을 누릴 수 있다.

유토피아는 완벽함과 연관될 때가 많지만 마음챙김의 유토피아를 만들기 위해서는 완벽함이라는 고정적인 관념에서 벗어나야 한다. 그리고 완벽함을 불확실한 기대로 대체해야 한다. 이렇게 할 때 미래에 대한 기대는 여전히 독려하는 한편 현재 상황에 맞춰 좀 더 자유롭게 우리의 기대를 조정하고 바꿀 수 있다. 이때 완벽함은 불확실성을 온전히 수용한다는 의미가 된다.

학교를 생각해보자. 왜 사람들은 배움이 지루하고, 어렵고, 재미없어야 한다고 생각하는 걸까? 우리 연구에 따르면 마음챙김으로 행하는 배움은 에너지와 즐거움을 준다. 학문의 주제를 게임화할 수도 있고, 마음챙김으로 행하는 배움은 무엇인지 가르칠 수도 있다. 가령 암기가 더는 필요하지 않은 학습 방법 말이다. 암기로 인한 고통은 스트레스가 심한 만큼 건강에도 유해하다. 그뿐만 아니라 마음챙김을 행하는 학교에서는 승자도 패자도 없을 것이다. 이 또한 스트레스를 낮출 것이다. 여기서는 이런 변화를 어떻게 불러올지 상세한 방법을 논하기보다 이렇게 변해야 한다는 믿음이 더 중요하다.

비즈니스에서는 또 어떨까? 비즈니스 세계에서는 목표를 달성하기 위해 무엇을 해야 할지 사람들에게 알려주어야만 한다는 가정이 아무런 의심 없이 받아들여질 때가 너무 많다. 오케스트라 지휘자인 티머시 러셀(Timothy Russell), 내 학생인 노아 아이젠크라프트(Noah Eisenkraft)와 내가 진행한 연구에서 이 가정이 항상 옳지만은 않다는 사실이 밝혀졌다.[4] 실험에서 우리는 몇몇 오케스트라에(엄격한 의미에서는 아닐지라도 오케스트라도 일종의 비즈니스다) 마음챙김의 태도를 지시하고 연주를 할 때마다 퍼포먼스를 매번 새롭게 해달라고 주문했다. 반대로 또 다른 오케스트라 몇 팀에는 본인이 만족했던 과거의 연주를 그대로 재현해달라고 요청했고, 우리는 이를 마음놓침으로 연주하는 것으로 정했다.

우리는 연주를 녹음한 후 이 연구를 모르는 사람들에게 들려주었다. 그 결과 마음챙김을 행한 오케스트라의 연주가 더 많은 선택을 받았다. 이 결과들을 발표하기 위해 논문을 작성하던 중 나는 우리가 발견한 사실이 리더들에게 참신한 조언이 될 수 있겠다는 생각이 들었다. 모두가 마음챙김의 태도로 자신에게 주어진 바를 행하고, 음악에서 능동적으로 새로운 무언가를 알아차릴 때 탁월한 협동력이 발휘되었기 때문이다. 리더의 주된 임무는 교사와 마찬가지로 자신을 따르는 사람들 또는 자신에게 배우는 사람들에게서 마음챙김을 끌어내는 것일지도 모른다.

마찬가지로, 직무 요건을 둘러싼 관습적인 생각들을 내려놓는다면 수많은 흥미로운 기회가 우리 앞에 열릴지도 모른다. 어찌 보면 어떤 직무든 그에 딱 알맞은 경험을 지닌 사람은 아무도 없다. 교사들은 과거에 맞게 훈련받은 것이지, 미래를 위해 훈련받은 게 아니다. 다국적 기업의 CEO는 빠르게 변하는 시장에서 과거 자신이 수장을 맡았던 기업과 달라진 기업을 운영해야 한다. 따라서 교사들과 직원들을 채용할 때는 아무 의식 없이 과거의 업무에 강점을 지닌 사람을 뽑기보다는, 개개인의 강점에 맞게 미래의 업무를 조정하는 방향이 더욱 큰 성공으로 이어질 수 있다.

누구나 제 나름의 기여를 한다. 핵심은 마음챙김을 행하는 학교와 비즈니스를 만든다면 과거의 해결책으로 현재의 문제를 해결하는 일을 피할 수 있다는 것이다. 큰 성공을 거두면 스트레스가 줄어들고, 스트레스가 줄어들면 더욱 건강해진다.

건강을 위한 새로운 접근법

수십 년 전 나는 한 요양원의 컨설턴트로 일했다. 흰색 가운을 입지 않았던 나는 클립보드를 들고 다니며 내 공식적인 지위를 넌지시 알려주려고 했다. 얼마 지나지 않아 정작 클립보드를 사용하지도 않으면서 내 지위를 공고히 할 목적으로 들고 다닌다는 생각이 들었다. 이를 깨달은 후에는 클립보드를 집에 두었다. 내가 어떤 존중을 받든 내가 지닌 자격보다는 현재 내가 하는 행동으로 받아야 한다는 생각이 들었다. 이후 '연구원/컨턴설트'라는 타이틀을 내려놓고 한 인간으로서 요양원에서 시간을 보내기 시작했고, 이때부터 그곳을 방문하는 일이 전보다 훨씬 의미 있게 다가왔고 더 많은 것을 배울 수 있었다.

이와 마찬가지로 나는 의료진이 의료적 처치를 할 때만 유니폼을 입어야 한다고 생각한다. 유니폼을 입지 않는다면 침대맡으로 다가온 의료진에게 환자들이 좀 더 친근함을 느낄 수 있을 것 같다. 또한 무심하게 의료적 역할을 하는 사람이 아니라 개인의 인간적인 면이 드러날 수도 있다. 이런 환경에서 의료진과 환자 사이의 긍정적인 관계가 형성될 가능성이 크다.

마음챙김의 유토피아에서 의료진은 비단 자신의 복장을 달리하는 데 그치지 않을 것이다. 환자의 증상과 태도, 전반적인 웰빙이 어떻게 달라지는지 가변성에 의식을 기울이는 법을 배울 것이다. 가변성에 주목한다는 것은 마음챙김과 몰입을 행한다는 의미이므로 의사와 간호사들의 번아웃은 확실히 줄어들 것이다. 또한 마음챙김을 행하는 의료진과 소통하는 환자는 자신의 의견이 존중받는다는 자신감을 얻을 것이다. 가장 중요하게는 가변성에 주목할 때 의료진은 변화에 대한 정보를 바탕으로 환자 돌봄의 질과 회복 속도를 높일 수 있다.

환자들은 본인의 건강에 스스로 참여하는 일원이 되도록 교육받아야 하고, 증상의 변화에서만이 아니라 전반적인 삶에서 더욱 마음챙김을 행해야 한다는 점을 배워야 한다. 건강한 삶을 누리는 데 어떤 선택권이 있다는 사실은 매우 중요하기에 환자들은 본인의 건강을 돌보는 문제에서 모든 것을 함께해야 한다고 깨달아야 한다.

'마음챙김의 유토피아란 어떤 세상인가?'라는 질문을 받는다면, 가장 중요하게는 우리의 생각을 바꿀 수 있고 선택지를 직접 만들어 결정을 내릴 수 있으며, 자신의 인생에 통제력과 소유권을 가질 수 있을 때 찾아오는 긍정적인 효과를 경험하는 곳이라고 답할 수 있겠다.

점점 더 마음챙김에 대한 대중의 의식이 높아지고 있는 만큼, 마음챙김을 폄하해 명성을 얻으려는 사람도 나타나고 있다. 때문에 나를 인터뷰했던 한 저널리스트가 마음챙김이 그저 하나의 유행이 아니냐고 물을 때도 별로 놀라지 않았다. 나는 "매일 토스트를 구울 때마다 태우는 와중에 누군가 토스터의 굽기 다이얼을 조절하면 된다고 알려준다면 어떨까요? 얼마간 그 말을 따르다가 다시 토스트를 태우는 생활로 돌아갈 건가요?"라고 되물었다. 무언가 우리에게 도움이 된다는 사실을 깨달은 후에는 유행으로 끝나는 게 아니라 삶의 방식이 된다.

마음챙김의 의학

의료 과실은 자주 있는 일이다. 의사들이 아무리 똑똑하고 섬세하다고 해도 이들 또한 사람이다. 사람은 누구나 실수를 한다는 사실을 깨닫고 나면 의료 과실이 그리 놀랄 만한 이야기를 아닐 것이다. 간호사들과 의사들이 잠을 충분히 자지 못했거나 스트레스를 받았거나 개인적인 일에 정신이 팔렸을 수도 있다. 또한 무엇보다 중요하게는 마음놓침으로 업무에 임했을 수 있다. 베스트셀러 작가이자 사회심리학자인 로버트 치알디니(Robert Cialdini)는 '약을 오른쪽 귀(R-ear)에 처방하라'는 지시를 받은 한 간호사 이야기를 소개했다. 간호사는 오른쪽 귀가 아니라 엉덩이(rear)로 이해했다.[5]

그 대상이 의사든 간호사든 의학 교육은 뜻하지 않게도 마음놓침을 조성한다. 학습한 팩트들은 불변의 절대적인 진리가 되고 여기에는 의심이나 불확실성이 자리할 여지가 없으며, 환자들은 사전에 형성된 스키마(schema)와 집단으로 분류된다.

제네바 대학병원의 의학 박사인 샤하르 아르지(Shahar Arzy)와 동료들이 진행한 연구는 오해의 소지가 있는 정보 하나로 의사들이 병의 진단 과정에서 잘못된 길로 접어들 수 있다는 사실을 보여주었다.[6] 연구진은 내과 전문의들에게 의료적 문제가 적힌 10개의 짤막한 글을 보여주고 진단을 내려달라고 요청했다. 상황마다 잘못된 사실 하나가 포함되어 있었는데 그중 스키를 타다 사고를 당한 소녀가 통증을 호소하는 것이 있었다. 이 소녀의 통증은 호지킨림프종 때문이 아니었고, 의사들에게 제공된 데이터를 살펴봐도 해당 질병에 걸린 것이 아님을 분명히 알 수 있었다. 하지만 스키 사고와 관련해 오해를 불러올 수 있는 정보가 포함되어 있다는 이유로 의사들은 잘못된 진단을 내렸다. 연구를 진행하는 동안 이런 정보가 포함되어 있을 경우 열에 아홉은 오진이 나왔다.

다시 한번 말하지만 마음놓침을 행할 때 사람들은 오류는 잦지만 의심은 드물다. 모든 사람이 그렇겠지만 의사들이 불확실성을 예외가 아니라 원칙으로 받아들인다면 더욱 효율적으로 의료를 행할 수 있을 것이다. 우리가 아는 것이 없다는 사실을 깨달을 때 현재의 상황에 더욱 주의를 기울일 수 있다.

의사이자 작가인 아툴 가완디(Atul Gawande)는 의료 과실을 줄이는 방법을 찾는 데 앞장서왔다. 그는 수술용 체크리스트를 고안해 수술팀이 정식 절차를 따라 의료를 행하고, 환자의 건강을 대가로 치를 수도 있는 사소한 디테일들을 아무 의식 없이 간과하는 일이 없도록 했다.[7] 수술에 앞서 수술팀은 체크리스트를 짚어가며 절개를 하기 전 수술 후 감염을 낮추기 위해 환자에게 항생제를 주입했는지 등 중요한 사실들을 확인해야 한다. 지금까지 여덟 곳의 병원에서 약 1,000건에 가까운 수술 데이터를 취합한 가완디는 체크리스트가 도입된 후 놀랍게도 과실이 50퍼센트까지 낮아졌다는 사실을 확인했다.

하지만 물론 체크리스트가 항상 마음챙김을 보장하는 것은 아니다. 오히려 체크리스트의 질문이 너무 익숙할 경우 사람들은 집중을 기울이지 않는다. 나 역시 공항에서 수하물 체크리스트에 답할 때 처음 두세 질문을 읽고 나면 전부 '아니요'에 표시해야 해서 나머지를 꼼꼼히 읽어야 한다는 생각이 별로 들지 않는다. '아니요, 공항에서 다른 사람에게 내 슈트케이스를 맡긴 적 없습니다', '아니요, 제 슈트케이스에는 무기가 없습니다'와 같이 말이다.

'네, 아니요' 대신 더욱 자세하게 답변해야 하는 체크리스트라면 어떨까? '환자의 의식이 또렷합니까?' 대신 '환자의 의식이 어느 정도 또렷합니까?'라고 묻는 식이다. 의료진은 이를 판단하기 위해 환자를 더욱 주의 깊게 들여다봐야 할 것이다. '환자의 동공이 얼마나 확장되어 있습니까?' 같은 질문도 환자를 더욱 정밀하게 점검하도록 유도할 것이다.

정신 건강 진단을 위한 새로운 질문들

단순히 '네, 아니요'가 아니라 더 구체적으로 대답해야 하는 질문이라 할지라도, 체크리스트의 질문들은 그 자체로 우리가 무엇을 살펴봐야 하는지 알고 있음을 전제하며 이미 형성된 개념에 따라 환자의 반응을 측정하도록 유도한다. 때로는 데이터를 낡은 범주에 끼워 맞추기보다는 분류를 거치지 않은 원 데이터를 수집한 뒤 여기서 어떤 새로운 것들을 배울 수 있는지 살펴보는 편이 더 나은 접근법이 될 수도 있다. 이런 접근법의 활용이 가장 기대되는 분야 중 하나가 정신 건강이다.

정신 질환이 제대로 된 진단을 받지 못할 경우 당사자는 물론 가족과 이웃, 동료들의 건강에 대단한 위험으로 작용한다고 말해도 과장이 아니다. 하지만 정신 질환 진단은 비용과 시간이 많이 들고, 환자가 위험한 상황인지를 판단하는 개인 면담 심사는 정확도가 떨어질 때가 많다. 심지어 정신 질환이 현존하는 범주에 정확히 들어맞지 않을 수도 있다.

앤드루 리스가 내 학생이었을 때 소셜 미디어 데이터로 정신 질환의 예측 인자를 파악할 수 있는가에 관해 박사 논문을 작성했다.[8]

그는 우울증과 PTSD의 위험에 있는 사람들을 게시물로 알아보는 것이 가능할지 파악하기 위해 트위터와 인스타그램에 올라간 글과 이미지를 검사하고 해석하는 것부터 시작했다. 이를 위해 굉장한 양의 데이터를 들여다보고—트위터 게시물 27만 9,951건과 인스타그램 게시물 4만 3,950건—색채 분석, 안면 인식, 의미 분석, 자연언어 처리 기술을 활용해 우울증을 예측하는 데 도움이 될 사진과 글의 특징을 분석했다. 이런 접근법은 원 데이터를 정해진 진단 유형에 따라 분류하는 것이 아니라 원 데이터(사진과 글) 속에서 일정하게 드러나는, 새롭지만 숨겨진 패턴을 찾는 것에 가까웠다.

앤드루의 이 방법은 컴퓨터의 도움을 받아 건강한 사람과 우울한 사람의 차이를 식별해냈고, 진단 범주를 바탕으로 진단하는 의사의 능력만큼 또는 그보다 나은 성과를 보였다. 심지어 우울증 진단을 받기 전에 게시된 미디어 콘텐츠만을 대상으로 분석해도 성과는 마찬가지였다. 트위터 데이터의 경우 임상의의 진단을 받기 몇 달 전에도 게시물로 우울증을 진단하는 것이 가능했다.

정신 질환의 초기 선별과 탐지에서 오는 이점들을 상상해보길 바란다. 조기에 잡아낼 수 있다면 환자의 괴로움이 크게 줄어들 것이고, 병원 치료가 불필요해질지도 모른다. 물론 달라진 정보를 반영하지 못한 과거의 컴퓨터 프로그램에 아무 의식 없이 의존할 가능성도 있으므로 인간의 개입은 계속해서 필요할 것이다.

마음챙김이 의료에 적용된다면

현재 의료계에 종사하는 대부분 사람이 스트레스가 우리의 건강에 가장 위해하다는 내 관점에 동의하지 않겠지만, 스트레스가 건강과 무관하다고 생각하는 사람은 많지 않을 것이다. 그럼에도 병원에서, 좀 더 넓게는 의료적 치료 전반에서 스트레스를 낮출 방법을 찾으려는 움직임은 거의 없다.

유방 촬영이나 흉부 X선 촬영을 하러 또는 쇄골이 골절되어서 병원을 가야 하는 일은 수없이 많다. 병원은 표면적으로는 치료를 위한 장소이지만 병원 건물에 들어서면 몸이 더욱 병드는 듯한 느낌을 받기 일쑤인데, 이 장소에서 우리가 압도적으로 느끼는 감정이 공포이기 때문이다. 그리고 나보다 더 안 좋은 상황의 환자들, 마치 미래의 내 모습을 보여주는 것만 같은 사람들에게 눈길이 간다. 삭막한 주변 환경과 심각한 표정으로 복도를 급히 다니는 의료진의 모습에서도 비관적인 미래를 엿본다. 머물고 싶은 장소가 아닌 것만은 분명하다.

중환자실에서는 어쩔 수 없을지도 모르지만 병원 내 다른 곳에서도 이런 분위기가 타당한 것인지는 의문스럽다. 한편 소아 병동은 다채로운 색감에 밝은 분위기다. 화려한 색과 즐거움이 가득한 환경이라고 해서 해당 질병이 심도 있는 돌봄이 필요 없다는 의미는 아니다. 성인 암 환자의 경우 아동 암 환자가 경험하는 바와 병원 환경은 사뭇 다르다. 대체 몇 살부터 희망적인 분위기 대신 스트레스를 유발하는 환경을 원하게 되는 걸까?

마음챙김을 행하는 병원의 모습은 어떨까? 내 머릿속에는 사람들이 질병과 죽음에 대한 걱정을 덜 하고 살아갈 방법을 배우는 공간이 그려진다. 일단은 가족과 주 보호자가 환자 돌봄의 모든 면면에 참여해야 한다. 내 경험에 비춰보면 굉장한 도움을 줄 수 있는 주 보호자들이 보통의 병원 환경에서는 무력감을 느끼는 경우가 너무도 많다. 어머니가 병원에 입원해 있을 때 내가 적어도 어머니가 누운 이송용 침대를 X선 촬영실까지라도 밀어줄 수 있었다면 어머니도 나도 위로와 안도감을 느꼈을 것 같다. 하지만 보험 문제로 그렇게 할 수 없었다. 대신 어머니를 X선 촬영실까지 데려갈 열일곱 살짜리 직원을 기다려야만 했다.

가족이 곁에 있는 것이 환자에게 얼마나 중요한지 이해하는 병원은 아동 돌봄 그룹과 협력을 맺어 부모들의 걱정을 덜어주는 한편, 필요한 순간에는 부모가 직접 아이를 볼 수 있도록 할 것이다.

마음챙김을 행하는 병원은 비슷한 질병을 앓는 사람들 간의 관계가 중요하다는 사실을 잘 알 것이다. 그래서 환자들에게 다양한 그룹 활동, 즉 가벼운 의자 요가, 명상, 마음챙김 수련, 카드 게임, 토론 모임에 참여하도록 독려할 것이다. 환자들은 각자 고립되어 지내기보다는 병원 생활을 시작할 때부터 함께 우정을 쌓고 서로에게 도움을 주고받을 방법을 찾을 것이다. 앞에서 언급했듯이 사회심리학 연구 다수를 통해 건강에 사회적 지지가 매우 중요한 역할을 한다는 사실이 밝혀졌다.

물리적 환경이 웰빙에 얼마나 중요한지는 다들 알 것이다. 따라서 마음챙김을 행하는 병원이라면 다양한 색감이 가득할 수도 있다. 이를테면 스파와 비슷한 의료 기관이 되는 것이다. 마음챙김을 행하는 병원은 사람들이 병원 바깥의 세상에 있는 것 같은 기분을 느끼게 하고 정원과 거실, 주방을 이용할 수 있도록 할 것이다. 스웨덴 살머스 공과대학교의 헬스케어 건축 센터(Centre for Healthcare Architecture) 교수인 로저 울리크(Roger Ulrich)는 정원으로 난 창문이 있는 병실에 입원한 환자들은 벽돌담을 마주한 환자들에 비해 치유 속도가 빠르고 진통제도 덜 필요하다는 사실을 밝혔다.[9]

마음챙김 병원의 미션은 건강과 치유의 가능성을 역동적이고도 지속적으로 확장하는 게 될 것이다. 병원 내 모든 직원의 목표는 한 사람의 삶을 몇 년 더 늘리는 게 아니라 한 사람의 1년을 더욱 충만하게 만드는 일이 될 것이다.

몸과 마음, 불가능은 없다

약 30년 전, 한 친구의 영향으로 홍채학자를 찾아가면 재밌을 것 같다는 생각이 들었다. 대체의학인 홍채학은 홍채의 특징을 통해 건강의 여러 측면을 판단한다. 친구의 이야기를 듣기 전까지만 해도 홍채학이란 것이 존재하는 줄 몰랐던 나는 홍채학에 대해 더 알고 싶어졌다. 홍채학자는 내 홍채의 사진을 찍은 뒤 쓸개에 작은 문제가 있다고 설명했다. 사실 그전 주에 위가 계속 아픈 것 같아서 병원에 갔었다. 의사는 내게 담석이 있다고 진단한 뒤 수프와 젤라틴, 일주일간의 휴식을 처방했다. 나는 홍채학자가 내 눈을 찍은 사진만 보고도 병을 알아맞혀서 깜짝 놀랐다.

지금껏 이 책을 통해 내가 전한 이야기들을 미뤄본다면 이제는 내가 그날의 일을 그리 놀랍게 여기지 않는다는 사실을 짐작할 수 있을 것이다. 나는 우리 몸 어느 곳이든 어떤 일이 벌어지면 전신에 영향을 미친다고 믿는다. 다만 아직 우리에게 이 사실을 확인할 도구가 없는 것일 수도 있고 이 사실을 깨달아야 한다는 통찰이 없는 것일 수도 있다.

강력한 마인드셋은 대단히 단순한 상황에서조차 우리의 능력을 가로막는다. 하버드 대학교에 몸담을 당시 댄 시먼스(Dan Simons)와 크리스 차브리스(Chris Chabris)가 진행한 연구로, 이제는 널리 알려진 고릴라 연구가 좋은 사례다. 해당 연구에서 참가자들은 사람들이 농구를 하는 영상을 시청했는데, 농구 경기 중 고릴라 옷을 입은 한 사람이 코트에 등장했다.[10] 놀랍게도 영상을 본 참가자 대다수가 고릴라의 존재를 알아차리지 못했다.

하버드에서 열린 세미나에서 댄이 이 영상을 보여준 후 우리는 누가 고릴라를 발견할 수 있을지 예비 연구를 진행했다. 한 집단에는 마음챙김을 행하는 법을 설명해주었다. "이제 농구 경기 영상 한 편을 시청할 겁니다. 농구 경기는 전부 비슷한 부분이 있기 마련입니다. 결국 농구니까요. 하지만 당연하게도 경기마다 분명 차이가 있습니다. 영상을 시청할 동안 해당 농구 경기가 다른 경기와 어떻게 같고 또 다른지를 살펴보시길 바랍니다." 다른 집단은 이런 설명 없이 단순히 영상만 시청했다. 마음챙김에 관한 설명을 들은 참가자 대다수가 영상 속 고릴라를 발견했다.

댄과 크리스의 연구는 내가 9장에서 소개했던 실험을 훨씬 더 정교하게 설계한 연구였다. 우리가 익숙한 문장에 중복된 단어가 삽입된 인덱스카드를 사람들에게 보여주었을 때 대다수가 중복 단어를 보지 못했다. 돈이라는 보상을 제공하거나 카드에 단어가 몇 개인지 물었을 때조차 사람들은 같은 단어가 두 번 인쇄되어 있다는 사실을 발견하지 못했다. 반면 조금 전에 명상을 마친 사람들은 중복된 단어를 발견했고, 마음챙김을 행하는 누군가와 함께 있었던 사람들 또한 이를 발견했다.

이런 식으로 무언가를 보지 못하는 현상은 과학에도 존재한다. 뉴욕 대학교 전산의학 연구소(Institute for Computational Medicine)의 이타이 야나이(Itai Yanai)와 독일 하인리히 하이네 대학교의 전산세포생물학 연구소(Computational Cell Biology research group) 소장인 마르틴 레처(Martin Lercher)는 참가자들이 강력한 가설을 품고 있을 때면 그에 반하는 사실이 눈앞에 훤히 보여도 놓친다는 것을 발견했다.[11] 다시 말해 우리는 찾고자 하는 것만 찾고 눈앞의 다른 것들은 지나치는 경향이 있다는 것이다.

이 연구에서는 1,786명의 체질량 지수와 이들이 하루에 걷는 걸음 수를 주제로 한 연구에 참여한다고 생각한 참가자들에게 데이터 세트를 분석하게 했다. 참가자들은 한 사람의 데이터를 점으로 표시해 그래프를 그렸는데, 완성된 그래프는 고릴라 모양이었다. 한 가지 가정에만 집중한 채 실험에 참여한 참가자들은 고릴라 이미지를 잘 보지 못했다. 우리의 예측이 강력할수록 우리의 눈은 가려진다는 것을 보여주는 사례다. 따라서 의사가 환자의 차트를 확인할 때 마음챙김을 행하지 못하면 시야가 좁아져 중요한 정보를 놓치는 일이 얼마든지 벌어질 수 있다.

때로는 마인드셋이 우리의 눈을 가려 보이는 것도 볼 수 없게 만들지 않더라도 다른 종류의 문제를 가져오기도 한다. 심리학자인 댄 웨그너(Dan Wegner)는[12] 어떤 대상을—가령 흰곰 같은 것을—생각하지 말라는 이야기를 들으면 우리가 아무리 노력한다 해도 그 대상을 떠올린다는 사실을 발견했다. 이 현상은 '흰곰 효과'로 알려져 있다.

어쩌면 흰곰에 대한 선입견이 있는 사람들에게만 이런 효과가 발생하는 건 아닐까? 나는 학생들과 함께 이에 대한 실험을 진행했다. 먼저 한 집단에는 흰곰 한 마리를 보여주고 다른 집단에는 네 종류의 흰곰을—마른 곰, 살집이 있는 곰, 나이 든 곰, 어린 곰을—보여준 후 이런 주문을 했다. "흰곰을 생각하지 마세요." 그러면 두 번째 집단 사람들은 어떤 곰을 생각하지 말라는 것인지 명확하지 않을 터였다. 곰을 두고 선택권이 생긴 이들은 마음챙김을 행했다. 그리고 첫 번째 집단은 우리의 지시를 따르는 것을 어려워했다.

이런 결과가 건강과 관련이 있는 지점은 우리가 인식하는 것보다 우리 자신의 생각을 통제할 여지가 더욱 크다는 데 있다. 암은 불치병이라거나 당뇨는 관리할 수 없다는 식의 생각을 하지 않으려 노력하기보다는 생각을 달리하는 편이 우리에게 더욱 이로울 것이다. 우리는 어떤 대상을 어떻게 생각할지 결정할 수 있다. 생각이나 상황을 바라보는 틀을 새롭게 할 때 우리는 새로운 차원의 통제력을 얻을 수 있다.

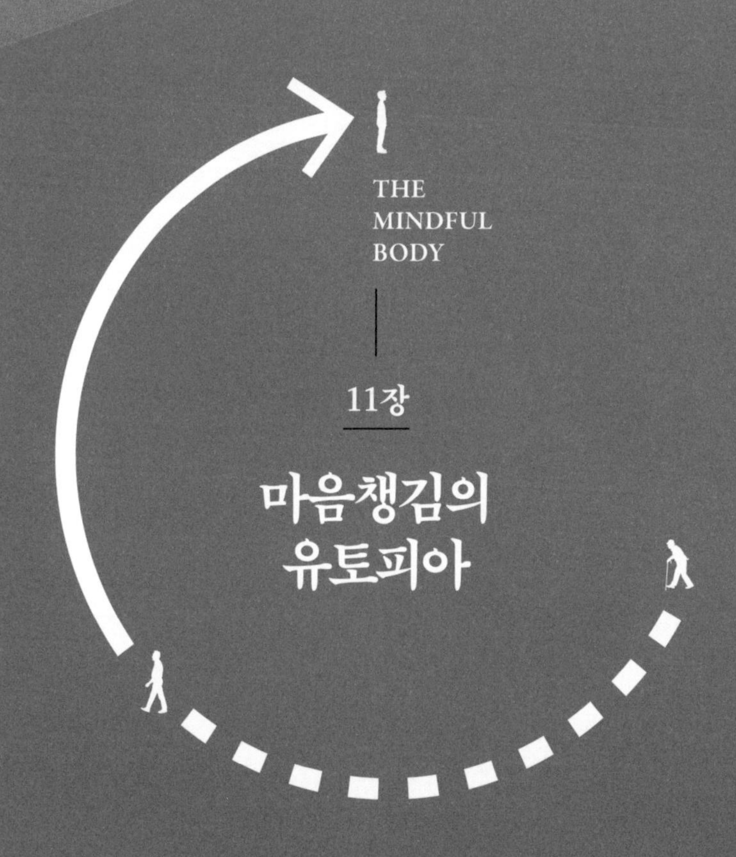

11장

마음챙김의 유토피아

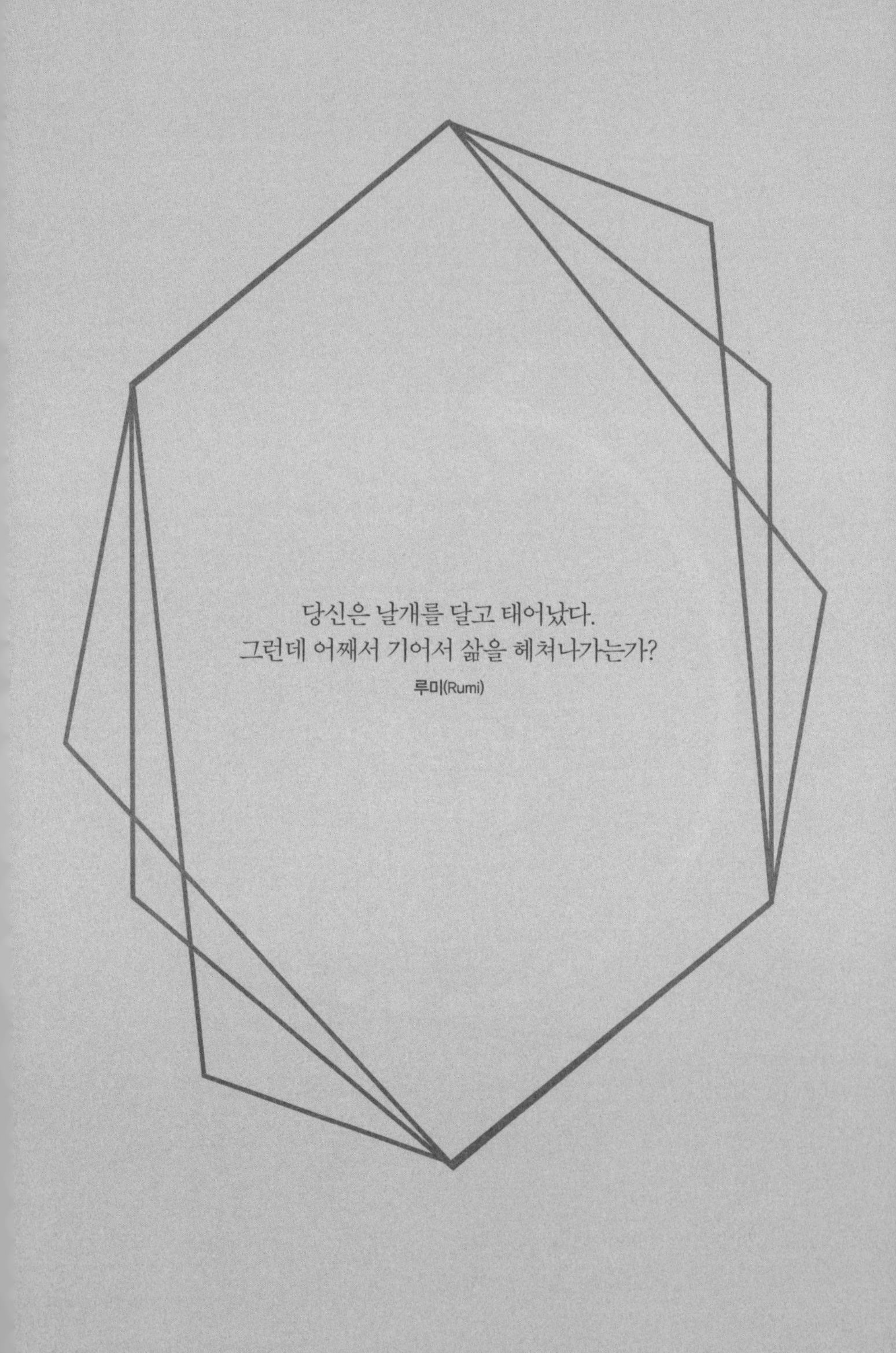

당신은 날개를 달고 태어났다.
그런데 어째서 기어서 삶을 헤쳐나가는가?

루미(Rumi)

무엇도 확실하지 않다는 것은 사실상 무엇도 가능하다는 뜻이 아닐까? 조지 버나드 쇼(George Bernard Shaw)의 작품에서 헨리 히긴스(Henry Higgins)가 상류층 여성으로 변신시킨 런던의 꽃 파는 아가씨 일라이자 둘리틀(Eliza Doolittle)부터, 삼류 복서였지만 나중에 세계 챔피언이 된 록키 발보아(Rocky Balboa)까지 우리의 문화에는 굉장한 변화의 가능성을 이야기하는 사례들이 수없이 많다. 우리가 가장 좋아하는 이야기의 주제 다수가 여기에 속한다. 우리는 새롭게 변신하는 스토리는 진심으로 믿으면서도 자신에게도 그런 변화가 가능하다고는 믿지 않는 경향이 있다.

의식적인 생각 대부분은 엄격하게 수용된, 정형화된 정보에 근거해 형성된다. 노화란 오직 상실의 시기이고, 다른 사람보다 가치가 높은 사람들이 있고, 만성질환은 치료될 수 없다는 식이다. 그러나 마음챙김을 행하면 이런 생각에서 벗어나 '만성건강'의 가능성을 볼 수 있다. 그리고 그동안 등한시하던 새로운 가능성에 더욱 가까워질 수 있다.

실제로 조금만 노력을 기울이면 연령에 구애받지 않고 거의 모든 면에서 현재보다 더욱 뛰어난 기량을 발휘할 수 있음을 보여주는 데이터가 상당히 많다. 1968년 로버트 로젠탈(Robert Rosenthal)과 레노어 제이콥슨(Lenore Jacobson)이 피그말리온 효과를 주제로 진행한 유명한 연구에서는 교사의 기대가 전과 달라지면 평범해 보였던 아이들이 대단히 뛰어난 학생으로 변화할 수 있다는 사실이 드러났다.[1]

이 연구에서는 초등학교 학생들을 무작위로 선정한 후, 교사들에게 이 학생들은 다듬어지지 않은 다이아몬드 원석이나 다름없다고 설명하며 뛰어난 재능이 있다는 기대를 심어주었다. 학년말이 되자 해당 학생들의 IQ 점수가 눈에 띄게 높아졌다. 어떤 가능성이 있다는 생각을 심으면 결과가 바뀌는데, 이는 플라세보의 효과가 작용하는 방식과 다르지 않다. 그럼에도 우리는 여전히 대부분 학생에게 자질이 없다는 믿음을 심어주곤 한다.

사람들은 자신이 할 수 있는 최선을 다하고 있다고 생각한다. 하지만 실제로는 최선은커녕 그 근처에도 가지 못하고 있다. 자기 자신을 향한 그리고 타인을 향한 기대가 안타까울 정도로 낮을 때가 많다. 나는 이것이 우리의 신체적 능력, 감수성, 건강, 인지 능력에도 해당된다고 생각한다. 개인의 능력을 평가하는 테스트에서 내가 만약 100점 만점에 30점을 받고, 그다음에는 50점을 받는다면 내가 발전하고 있다는 사실을 쉽게 확인할 수 있다. 하지만 내가 성공이란 보통 일직선으로 펼쳐진다는 강건한 신념을 품은 사람이고, 두 번째 테스트에서 전보다 못한 점수를 받았다면 앞으로 성공할 수 있다고 믿지 못할 것이다. 하지만 성공은 보통 일직선으로 전개되지 않는다. 나아지다가 못하는 모습을 보이고, 이렇게 계속하면서 더 나아지는 경우가 많다.

살면서 마주하는 평가는 단순히 테스트에만 국한되지 않는다. 생각의 질 또한 평가를 받지만 도대체 어떤 기준이란 말인가? 많은 사람이 정상의 범주로 끌려 내려가고, 다른 사람들과 세상을 다르게 보면 비웃음을 산다. 우세한 세계관에 도전했던 갈릴레오는 이단자로 평가받고 종신형을 선고받았다. 그의 발상은 세상을 떠들썩하게 만들었음에도 여전히 많은 사람이 생각을 달리하는 것을 두려워하고 마음놓침에 갇혀 산다.

우리는 어린 시절부터 이런 제약을 배운다. 부모님, 선생님, 문화는 우리를 향한 낮은 기대치를 강조한다. 열여섯 살은 술을 마실 수 없다. 적당한 선을 알 만큼 철이 들지 않았기 때문이다. 카지노에서 도박할 때는 중독되지 않도록 조심해야 한다. 온갖 경고와 구속의 공통점은 예방에 초점을 맞추고 있다는 것이다. 물론 열여섯 살이 술을 입에도 안 댄다면 아무런 문제가 일어나지 않는 것은 맞다. 성인이 도박하지 않는다면 도박 중독에 빠질 일도 없다. 하지만 이것이 문화를 만드는 가장 효과적인 방식일까?

나는 그렇게 생각하지 않는다. 나는 술을 적당히 마실 줄 아는 열여섯 살 청소년에게서 또는 카지노에서 저녁 시간을 즐기며 자제력을 잃지 않는 성인에게서 무언가를 배우는 방식이 더욱 좋다고 생각한다. 가장 안 좋은 상황을 들어 가르치거나 표준에 맞춰 교육하는 것이 아니라, 성공 사례를 들여다보고 타인의 성공을 발판 삼아 모든 사람이 나름의 방식으로 성공할 수 있다고 믿어야 한다.

오늘날 우리는 남들보다 월등한 능력을 지닌 사람들에게 '뛰어나다'는 수식어를 붙인다. 미각이 뛰어난 사람, 후각이 뛰어난 사람, 뛰어난 학습자. 이런 표현은 다른 이들은 그만큼 해낼 수 없다는 의미를 전한다. 하지만 그게 사실인지는 아무도 모를 일이다.

한 예로 시계 거꾸로 돌리기 연구를 진행하기 전, 시력은 나이를 먹으며 나빠진다고 생각하는 사람들이 대부분이라는 것을 나도 알고 있었다. 그렇지 않은 아웃라이어들도 있다고 생각한 사람들도 있겠지만, 나이가 들수록 시력이 나빠지는 건 당연하고 이는 생물학적으로 결정된 사실이라는 게 일반적인 시각이었다. 그럼에도 우리는 특별한 사람들이 아니라 '평범한' 성인을 대상으로 연구를 진행했고, 결국 시력이 향상될 수 있다는 중요한 결과를 얻었다.

시계 거꾸로 돌리기 연구에서 젊은 시절의 자신을 구현한 남성들은 많은 사람이 생각하는 것보다 노인이 훨씬 더 많은 일을 해낼 수 있다는 걸 보여주었다. 그렇다면 이는 젊은 연령층에도 해당되는 이야기일까? 젊은 사람들이 미래의 자신을 구현한다면—즉 시계를 거꾸로 돌리는 게 아니라 시계를 빨리 돌린다면—이들이 성숙하지 못해 자격이 안 되는 일들에서 더 나이 들고 성숙한 감각과 감수성을 바탕으로 행동하게 될까? 내 연구소 연구원들과 나는 가능하다고 생각했지만 아직 시험해보지는 못했다. 우리는 시계를 돌려 미래의 나로 성숙한 행동을 하는 현상과 마음챙김으로 젊음을 유지하는 현상이 병행될 수 있다고 생각한다.

이 책에 소개한 연구들을 모두 종합해보면 우리가 불가능하다고 여겼던 일들 다수가 지금 바로 가능하다는 사실을 말하고 있다. 시력과 청력은 향상될 수 있고, 만성질환의 증상은 도움을 받을 수 있으며, 우리는 스트레스와 타인을 평가하는 태도에서 벗어날 수 있다. 무엇보다 더욱 행복해질 수 있다. 이 모든 일이 고도의 훈련이나 비용 없이도 가능하다.

우리가 몇 살이든 더 많은 일이 가능하다. 내 친구이자 엔터테이너인 조 루이스(Zoe Lewis)의 노래처럼 말이다. "나이가 들었다는 이유만으로 연주를 멈추지 말아요. 당신이 연주를 멈춘다면 늙게 될 테니. … 나이는 숫자에 불과하니까요. … 나이에 맞게 행동하라고 말하는 사람들은 뭘 모르는 사람들이죠. 와인이나 치즈가 아닌 이상에야 나이는 중요하지 않다는 걸 모르나요? 황혼기의 빛이 다이아몬드처럼 반짝이는 미소로 당신에게 드리워질 때, 모든 것을 이루었다는 생각이 들 때 새로운 무언가를 찾게 될 거라는 점을 항상 명심해요."

늙고 젊음에 관계없이 언제든 삶을 충만하게 살 수 있다. 언제라도 우리는 어떤 나이로 살고 싶은지 선택할 수 있다. 무엇을 기다리는가?

점점 더 많은 사람이 불확실성의 힘을 인정하고 활용하기 시작하는 만큼 어쩌면 사람들이 생각하는 것보다 마음챙김의 유토피아는 훨씬 더 가까이에 있을지도 모른다. 우리의 발목을 잡는 것은 지난날 아무 의식 없이 행했던 선택들일 뿐이라는 사실을 깨닫는다면, 과거가 현재와 미래를 결정하는 세상에서 벗어나 현재 우리의 욕구에 더욱 걸맞은 세계를 설계할 수 있다. 이렇게 할 때 전에는 불가능하다고 여겼던 일들이 가능성이라는 새로운 시각 앞에 무릎을 꿇을 것이다. 이제는 어떤 일에도 기대를 품지 않고 각자가 자신의 스토리에서 주인공이 될 때다.

지금 이 세상에서 우리는 희소성이 당연하다고 여기기 때문에 정상에 오를 수 없다. '다른 사람들은' 감수할 수 있는 위험을 우리는 감수할 수 없을 거라 여기고, 중요한 결정을 내리는 일은 자신의 전문 분야가 아니라고 생각한다. 우리는 정상 분포의 끝자락에조차 포함되지 못한다고 생각한다. 이런 식의 사고방식은 수직적인 사회, 누가 더 낫고 모자란지 끊임없이 비교하는 사회를 만든다.

행동의 근본적인 측면에 의심을 가질 때 수직적인 사회는 수평적인 사회가 된다. 우리는 제각기 다른 사람들이며, 여기에는 더 낫고 못하다는 절대적인 기준이 자리하지 않는다.

내 손자들인 에밋과 테오가 다섯 살일 때 이 아이들을 위해 사라리(Sara Lee) 제품의 예전 광고 음악에 가사를 붙여 노래를 만들었다. 대단히 훌륭한 작품도 아니고, 내가 부르는 노래를 듣는 대신 가사를 읽기만 하면 되는 독자들은 어찌 보면 행운아라 할 수 있다. 그럼에도 나는 이 노래를 항상 부르는데—심지어 학생들에게도 불러준다—가사에 담긴 의미가 무척 중요하다고 생각하기 때문이다. 노래는 이렇다.

> 우리는 모르는 것들이 있어요. 하지만 저마다 아는 것도 있죠.
> 우리는 못 하는 일들이 있어요. 하지만 저마다 할 수 있는 일이 있죠.

어느 날 차를 타고 가던 중 테오가 휘파람을 불기 시작했다. 내가 "테오, 휘파람을 정말 잘 부는구나"라고 말하자 동생인 에밋이 이렇게 말했다. "할머니, 테오가 휘파람을 배울 때 전 다른 걸 배웠어요." 이 아이들이 다른 사람과 비교해 스스로가 부족하다고 느끼지 않다고 느끼길, 마음과 하나 된 몸이 훗날 성인이 된 이 아이들을 따뜻하게 맞아주길 바라며 또 그럴 거라 믿는다.

이 책은 여러 차례의 수정을 거친 작품인 만큼 감사해야 할 분들도 많다. 처음 회고록으로 이 책의 집필을 시작할 당시 도미니크 브라우닝(Dominique Browning), 로리 헤이즈(Laurie Hays), 패멀라 페인터(Pamela Painter), 필리스 캐츠(Phillis Katz)를 포함해 여러 뛰어난 작가들에게 지혜를 구하며 내 개인적인 모험 이야기가 너무 많이 담겨 있는 것은 아닌지, 아니면 또 다른 흥미로운 이야기들을 포함해야 할지 상의했다.

《마음챙김 학습혁명》, 《아티스트가 되는 법(On Becoming an Artist: Reinventing Yourself Through Mindful Creativity)》, 《늙는다는 착각》을 함께 작업한 소중한 친구, 데이비드 밀러(David Miller)의 조언 덕분에 이 책은 아이디어 회고록이 되었고, 내 예전 아이디어들을 재고하고 새로운 개념을 소개하기에 더욱 적절한 형태가 되었다.

새로운 아이디어들이 계속해서 떠올랐고 또 점점 확장되어 아이디어 회고록은 지금의 책으로 탄생했다. 존경하는 동료들, 친구들 그리고 연구소 연구원인 필립 메이민(Philip Maymin), 스투 앨버트

(Stu Albert)와의 끝없는 토론 덕분에 흥미롭고도 알찬 여정이 완성되었다. 내가 만난 사람들 가운데 나보다 더욱 비약적인 아이디어를 지닌 사람은 이들이 유일할 것이다. 원고의 거의 모든 문장에 공들여 의견을 달아준 굉장히 소중한 친구이자 학자인 르노어 와이츠먼에게 특히 감사의 말을 전한다.

이전 그리고 현재 내 연구소 연구원인 교수진과 박사후 연구원, 대학원생, 학부생들 모두에게 감사하다. 대다수는 이제 교수가 되어 자신의 연구소를 직접 운영하고 있다. 이들은 내 연구를 확장하고 개선하는 데 가장 중요한 역할을 하는 사람들이다. 《노화를 늦추는 보고서》를 집필하는 데 존 올먼, 피터 엉글, 콜린 보스마, 스테이스 캄파로(Stayce Camparo), 벤지언 채노위츠(Benzion Chanowitz), 정재우, 맷 코언(Matt Cohen), 앨리아 크럼, 로라 델리조나, 마야 지키치(Maja Djikic), 미셸 다우(Michelle Dow), 노아 아이젠크라프트, 모센 파테미(Mohsen Fatemi), 애덤 그랜트, 캐린 거닛-셔벌, 키아라 할러, 로라 쉬, 앤드루 커룰루타(Andrew Kiruluta), 렌 코아(Ren Koa), 베카 레비, 클레이튼 매클린톡, 미네아 몰도비아누, 크리스텔 응누멘, 크리스 니콜라스, 제이 올슨(Jay Olson), 프란체스코 파그니니, 데버라 필립스, 앤드루 리스, 다셔 샌드라(Dasha Sandra), 웬디 스미스(Wendy Smith), 로럴린 톰슨, 존 웰치, 주디스 화이트, 라이언 윌리엄스, 리아트 야리브가 대단히 중요한 역할을 해주었다.

조나 레러(Jonah Lehrer), 리사 애덤스(Lisa Adams)에게 진심으로

감사하며, 랜덤하우스의 내 에디터인 마니 코크런(Marnie Cochran)의 편집 감각은 이 책의 틀을 세우는 데 도움을 주었다. 마지막으로 내가 처음 《마음챙김》을 작업할 때 함께했던 멀로이드 로런스(Merloyd Lawrence)에게 고마움을 전하고 싶다. 얼마 전에 세상을 떠난, 뛰어난 에디터이자 소중한 친구인 그녀는 많은 사람이 불가능하다고 말하는 수준을 훌쩍 벗어난 나를 길들이려 노력했다.

이 책의 회고록 초안에서 밝혔지만 예전에도, 지금도 한결같이 내게 큰 힘을 주는 가족들 덕분에 다르게 생각할 수 있었고 모든 이에게 풍요로운 세상을 만드는 법을 고민할 수 있었다. 이들 한 명 한 명에게 감사한 마음과 사랑을 전한다.

주

서문

1. Ellen J. Langer, *Mindfulness* (Reading, Mass.: Addison-Wesley, 1989).
2. Ellen J. Langer, *Counterclockwise: Mindful Health and the Power of Possibility* (New York: Ballantine Books, 2009).

1장

1. Russell H. Fazio, Edwin A. Effrein, and Victoria J. Falender, "Self-Perceptions Following Social Interaction," *Journal of Personality and Social Psychology* 41, no. 2 (1981): 232.
2. Alison L. Chasteen et al., "How Feelings of Stereotype Threat Influence Older Adults' Memory Performance," *Experimental Aging Research* 31, no. 3 (2005): 235–60.
3. Steven J. Spencer, Claude M. Steele, and Diane M. Quinn, "Stereotype Threat and Women's Math Performance," *Journal of Experimental Social Psychology* 35, no. 1 (1999): 4–28.
4. Christelle Tchangha Ngnoumen, "The Use of Socio-Cognitive *Mindfulness* in Mitigating Implicit Bias and Stereotype-Activated Behaviors," PhD diss., Harvard University, 2019.

5. Anthony G. Greenwald, Brian A. Nosek, and Mahzarin R. Banaji, "Understanding and Using the Implicit Association Test: I. An Improved Scoring Algorithm," *Journal of Personality and Social Psychology* 85, no. 2 (2003): 197.
6. Ellen J. Langer, *On Becoming an Artist: Reinventing Yourself Through Mindful Creativity* (New York: Ballantine Books, 2007).
7. Peter Aungle, Karyn Gunnet-Shoval, and Ellen J. Langer, "The Borderline Effect for Diabetes: When No Difference Makes a Difference," unpublished manuscript.

2장

1. Michael W. Morris, Erica Carranza, and Craig R. Fox, "Mistaken Identity: Activating Conservative Political Identities Induces 'Conservative' Financial Decisions," *Psychological Science* 19, no. 11 (2008): 1154–60.
2. Daniel Gilbert, *Stumbling on Happiness* (Toronto: Vintage Canada, 2009).
3. Ellen J. Langer, "The Illusion of Control," *Journal of Personality and Social Psychology* 32, no. 2 (1975): 311.
4. Nathanael J. Fast et al., "Illusory Control: A Generative Force Behind Power's Far-Reaching Effects," *Psychological Science* 20, no. 4 (2009): 502–8.
5. Mark Fenton-O'Creevy et al., "Trading on Illusions: Unrealistic Perceptions of Control and Trading Performance," *Journal of Occupational and Organizational Psychology* 76, no. 1 (2003): 53–68.
6. David C. Glass and Jerome E. Singer, *Urban Stress: Experiments on Noise and Social Stressors* (New York: Academic Press, 1972).

3장

1. S. Snow and E. Langer, unpublished data.
2. Ellen J. Langer, *Mindfulness*, Twenty-Fifth Anniversary Edition (New York: Da Capo Press, 2014).
3. Mark Twain, *The Prince and the Pauper* (New York: Bantam Dell, 2007).
4. Raymond Queneau, *Exercises in Style* (London: John Colder, 1998).
5. Mihnea Moldoveanu and Ellen Langer, "False Memories of the Future: A Critique of the Applications of Probabilistic Reasoning to the Study of Cognitive Processes," *Psychological Review* 109, no. 2 (2002): 358.
6. Ellen Langer et al., "Believing Is Seeing: Using Mindlessness (Mindfully) to Improve Visual Acuity," *Psychological Science* 21, no. 5 (2010): 661–66.

4장

1. Irving L. Janis and Leon Mann, *Decision Making: A Psychological Analysis of Conflict, Choice, and Commitment* (New York: Free Press, 1977).
2. Daniel Kahneman, *Thinking, Fast and Slow* (New York: Macmillan, 2011).
3. H. Igor Ansoff, *Corporate Strategy: An Analytic Approach to Business Policy for Growth and Expansion* (New York: McGraw-Hill, 1965).
4. Barry Schwartz, *The Paradox of Choice: Why More Is Less* (New York: Ecco, 2004).
5. Herbert A. Simon, "Rational Choice and the Structure of the Environment," *Psychological Review* 63, no. 2 (1956): 129.
6. Clyde Hendrick, Judson Mills, and Charles A. Kiesler, "Decision Time as a Function of the Number and Complexity of Equally Attractive

Alternatives," *Journal of Personality and Social Psychology* 8, no. 3p1 (1968): 313.

7. Sheena S. Iyengar and Mark R. Lepper, "When Choice Is Demotivating: Can One Desire Too Much of a Good Thing?" *Journal of Personality and Social Psychology* 79, no. 6 (2000): 995.
8. Martin Lindstrom, *Buyology: Truth and Lies About Why We Buy* (New York: Currency, 2008).
9. Sian L. Beilock and Thomas H. Carr, "When High-Powered People Fail: Working Memory and 'Choking Under Pressure' in Math," *Psychological Science* 16, no. 2 (2005): 101–5.
10. Shai Danziger, Jonathan Levav, and Liora Avnaim-Pesso, "Extraneous Factors in Judicial Decisions," *Proceedings of the National Academy of Sciences* 108, no. 17 (2011): 6889–92.
11. Daniel Kahneman and Amos Tversky, "Prospect Theory: An Analysis of Decision Under Risk," in L. C. MacLean and W. T. Ziemba, *Handbook of the Fundamentals of Financial Decision Making: Part I* (Hackensack, N.J.: World Scientific, 2013), 99–127.
12. Antonio R. Damasio, *Descartes' Error* (New York: Random House, 2006).
13. Simon, "Rational Choice."

5장

1. Judith B. White et al., "Frequent Social Comparisons and Destructive Emotions and Behaviors: The Dark Side of Social Comparisons," *Journal of Adult Development* 13, no. 1 (2006): 36–44.
2. Leon Festinger, "A Theory of Social Comparison Processes," *Human Relations* 7, no. 2 (1954): 117–40.

3. William J. McGuire, "An Additional Future for Psychological Science," *Perspectives on Psychological Science* 8, no. 4 (2013): 414–23.
4. Samuel Rickless, *Plato's Form in Transition: A Reading of the Parmenides* (Cambridge: Cambridge University Press, 2007).
5. Kristopher L. Nichols, Neha Dhawan, and Ellen J. Langer, "Try Versus Do: The Framing Effects of Language on Performance," in preparation.

6장

1. George L. Engel, "The Clinical Application of the Biopsychosocial Model," *The Journal of Medicine and Philosophy: A Forum for Bioethics and Philosophy of Medicine* 6, no. 2 (1981): 101–24.
2. Judith Rodin and Ellen J. Langer, "Long-term Effects of a Control-Relevant Intervention with the Institutionalized Aged," *Journal of Personality and Social Psychology* 35, no. 12 (1977): 897.
3. Richard Schulz and Barbara H. Hanusa, "Long-term Effects of Control and Predictability-Enhancing Interventions: Findings and Ethical Issues," *Journal of Personality and Social Psychology* 36, no. 11 (1978): 1194.
4. Ellen J. Langer et al., "Environmental Determinants of Memory Improvement in Late Adulthood," *Journal of Personality and Social Psychology* 37, no. 11 (1979): 2003.
5. Charles N. Alexander et al., "Transcendental Meditation, Mindfulness, and Longevity: An Experimental Study with the Elderly," *Journal of Personality and Social Psychology* 57, no. 6 (1989): 950.
6. Maya Schiller, Tamar L. Ben-Shaanan, and Asya Rolls, "Neuronal Regulation of Immunity: Why, How and Where?" *Nature Reviews Immunology* 21, no. 1 (2021): 20–36.
7. Esther Landhuis, "The Brain Can Recall and Reawaken Past Immune

Responses," *Quanta Magazine*, November 8, 2021, https://www.quantamagazine.org/new-science-shows-immune-memory-in-the-brain-20211108/.

8. Tamar L. Ben-Shaanan et al., "Activation of the Reward System Boosts Innate and Adaptive Immunity," *Nature Medicine* 22, no. 8 (2016): 940–44.
9. E. Langer, B. Chanowitz, S., Jacobs, M. Rhodes, M., Palmerino, and P. Thayer, "Nonsequential Development and Aging," in eds. C. Alexander and E. Langer, *Higher Stages of Human Development* (New York: Oxford University Press, 1990).
10. Francesco Pagnini et al., "Ageing as a Mindset: A Study Protocol to Rejuvenate Older Adults with a Counterclockwise Psychological Intervention," *BMJ Open* 9, no. 7 (2019): e030411.
11. Laura M. Hsu, Jaewoo Chung, and Ellen J. Langer, "The Influence of Age-Related Cues on Health and Longevity," *Perspectives on Psychological Science* 5, no. 6 (2010): 632–48.
12. Alia J. Crum and Ellen J. Langer, "Mind-Set Matters: Exercise and the Placebo Effect," *Psychological Science* 18, no. 2 (2007): 165–71.
13. Octavia H. Zahrt and Alia J. Crum, "Perceived Physical Activity and Mortality: Evidence from Three Nationally Representative US Samples," *Health Psychology* 36, no. 11 (2017): 1017.
14. Abiola Keller et al., "Does the Perception That Stress Affects Health Matter? The Association with Health and Mortality," *Health Psychology* 31, no. 5 (2012): 677.
15. Shadab A. Rahman et al., "Manipulating Sleep Duration Perception Changes Cognitive Performance: An Exploratory Analysis," *Journal of Psychosomatic Research* 132 (2020): 109992.
16. Langer, *Counterclockwise*, 123.

17. Stayce Camparo et al., "The Fatigue Illusion: The Physical Effects of Mindlessness," *Humanities and Social Sciences Communications*, in review.
18. Bradley P. Turnwald et al., "Learning One's Genetic Risk Changes Physiology Independent of Actual Genetic Risk," *Nature Human Behaviour* 3, no. 1 (2019): 48–56.
19. Lawrence E. Williams and John A. Bargh, "Experiencing Physical Warmth Promotes Interpersonal Warmth," *Science* 322, no. 5901 (2008): 606–7.
20. Hans Ijzerman and Gün R. Semin, "The Thermometer of Social Relations: Mapping Social Proximity on Temperature," *Psychological Science* 20, no. 10 (2009): 1214–20.
21. Tristen K. Inagaki and Naomi I. Eisenberger, "Shared Neural Mechanisms Underlying Social Warmth and Physical Warmth," *Psychological Science* 24, no. 11 (2013): 2272–80.
22. Naomi I. Eisenberger, Matthew D. Lieberman, and Kipling D. Williams, "Does Rejection Hurt? An fMRI Study of Social Exclusion," *Science* 302, no. 5643 (2003): 29–92.
23. Fritz Strack, Leonard L. Martin, and Sabine Stepper, "Inhibiting and Facilitating Conditions of the Human Smile: A Nonobtrusive Test of the Facial Feedback Hypothesis," *Journal of Personality and Social Psychology* 54, no. 5 (1988): 768.
24. E. Langer, A. Madenci, M. Djikic, M. Pirson, and R. Donahue, "Believing Is Seeing: Using Mindlessness (Mindfully) to Improve Visual Acuity," *Psychological Science*, 21, no. 5 (2010): 662–66.
25. Karyn Gunnet-Shoval and Ellen J. Langer, "Improving Hearing: Making It Harder to Make It Easier," unpublished manuscript.
26. Cheves West Perky, "An Experimental Study of Imagination," *The American Journal of Psychology* 21, no. 3 (1910): 422–52.

27. Carey K. Morewedge, Young Eun Huh, and Joachim Vosgerau, "Thought for Food: Imagined Consumption Reduces Actual Consumption," *Science* 330, no. 6010 (2010): 1530–33.

28. Dalia Ofer and Lenore J. Weitzman, eds., *Women in the Holocaust* (New Haven, Conn.: Yale University Press, 1998).

29. Cara De Silva, ed., *In Memory's Kitchen: A Legacy from the Women of Terezin* (Lanham, Md.: Jason Aronson, 2006).

30. Vinoth K. Ranganathan et al., "From Mental Power to Muscle Power: Gaining Strength by Using the Mind," *Neuropsychologia* 42, no. 7 (2004): 944–56.

31. Robert L. Woolfolk, Mark W. Parrish, and Shane M. Murphy, "The Effects of Positive and Negative Imagery on Motor Skill Performance," *Cognitive Therapy and Research* 9, no. 3 (1985): 335–41.

32. Erin M. Shackell and Lionel G. Standing, "Mind over Matter: Mental Training Increases Physical Strength," *North American Journal of Psychology* 9, no. 1 (2007).

33. C. Balzarini, F. Grosso, and F. Pagnini, "I Believe I Can Fly: Flight Visualization Improves Jump Performance in Volleyball Players," unpublished manuscript.

34. 같은 자료.

35. Christel J. M. de Blok et al., "Breast Cancer Risk in Transgender People Receiving Hormone Treatment: Nationwide Cohort Study in the Netherlands," *The BMJ* 365 (2019).

36. Sari M. Van Anders, Jeffrey Steiger, and Katherine L. Goldey, "Effects of Gendered Behavior on Testosterone in Women and Men," *Proceedings of the National Academy of Sciences* 112, no. 45 (2015): 13805–10.

7장

1. Stephen Cohen, Richard C. Burns, and Karl Keiser, eds., *Pathways of the Pulp*, vol. 9 (St. Louis: Mosby, 1998).
2. Anton J. M. De Craen et al., "Placebos and Placebo Effects in Medicine: Historical Overview," *Journal of the Royal Society of Medicine* 92, no. 10 (1999): 511–15.
3. 같은 자료.
4. Stefan Zweig, *Mental Healers: Franz Anton Mesmer, Mary Baker Eddy, Sigmund Freud* (Lexington, Mass.: Plunkett Lake Press, 2019).
5. Matthew Syed, *Black Box Thinking: The Surprising Truth About Success* (London: John Murray, 2015).
6. Stewart Wolf, "Effects of Suggestion and Conditioning on the Action of Chemical Agents in Human Subjects—The Pharmacology of Placebos," *The Journal of Clinical Investigation* 29, no. 1 (1950): 100–109.
7. Irving Kirsch and Lynne J. Weixel, "Double-blind Versus Deceptive Administration of a Placebo," *Behavioral Neuroscience* 102, no. 2 (1988): 319.
8. Ruth Macklin, "The Ethical Problems with Sham Surgery in Clinical Research," *New England Journal of Medicine* 341, no. 13 (1999): 992–96.
9. Arnar Astradsson and Tipu Aziz, "Parkinson's Disease: Fetal Cell or Stem Cell Derived Treatments," *The BMJ* 352 (2016).
10. J. Bruce Moseley et al., "A Controlled Trial of Arthroscopic Surgery for Osteoarthritis of the Knee," *New England Journal of Medicine* 347, no. 2 (2002): 81–88.
11. Stephen P. Stone, "Unusual, Innovative, and Long-Forgotten Remedies," *Dermatologic Clinics* 18, no. 2 (2000): 323–38.

12. Michael E. Wechsler et al., "Active Albuterol or Placebo, Sham Acupuncture, or No Intervention in Asthma," *New England Journal of Medicine* 365, no. 2 (2011): 119–26.
13. I. Hashish, W. Harvey, and M. Harris, "Anti-inflammatory Effects of Ultrasound Therapy: Evidence for a Major Placebo Effect," *Rheumatology* 25, no. 1 (1986): 77–81.
14. Alexandra Ilnyckyj et al., "Quantification of the Placebo Response in Ulcerative Colitis," *Gastroenterology* 112, no. 6 (1997): 1854–58.
15. Baba Shiv, Ziv Carmon, and Dan Ariely, "Placebo Effects of Marketing Actions: Consumers May Get What They Pay For," *Journal of Marketing Research* 42, no. 4 (2005): 383–93.
16. Rebecca L. Waber, Baba Shiv, Ziv Carmon, and D. Ariely, "Commercial Features of Placebo and Therapeutic," *JAMA* 299, no. 9 (2008): 1016–17.
17. 같은 자료.
18. Anton J. M. De Craen et al., "Effect of Colour of Drugs: Systematic Review of Perceived Effect of Drugs and of Their Effectiveness," *The BMJ* 313, no. 7072 (1996): 1624–26.
19. Louis W. Buckalew and Kenneth E. Coffield, "An Investigation of Drug Expectancy as a Function of Capsule Color and Size and Preparation Form," *Journal of Clinical Psychopharmacology* 2, no. 4 (1982): 245–48.
20. Ellen J. Langer, Arthur Blank, and Benzion Chanowitz, "The Mindlessness of Ostensibly Thoughtful Action: The Role of 'Placebic' Information in Interpersonal Interaction," *Journal of Personality and Social Psychology* 36, no. 6 (1978): 635.
21. Alan D. Sokal, "Transgressing the Boundaries: Toward a Transformative Hermeneutics of Quantum Gravity," *Social Text* 46/47 (1996): 217–52.
22. Zack Beauchamp, "The Controversy Around Hoax Studies in Critical

Theory, Explained," Vox, October 15, 2018, https://www.vox.com/2018/10/15/17951492/grievance-studies-sokal-squared-hoax.

23. Anthony Vernillo, "Placebos in Clinical Practice and the Power of Suggestion," *The American Journal of Bioethics* 9, no. 12 (2009): 32–33.
24. Irving Kirsch, "Placebo Effect in the Treatment of Depression and Anxiety," *Frontiers in Psychiatry* 10 (2019): 407.
25. Fabrizio Benedetti, "Neurobiological Mechanisms of the Placebo Effect," *Journal of Neuroscience* 25, no. 45 (2005): 10390–402.
26. Lee C. Park and Lino Covi, "Nonblind Placebo Trial: An Exploration of Neurotic Patients' Responses to Placebo When Its Inert Content Is Disclosed," *Archives of General Psychiatry* 12, no. 4 (1965): 336–45.
27. Eric S. Zhou et al., "Open-Label Placebo Reduces Fatigue in Cancer Survivors: A Randomized Trial," *Supportive Care in Cancer* 27, no. 6 (2019): 2179–87.
28. Teri W. Hoenemeyer, "Open-Label Placebo Treatment for Cancer-Related Fatigue: A Randomized-Controlled Clinical Trial," *Scientific Reports* 8, no. 1 (2018): 1–8.
29. Marc Barasch, "A Psychology of the Miraculous," *Psychology Today*, March 1, 1994, https://www.psychologytoday.com/us/articles/199403/psychology-the-miraculous.
30. G. B. Challis and H. J. Stam, "The Spontaneous Regression of Cancer: A Review of Cases from 1900 to 1987," *Acta Oncologica* 29, no. 5 (1990): 545–50.
31. Kelly A. Turner, "Spontaneous/Radical Remission of Cancer: Transpersonal Results from a Grounded Theory Study," *The International Journal of Transpersonal Studies* 33 (2014): 7.
32. Chanmo Park et al., "Blood Sugar Level Follows Perceived Time Rather Than Actual Time in People with Type 2 Diabetes," *Proceedings of the*

National Academy of Sciences 113, no. 29 (2016): 8168–70.

33. Alia J. Crum et al., "Mind over Milkshakes: Mindsets, Not Just Nutrients, Determine Ghrelin Response," *Health Psychology* 30, no. 4 (2011): 424.
34. P. Aungle and E. Langer, "Which Time Heals All Wounds, Real or Perceived?" in preparation.
35. C. E. Park et al., "Mindful View of the Common Cold," in preparation.

8장

1. Laura L. Delizonna, Ryan P. Williams, and Ellen J. Langer, "The Effect of *Mindfulness* on Heart Rate Control," *Journal of Adult Development* 16, no. 2 (2009): 61–65.
2. Sigal Zilcha-Mano and Ellen Langer, "Mindful Attention to Variability Intervention and Successful Pregnancy Outcomes," *Journal of Clinical Psychology* 72, no. 9 (2016): 897–907.
3. Katherine Elizabeth Bercovitz, "Mindfully Attending to Variability: Challenging Chronicity Beliefs in Two Populations," PhD diss., Harvard University, 2019.
4. Noga Tsur et al., "The Effect of Mindful Attention Training for Pain Modulation Capacity: Exploring the *Mindfulness*–Pain Link," *Journal of Clinical Psychology* 77, no. 4 (2021): 896–909.
5. Francesco Pagnini et al., "*Mindfulness*, Physical Impairment and Psychological Well-Being in People with Amyotrophic Lateral Sclerosis," *Psychology and Health* 30, no. 5 (2015): 503–17.
6. F. Pagnini et al., "Longitudinal Associations Between *Mindfulness* and Well-being in People with Multiple Sclerosis," *International Journal of Clinical and Health Psychology* 19, no. 1 (2019): 22–30.
7. M. Demers et al., "Feasibility of an Online Langerian *Mindfulness*

Program for Stroke Survivors and Caregivers," *OTJR: Occupation, Participation and Health* 42, no. 3 (2022): 228–37.

8. Rita Charon, *Narrative Medicine* (New York: Oxford University Press, 2008).

9장

1. Ellen J. Langer and John Sviokla, "Charisma from a *Mindfulness* Perspective," unpublished manuscript.
2. Ellen J. Langer et al., "*Mindfulness* as a Psychological Attractor: The Effect on Children." *Journal of Applied Social Psychology*, 42, no. 5 (2012): 1114–22.
3. Chiara S. Haller et al., "Mindful Creativity Matters: Trajectories of Reported Functioning After Severe Traumatic Brain Injury as a Function of Mindful Creativity in Patients' Relatives: A Multilevel Analysis," *Quality of Life Research* 26, no. 4 (2017): 893–902.
4. Becca Levy and Ellen Langer, "Aging Free from Negative Stereotypes: Successful Memory in China Among the American Deaf," *Journal of Personality and Social Psychology* 66, no. 6 (1994): 989.
5. Heather Junqueira et al., "Accuracy of Canine Scent Detection of Lung Cancer in Blood Serum," *The FASEB Journal* 33, no. S1 (2019): 635.10.
6. Drupad K. Trivedi et al., "Discovery of Volatile Biomarkers of Parkinson's Disease from Sebum," *ACS Central Science* 5, no. 4 (2019): 599–606.
7. Ellen J. Langer and Judith Rodin, "The Effects of Choice and Enhanced Personal Responsibility for the Aged: A Field Experiment in an Institutional Setting," *Journal of Personality and Social Psychology* 34, no. 2 (1976): 191.

8. 같은 자료.

10장

1. William James, "What Psychical Research Has Accomplished," in William James, *The Will to Believe: and Other Essays in Popular Philosophy*, 299–327 (New York: Longmans, Green, 1896).
2. Solomon E. Asch, "Studies of Independence and Conformity: I. A Minority of One Against a Unanimous Majority," *Psychological Monographs: General and Applied* 70, no. 9 (1956): 1.
3. Ellen J. Langer et al., "An Exploration of Relationships Among Mindfulness, Longevity, and Senility," *Academic Psychology Bulletin* (1984).
4. Ellen Langer, Timothy Russell, and Noah Eisenkraft, "Orchestral Performance and the Footprint of Mindfulness," *Psychology of Music* 37, no. 2 (2009): 125–36.
5. Robert B. Cialdini and Lloyd James, *Influence: Science and Practice*, vol. 4 (Boston: Pearson Education, 2009).
6. Shahar Arzy et al., "Misleading One Detail: A Preventable Mode of Diagnostic Error?" *Journal of Evaluation in Clinical Practice* 15, no. 5 (2009): 804–6.
7. Atul Gawande, *The Checklist Manifesto* (New York: Metropolitan Books, 2010).
8. A. G. Reece et al., "Forecasting the Onset and Course of Mental Illness with Twitter Data," *Scientific Reports* 7, no. 1 (2017): 1–11.
9. Roger S. Ulrich, "View Through a Window May Influence Recovery from Surgery," *Science* 224, no. 4647 (1984): 420–21.
10. Daniel J. Simons and Christopher F. Chabris, "Gorillas in Our Midst:

Sustained Inattentional Blindness for Dynamic Events," *Perception* 28, no. 9 (1999): 1059–74.

11. Itai Yanai and Martin Lercher, "A Hypothesis Is a Liability," *Genome Biology* 21, no. 1 (2020): 1–5.
12. Daniel M. Wegner et al., "Paradoxical Effects of Thought Suppression," *Journal of Personality and Social Psychology* 53, no. 1 (1987): 5.

11장

1. Robert Rosenthal and Lenore Jacobson, "Pygmalion in the Classroom," *The Urban Review* 3, no. 1 (1968): 16–20.

옮긴이 신솔잎

프랑스에서 국제대학을 졸업한 후 프랑스, 중국, 국내에서 경력을 쌓았다. 다양한 외국어를 접하며 느꼈던 언어의 섬세함을 글로 옮기기 위해 늘 노력한다.
옮긴 책으로는《숫자는 어떻게 생각을 바꾸는가》,《민감한 사람을 위한 감정 수업》,《반대의 놀라운 힘》,《죽음을 생각하는 시간》,《최강의 인생》,《유튜브 레볼루션》,《내 마음의 균형을 찾아가는 연습》,《무엇이 성과를 이끄는가》,《이 삶을 사랑하지 않을 이유가 없다》,《기다리는 마음》등 서른 권 이상의 책이 있다.

질병과 나이에 대한 통념을 바꾼 거장의 45년 연구
노화를 늦추는 보고서

제1판 1쇄 발행 | 2024년 8월 6일
제1판 3쇄 발행 | 2024년 9월 6일

지은이 | 엘렌 랭어
옮긴이 | 신솔잎
펴낸이 | 김수언
펴낸곳 | 한국경제신문 한경BP
책임편집 | 박혜정
교정교열 | 김순영
저작권 | 박정현
홍 보 | 서은실·이여진
마케팅 | 김규형·박도현
디자인 | 권석중
본문디자인 | 디자인 현

주 소 | 서울특별시 중구 청파로 463
기획출판팀 | 02-3604-590, 584
영업마케팅팀 | 02-3604-595, 562 FAX | 02-3604-599
H | http://bp.hankyung.com E | bp@hankyung.com
F | www.facebook.com/hankyungbp
등 록 | 제 2-315(1967. 5. 15)

ISBN 978-89-475-4965-3 03180

책값은 뒤표지에 있습니다.
잘못 만들어진 책은 구입처에서 바꿔드립니다.